ON M'APPELAIT L'ANGE VERT...

Dominique Rocheteau
avec la collaboration de Christophe Quillien

ON M'APPELAIT L'ANGE VERT...

Collection
Documents

le
cherche
midi

Avec ce livre est offert un DVD comprenant le match Saint-Étienne/Kiev, neuf buts issus des archives de l'Ina, ainsi qu'une interview exclusive proposée par ESPN Classic Sport. Ce DVD ne peut être vendu séparément de l'ouvrage *On m'appelait l'ange vert...*

Vous pouvez retrouver nos partenaires sur leur site Internet :
www.ina.fr
www.espnclassicsport.fr

23, rue du Cherche-Midi, 75006 Paris.

Vous pouvez consulter notre catalogue général et l'annonce
de nos prochaines parutions sur notre site Internet : cherche-midi.com

Un soir à Glasgow

Ibrox Park retient son souffle. D'une foulée régulière, Gérard Farison monte à l'attaque. Je suis seul, sur le côté gauche du terrain. Ça y est, il m'a vu. Il me donne le ballon. Face à moi, un Écossais. Je m'avance. Lui, il recule et recule encore. Je fais rouler la balle par petites touches, comme un chat s'amuse à pousser une souris. Me voilà dans leur surface. De l'extérieur du pied, je me décale vers la droite. Je repique vers le point de penalty. Un, deux, trois contacts... Je ne quitte pas le ballon des yeux. Je le caresse à peine. Et soudain, je tire. Une frappe puissante. Kennedy, le gardien, se détend en vain. Le ballon rebondit juste devant sa ligne, glisse au ras de son poteau droit et vient mourir au fond des filets. Un à zéro. Je me mets à courir en levant les bras au ciel. Debout devant le banc de touche, la pipe à la bouche, le président Rocher exulte. Il salue les tribunes où sont installés les supporters stéphanois. Neuf minutes plus tard, je récupère la balle dans notre moitié de terrain. Personne devant moi. Alors, je continue. Je me lance dans une course folle, à l'assaut du but écossais. Quarante mètres, cinquante mètres, soixante mètres... C'est incroyable. Me voilà seul devant Kennedy. Il suffirait d'un dribble... Mais Hervé Revelli est là, sur ma droite. Je l'ai aperçu, une fraction de seconde plus tôt. Un défenseur écossais est revenu. Trop tard. Je glisse le ballon à Hervé. Deux à zéro. Le match est plié. Le but de

McDonald, à soixante secondes du coup de sifflet final, ne changera rien. Nous sommes le 5 novembre 1975. Nous venons de battre les Glasgow Rangers chez eux, dans leur fief d'Ibrox Park. Et moi, je suis le plus heureux des Verts. J'ai marqué un but, j'ai fait une passe décisive... Il s'est passé quelque chose, ce soir. Dans les vestiaires, les journalistes me pressent de questions. Ils veulent que je raconte, encore et encore. Saint-Étienne est qualifié pour les quarts de finale de la Coupe d'Europe des clubs champions. Si nous continuons à jouer comme ça, nous avons des chances de revenir à Glasgow le 12 mai prochain. Mais cette fois, ce sera pour la finale. La légende des Verts est en marche. Elle n'est pas près de s'arrêter.

CHAPITRE 1

Liberté, liberté chérie

« BUT ! »

Une fois de plus, Ulysse n'a rien vu. Pied droit, pied gauche, à nouveau pied droit. Le ballon me colle aux pieds. Dans un dernier coup de reins, me voilà passé. À la fin de ma course, je frappe. Sans même regarder. À quoi bon ? Le but est là, tout près, je le sais. Je le sens. Je devine la silhouette massive du gardien, rempart dérisoire contre les rêves de gloire de mes huit ans. Boum ! Un tir imparable. Ulysse s'étire en un plongeon désespéré. Pour la forme. Pour la beauté du geste. Ses doigts gantés de cuir effleurent à peine le ballon. Le grand Yachine n'aurait pas dit mieux. Mais c'est trop tard. Voilà la balle qui s'envole par-delà le jardin. Elle file au-dessus de la route. Loin, très loin du terrain imaginaire de la rue des Sauniers. Sur une vraie pelouse, avec de vraies cages, elle serait passée juste sous la barre, j'en suis sûr. Je ferme les yeux. Dans ma tête, j'entends le claquement sec du cuir sur le filet. J'imagine le bruit mat du ballon qui retombe sur le sol. But ! Je savoure ce moment magique, ce plaisir chaque fois renouvelé et jamais épuisé. Un jour, c'est sûr, il y aura d'autres gardiens, dans de vrais stades, devant un vrai public. Pour l'instant, c'est Ulysse qui s'y colle. Le score ? Dominique : trois. Ulysse : zéro. Sans rancune, il éclate de rire. Pas moi. Le foot, c'est du sérieux. Le grand Ulysse, c'est mon goal attitré. La semaine, il travaille aux huîtres avec mon père. Le dimanche, sur les terrains du département, il garde les buts de l'équipe familiale. C'est un costaud, Ulysse. Carrure d'athlète, cheveux ras et regard d'aigle. Plus d'un attaquant s'est cassé les dents en voulant jouer au plus malin avec lui. Mais avec moi, il va voir ce qu'il va voir. Parfois, tout de même, je me demande s'il ne fait pas un peu exprès de laisser filer le ballon... Un qui ne laisse rien filer, en tout cas, c'est le voisin. Un vrai rabat-joie, celui-là ! À se demander s'il aime le foot. C'est la troisième fois depuis le début de l'après-midi que la balle vient s'échouer sur le toit de sa maison. C'est une fois de trop. Sortie de but, dirait l'arbitre. Retour sur terre. Fin du rêve.

« Dominique, bon sang, mes tuiles ! »

Quoi, ses tuiles ? Quelle drôle d'idée, aussi, de construire sa maison si près de notre terrain ! Et pourquoi pas aux abords du stade de Colombes, près du Maracana ou juste en face de Wembley ? À ce moment-là, je fais ma tête des mauvais jours. Bon gré, mal gré, je traverse la rue pour aller récupérer la boule de cuir. Excusez-moi, m'sieur ! Non, je ne recommencerai plus, promis. D'accord, la prochaine fois, je ferai attention à ne pas frapper trop fort. Les dents serrées, l'objet du litige sous le bras, je franchis son portail en baissant les yeux. Ulysse ôte ses gants. Il s'efforce de prendre un air contrit. Mais personne n'est dupe : il est complice de mon forfait. Je sais bien qu'il est avec moi. Même si sa mine grave doit laisser croire le contraire. En attendant, c'est fini pour aujourd'hui. Mais jeudi prochain, promis juré, je reviendrai !

*
* *

Je suis né à Saintes, département de la Charente-Maritime, le 14 janvier 1955. Mais c'est ici que je vis, à Étaules, à une quinzaine de kilomètres. Étaules, c'est un village. Mille cinq cents habitants, été comme hiver. Pour un gamin en culottes courtes, c'est un petit coin de paradis. Pour moi, c'est le centre du monde, tout simplement. Étaules étire ses petites rues et ses maisons traditionnelles entre Chaillevette et Arvert, les bourgs voisins. Tout autour, il y a les marais. Nous sommes au cœur du bassin ostréicole, là où coule la Seudre, le fleuve le plus petit de France. L'eau se faufile entre les bassins avant d'aller se jeter dans l'Atlantique, de l'autre côté du pont de la Seudre. Ici, la terre et l'eau se touchent presque en donnant l'illusion de se confondre. L'océan est là, tout près. En même temps, presque inaccessible. Il est à dix kilomètres. Autant dire le bout du monde. Avec les copains, nous préférons jouer dans les marais et nous baigner dans la Seudre. En un coup de vélo, nous voilà rendus. Le reste du temps, nous jouons au foot dans la rue. Un ballon de cuir, des vêtements pour servir de buts, deux équipes improvisées, et voilà. Même pas besoin d'un vrai terrain. Ici, nous pouvons courir comme sur un stade. Sans crainte d'être dérangés. Étaules est resté à l'écart des circuits touristiques. Tout juste si le silence est troublé, de temps en temps, par le frémissement du moteur d'une voiture. Vite, nous remontons sur le trottoir en attendant qu'elle passe. Après, le ballon reprend ses droits. Seule l'heure du goûter vient donner le signal du retour à la maison. Mon enfance a un goût de liberté. Je grandis entre les copains et les cousins, entre les parties de foot et les virées dans les marais. Dans la passion partagée du ballon rond, des balades à vélo et des grands espaces. À Étaules, je suis heureux.

*

* *

Les Rocheteau, c'est une tribu. Une vraie. Presque un clan. Une tribu de Charentais, même s'ils portent un nom vendéen. Tout le monde habite dans un mouchoir de poche. La famille de mon père est originaire d'Arvert, à quelques kilomètres d'ici. Du côté de ma mère, les Blondet, on est natif d'Étaules. Mon père et son frère, Serge, ne se contentent pas de travailler ensemble à Orivol, l'exploitation ostréicole. Ils ont aussi épousé les deux sœurs Blondet, Simone et Éliette. Les deux couples se partagent la même maison. Du coup, je ne me suis jamais senti seul. Je me suis toujours occupé de mes petits cousins. Le matin, je les emmène à l'école. Le dimanche, il y a du monde à table. Il y a de l'ambiance, aussi. Autour d'un verre de pineau, chacun y va de son commentaire, de son anecdote ou de sa petite histoire. Mon père, Gérard, n'est pas un bavard. Pas grave : Simone, ma mère, parle pour deux. Nous sommes installés rue des Sauniers, au centre du village. Une grande bâtisse blanche tout en longueur, avec une cour immense. Pour jouer au foot, c'est parfait. Je ne risque pas d'abîmer les fleurs : il n'y en a pas. Ni fleurs, ni potager. C'est la volonté de mon père. Comme ça, nous pouvons taper dans le ballon sans faire de dégâts. Ma mère a un peu râlé. Elle avait toujours rêvé d'un petit bout de jardin et de roses trémières. Mais depuis longtemps, elle a compris. Dans cette famille, la passion du football serait la plus forte. Le sport, à la maison, c'est sacré. Une vraie religion. Il n'y a pas de portail à l'entrée non plus. Un porche nu, c'est peut-être moins joli, mais plus pratique pour servir de but. Pourquoi le gâcher par une vilaine porte en bois ? De toute façon, on ne craint pas les visiteurs indélicats. Alors, le portail patientera encore un peu. Le temps que les enfants aient grandi. Ce jour-là, nous serons gentiment priés par ma mère d'aller jouer sur le terrain de foot municipal, histoire de voir si l'herbe est plus verte. Quelques années après ma naissance, un petit frère est né, Antony. Et après lui, une petite sœur, Sylvia. En famille, à l'heure des repas, ça discute sec. Mais on est pudique, rue des Sauniers. On ne se risque jamais sur le terrain des sentiments. On ne laisse rien deviner de ses états d'âme. On parle politique, plutôt. Sans s'énerver, ni se disputer. L'ambiance est sereine. Ni coup d'éclat, ni claquement de portes. Ce n'est pas le genre de la maison. Chez les Rocheteau, on a le cœur à gauche, quand Étaules et la région s'affichent à droite. On se sent proche du Parti communiste, sans être militant pour autant. L'un de mes oncles, René, était résistant. Avant la guerre, aîné d'une fratrie de quatre garçons et une fille, il était le patriarche de la famille. Puis les Allemands l'ont arrêté. Ils l'ont déporté à Buchenwald. À son retour d'Allemagne, après la guerre, il s'est installé à Arvert, dans la maison familiale. Depuis, il travaille au domaine, à Orivol. Sa santé précaire l'empêche de sortir en mer. Il reste travailler dans l'établissement. À table, on n'en parle pas. Les événements sont encore tout proches, les blessures trop douloureuses. Mais les « grandes personnes » abordent le sujet de temps à autre, quand l'oncle René n'est pas là. À ce moment-là, je sens bien qu'il s'est passé quelque chose de terrible. Ce « quelque chose », évoqué à mots couverts l'espace de quelques instants, vient jeter comme une ombre sur la sérénité et le bonheur de vivre de mon enfance. Même s'il est difficile pour un gamin de mon âge de saisir toute la gravité des événements. Mine de rien, l'air d'être ailleurs, j'écoute les discussions des adultes. Je ne comprends pas toujours tout, mais peu importe. J'engrange là de quoi nourrir mes futurs engagements. La religion n'est pas, elle non plus, source de discorde. Ma mère est d'une famille catholique, mon père d'origine protestante, mais ils ne sont pas du tout religieux. À la maison, on n'en parle pas. Je suis baptisé, mais je ne vais pas à la messe le dimanche. Et comme mes parents n'insistent pas, l'affaire est entendue. De toute façon, je me suis déjà fait ma propre religion. Je ne ressens pas le besoin de m'encombrer d'une autre. Mon culte personnel est tout entier consacré à un objet de cuir et de forme ronde, qui se met à rouler sans fin dès qu'on le pousse avec le pied. Et les joies qu'il procure suffisent à mon bonheur.

*

* *

« Dominique, lève-toi, c'est l'heure de la marée ! » Mon père vient me tirer du lit. Pourtant, il est encore tôt. La pendule est formelle : cinq heures du matin... J'en connais beaucoup, parmi mes copains, qui rechigneraient à se lever à une heure pareille un jour de grandes vacances ! Mais pas besoin de me le dire deux fois. Je saute de mon lit. Je me précipite sur les vêtements que maman a préparés la veille. Ciré, pull, bottes en caoutchouc... Me voilà paré. Aujourd'hui, j'accompagne mon père qui s'en va travailler les huîtres. J'adore ça. Il ne faut pas traîner pour ne pas rater la marée descendante. Dix minutes plus tard, nous embarquons à bord du *Mambo*. C'est le chalutier familial, compagnon de toutes les sorties en mer. Un refuge idéal pour les petits garçons en quête de sensations. Il vit ses dernières années. Dès que nous aurons assez d'argent, il sera remplacé par un bateau plus moderne et plus puissant. Mais en attendant, je l'aime bien, notre vieux *Mambo*. Je suis habitué à lui comme à un ami éloigné que je retrouverais à l'heure des vacances. Mon père s'installe dans la cabine, à l'arrière. Son frère Serge est à ses côtés. Privilège de l'enfance, je me cale à l'avant, entre les casiers d'huîtres. Je scrute l'horizon qui se rapproche au fur et à mesure que le *Mambo* s'éloigne en direction de l'île d'Oléron. Les huîtres poussent dans le bassin de Marennes, au beau milieu de l'estuaire de la Seudre, entre Oléron et la côte. En partant d'Étaules, il faut compter une bonne heure de navigation. Arrivés en vue des viviers, mon père et son frère prennent place dans une petite barque à fond plat, traînée par le *Mambo*, pour s'approcher le plus possible des huîtres. Là, ils attendent la fin de la marée. Une fois l'eau complètement descendue, le travail peut commencer. Dans les parcs, les huîtres poussent à même le sol. Ils les ramassent avec la fourche, puis les déposent dans des paniers qu'ils alignent en rangs serrés sur le pont du *Mambo*. Les jambes, prises jusqu'à la taille dans les cuissardes, s'enfoncent dans la vase. Courbés au-dessus de leur fourche, mon père et son frère en ont au moins pour deux ou trois heures. L'ostréiculture est un métier difficile. À la belle saison, le travail est agréable. L'océan est là, tout près. On passe la journée au grand air. Mais pendant les mois d'hiver – tous ces fameux mois en « r » –, alors, c'est une autre affaire. Avec la froidure et cette petite pluie fine qui transperce les cirés, la tâche n'a rien d'une partie de plaisir. Les mains sont tailladées par le froid. Le dos, plié en deux par l'effort. Sous cette lumière de juillet qui m'oblige à fermer à demi les yeux, je savoure une liberté enfin retrouvée, loin des bancs de l'école. Sur le coup de midi, c'est l'heure de casser la croûte. Au menu, une tranche de graton – le pâté local – et une part de cotillons, ces petites côtes de porc charentaises. Ensuite, retour à Orivol. Nous profitons de la marée montante pour repartir. Le travail est loin d'être terminé. Maintenant, il faut décharger les huîtres, puis les nettoyer pour les débarrasser des algues accrochées à leur coquille. Enfin, dernière étape, les mettre en dépôt dans les claires, ces bassins où elles prendront le temps de verdir pendant une année avant d'être expédiées. En tout, quatre ans sont nécessaires pour « fabriquer » une huître. Le temps qui passe n'a rien changé à l'affaire depuis l'époque du grand-père de mon père, lui aussi ostréiculteur. Un jour, peut-être, je deviendrai à mon tour un « paysan de la mer ». Mais pour l'instant, il y a les copains. Il y a l'école. Il y a surtout les parties de foot.

*

* *

Le soir, à peine sorti de la classe, je ne pense qu'à jouer dehors. Un rapide détour par la maison, le temps de jeter mon cartable dans un coin du salon et d'attraper au vol le quignon de pain préparé pour le goûter, et me voilà reparti. La vie, la vraie, m'attend au bout de la rue. « Dominique, tu as fait tes devoirs ? » demande ma mère en me voyant débouler dans la cour comme un sauvage. Pas encore. Tout à l'heure, en rentrant, je me mettrai à mes leçons, promis. Mais pour l'instant, il y a plus urgent. Les autres m'attendent dehors. Vite, j'enfourche mon vélo et je les rejoins. J'ai de la chance : mes parents me laissent libre de m'amuser comme je l'entends. Ils ne m'empêchent jamais de sortir. Même si un jour ma mère m'a attaché à un arbre pour m'empêcher de bouger parce qu'elle me trouvait insupportable... Nous mettons le cap sur les marais et les petits cours d'eau des environs d'Étaules, ou bien sur la forêt toute proche, ou tout simplement sur les rues du village. Et là, nous nous lançons dans des jeux interminables. Comme tous les gamins du monde. Sans mesurer nos efforts, sans compter les heures qui défilent, sans penser au lendemain. Parmi mes copains, il y a Luc, le fils du dentiste d'Étaules. Il y a aussi Jean-Marie, le fils de Louis Chusseau, un ostréiculteur ami de mon père. Un soir, après l'école, j'étais parti jouer au foot sur la pelouse du terrain municipal avec lui, mon cousin Patrice et quelques autres. On s'était lancé dans un attaque-défense. À un moment, la balle est sortie derrière notre ligne de but. J'ai prétendu qu'il y avait six mètres. Jean-Marie, lui, réclamait un corner. On s'est un peu accroché, comme tous les gosses qui se disputent un ballon. Et là, je ne sais pas ce qui m'a pris : je lui ai donné un coup de poing sur le nez. Comme ça, paf ! Le coup est parti sans prévenir. Personne n'en revenait. Moi non plus, d'ailleurs. Ce n'est pas mon genre de me bagarrer sur un terrain. Jean-Marie s'est mis à saigner. Nous, autour de lui, on s'est tous mis à paniquer. On a couru chez le docteur Chauvin, le médecin du village. Bilan : nez fissuré. Jean-Marie lui a raconté que la lumière des projecteurs l'avait ébloui et qu'il s'était cogné contre le poteau de but. Le docteur Chauvin a sûrement trouvé cette histoire abracadabrante, mais il n'a fait aucune remarque. Moi, je n'ai rien dit à mes parents. Le dimanche suivant, Jean-Marie n'a pas pu jouer à cause de son plâtre sur le nez. Depuis, je n'ai plus jamais donné de coup sur un terrain de foot...

*
* *

L'été, des fêtes nautiques se tiennent tous les dimanches dans les marais. Les différents villages de la région s'affrontent, un peu comme dans les jeux Intervilles de la télé. Les gars d'Étaules se mesurent à ceux d'Arvert ou de La Tremblade. C'est un vrai succès populaire. Il y a sept ou huit mille personnes pour assister aux festivités, en pleine saison touristique. Les gens sont debout sur les bosses, tout autour des claires. Les concurrents participent à des parcours du combattant dans des tonneaux en bois, ou encore à des courses dans la vase avec des patins fixés aux pieds. Il y a aussi les matchs de foot dans les claires. Pas facile de faire avancer le ballon quand il est freiné par la boue, tandis que les pieds s'enfoncent dans la vase. Le public crie, siffle et encourage les participants. Au bout de cinq minutes de jeu, ils sont méconnaissables, le corps entièrement couvert de boue. C'est plutôt drôle et bon enfant. Le soir, tout le monde se retrouve autour d'une terrée, ce plat typiquement charentais. On dispose les moules sur une planche, le bec en bas et le cul en l'air. Ensuite, on les recouvre d'aiguilles de pin et il ne reste plus qu'à allumer. Tout se met à flamber, et les moules prennent le goût du pin. L'hiver, nous nous contentons de la rue et de ses trottoirs, terrains improvisés de tous les footballeurs en herbe. Nous soulevons la poussière de la chaussée, en imaginant secrètement les foules des stades en train de se soulever d'enthousiasme devant nos exploits. On peut toujours rêver, non ? En tout cas, pour moi, ces matchs de rue ne sont pas à prendre à la légère. J'y mets toute mon énergie. Toute ma passion. J'y mets surtout toute ma volonté de gagner. À mes yeux, il n'y a pas de petit match ni de grand match. Pas de petite ni de grande victoire. Que je joue à trois contre trois ou à onze contre onze, je n'ai qu'une idée en tête : gagner. Et pas seulement au foot, d'ailleurs. Je n'ai toujours pas digéré ce jour où mon cousin Patrice m'a battu au bras de fer. C'était à l'occasion d'une fête organisée lors des vendanges, dans la grande maison familiale. Patrice et moi, nous avons le même âge. À l'époque, nous devions avoir cinq ans, peut-être six. Sa spécialité, c'est l'athlétisme.

Souvent, nous partons courir ensemble. Ce jour-là, nous avions décidé de nous affronter au bras de fer, poussés par les encouragements des adultes. Il est comme moi, Patrice. Il aime gagner. Quand nous nous mesurons balle au pied, je le passe sans difficulté. Mais là, c'est moi qui ai perdu. De colère et de tristesse, je me suis mis à pleurer. J'ai immédiatement quitté la pièce. C'est un fait : je déteste perdre. Question de tempérament. À l'école, je me débrouille plutôt bien. Même si je ne brille pas dans une matière plus que dans une autre, il m'arrive souvent d'être parmi les premiers de la classe. Mais je suis plutôt du genre discret. Je ne lève pas le doigt à tout bout de champ. Je ne me fais pas trop remarquer, même s'il m'arrive de faire des conneries de temps en temps. Un soir, je me souviens, je participais à ma première boum. Je devais avoir dix ou onze ans. C'était juste avant d'entrer au collège de Royan. Avec les copains, nous avions un peu bu. Oh ! pas grand-chose. Mais assez pour se sentir pousser des ailes et avoir l'envie de terminer la soirée en beauté. Nous nous sommes retrouvés allongés sur la pelouse du stade municipal d'Étaules, juste en dessous des étoiles. Incapables de nous lever et de mettre un pied devant l'autre. Ce soir-là, j'ai eu droit à ma première cuite. C'est mon père qui est venu me chercher. J'ai repris mes esprits dans ma chambre, avec interdiction formelle d'en sortir pendant une journée entière ! C'est le seul jour de ma vie où il a levé la main sur moi. Une autre fois, nous sommes passés par-dessus la clôture, au bout du jardin de la maison de mes parents. De l'autre côté se trouve une petite propriété qui appartenait aux « Parisiens », comme on les appelait. C'était l'été, les propriétaires avaient déserté les lieux, la maison était vide... Qui a eu l'idée ? Je ne m'en souviens plus. Nous en avons profité pour crocheter la porte, descendre à la cave et dégommer quelques bouteilles de vin à coups de cailloux. Des bêtises de gosse, en somme. Rien de bien méchant...

*
* *

Le dimanche, pas question de paresser au lit. C'est jour de foot pour mon père. Une journée sacrée. L'après-midi, il joue dans l'équipe du village, l'Union sportive d'Étaules. Le club évolue en promotion d'honneur, le cinquième échelon dans la hiérarchie nationale. Pour une formation d'amateurs, c'est déjà un bon niveau. C'est une véritable équipe de copains. Ils s'entendent tellement bien qu'ils n'ont même pas d'entraîneur pour s'occuper d'eux. Sur le terrain, ils se trouvent les yeux fermés. Il faut dire que, sur les onze joueurs, il y a huit ostréiculteurs. Tout le monde est sur le pont pour accompagner mon père jouer contre les villes voisines. Ma mère n'est pas la dernière. Sa passion du foot n'a rien à envier à celle de son mari. Elle aussi possède sa paire de chaussures à crampons. Elle tape dans le ballon dans l'équipe féminine d'Étaules avec sa sœur Éliette. Droitière dans la vie de tous les jours, elle se transforme en une redoutable gauchère balle au pied. Alors, dès qu'il s'agit d'encourager son homme, elle n'est pas en reste. Le foot, c'est la grande distraction de la semaine. C'est même la seule occasion de se détendre. Les ostréiculteurs travaillent aussi le samedi. Le dimanche est leur seule journée de repos. Quand le club ne joue pas trop loin, nous nous entassons dans la voiture familiale, la vieille Aronde blanche à toit rouge, et nous formons un convoi avec les autres joueurs de l'équipe. Si le voyage est plus long qu'à l'habitude, l'Aronde reste au garage. Tout le monde s'engouffre dans l'autocar, et en route ! Nous connaissons par cœur toutes les nationales de la région. Depuis le temps, nous les avons sillonnées de long en large à force de bourlinguer un peu partout, de l'Angoumoisin à la Dordogne et de la Charente à la Corrèze. J'adore ces journées-là. Ces sorties en famille ont comme un petit air de fête. Comme une respiration dans l'enchaînement immuable et sans cesse recommencé des jours de la semaine. Et pour moi qui ne quitte jamais la région, même au moment des vacances, ces déplacements dans les villes voisines prennent tout de suite des allures d'expédition. Leurs noms résonnent dans mon esprit comme autant de lieux mythiques.

Brantôme, Ruelle, Rochefort, Chauvigny... Pendant le trajet, je me surprends à rêver tout éveillé aux exploits futurs de mon père. Je refais le match avant même qu'il ne soit commencé. J'imagine des combinaisons, j'échafaude des stratégies, je rêve à des dribbles impossibles qui clouent sur place les malheureux défenseurs adverses. Il faut dire que Kiki – c'est son surnom – n'est pas n'importe quel joueur. C'est un peu la vedette locale. Grand, mince, élégant et affûté comme une flèche, sa réputation s'étend bien au-delà du département. Il n'a pas son pareil pour se jouer d'un adversaire balle au pied. Avec son numéro huit dans le dos, il officie au poste d'« inter », ce joueur chargé d'assurer la liaison entre les milieux de terrain et les attaquants. Les arrières d'en face redoutent ses tirs sur coup franc. Ils connaissent son sens du but, craignent comme la peste son dribble imprévisible et se méfient de sa frappe puissante. À lui seul, il peut faire basculer un match. Le fameux Raymond Kopa lui-même, gloire nationale du foot français dans les années 1950, vedette du Stade de Reims et du Real Madrid, ne s'y trompera pas. Un jour des années 1960, les hasards d'un match l'amèneront du côté d'Oléron. Mon père aura la chance de jouer dans l'équipe adverse. Il marquera même un but à Remetter, le gardien mythique de l'équipe rémoise. « Si tu avais été plus jeune, tu aurais pu faire un essai au Stade de Reims », lui dira Kopa, impressionné. Et si l'essai avait été concluant ? Et s'il avait pu embrasser une carrière « pro », quel chemin aurait pris sa vie ? Sûr que le grand Kiki, ce soir-là, a dû rêver tout éveillé...

*

* *

Quand je regarde mon père, ces dimanches-là, je découvre le plaisir pur du football. La joie de jouer et de partager son amour du ballon avec ses coéquipiers. Il m'initie à une certaine conception du jeu. Sans me faire la leçon ni m'assommer de recommandations. Simplement par son comportement balle au pied. Avec lui, pas de tricherie ou de geste d'antijeu. Je ne l'ai jamais vu donner un coup, simuler une faute ou laisser traîner la semelle sur les jambes des adversaires. Le respect de l'autre, c'est le fondement de sa pratique du foot. Et pourtant, les matchs ne sont pas toujours des leçons de bonne conduite sportive. Les équipes adverses ne comptent pas dans leurs rangs que des modèles de fair-play. Il s'agit d'amateurs, mais les rencontres sont souvent âpres et passionnées. Les rivalités locales et les jalousies de clocher favorisent le jeu dur. Parfois, les matchs ressemblent à des *remakes* de *La Guerre des boutons*. Ils laissent des traces sur les tibias ou les chevilles. Les adeptes d'un football offensif sont les premières cibles de défenseurs sans scrupules. Mais mon père garde toujours son sang-froid. Même quand on le provoque, il ne réplique jamais. Installé sur le bord du terrain avec mes chaussures à crampons aux pieds, assis sur un ballon en guise de fauteuil improvisé, je ne fais pas que rêver à ses exploits. Je prends modèle sur lui. Je comprends que le football n'est pas la guerre. Qu'il n'y a pas besoin de recourir à la violence pour faire triompher son club. Plus tard, quand j'aurai à mon tour rejoint une équipe, je m'efforcerai de ne jamais oublier la leçon.

*

* *

Ce matin, mes parents m'ont appris la nouvelle. Je suis fier de moi : je n'ai même pas pleuré. N'empêche, c'était tout juste. L'année prochaine, pour la rentrée de septembre 1966, je vais découvrir le lycée. Je vais entrer en sixième, chez les grands. Je suis un peu triste : je vais devoir quitter Étaules. Ils m'ont inscrit à Royan. C'est loin, Royan. À dix-sept kilomètres de chez moi. Il me faudra dormir là-bas, c'est sûr. Je vais devenir pensionnaire. Pensionnaire... Je n'aime pas ce mot. Je ne l'aime pas à cause de ce qu'il évoque : l'éloignement, la solitude, la discipline. Tout ce que je déteste. Et pourquoi pas le lycée de La Tremblade, près d'Étaules ? Là, tout serait plus simple. Je rentrerais à la maison tous les soirs, je continuerais à voir les copains, je garderais mes habitudes et ma vie d'avant. Mais mes parents ne veulent rien entendre. Ce sera Royan, point final. Le lycée est d'un meilleur niveau. Même l'oncle Serge, d'habitude mon fidèle allié, s'est rangé à leur avis. Pas la peine de discuter. Mes parents ont bien tenté de me rassurer. Ils m'ont dit que je me ferai de nouveaux amis. Et de toute façon, je rentrerai tous les vendredis soir. Une semaine, c'est vite passé. Ils se veulent confiants, mais je sens bien qu'eux aussi vivent mal la perspective de ce changement. Même s'ils placent ma réussite dans les études au premier rang de leurs préoccupations, cette séparation a tout d'un déchirement.

CHAPITRE 2

L'exil

Le voilà donc, ce fameux lycée. Je le découvre au détour d'un virage, un matin de septembre, les yeux embrumés par le manque de sommeil. J'ai l'impression d'entrer en prison. Je me vois déjà enfermé toute la semaine, loin de mes parents et du cocon familial. Avant de sortir de la voiture, j'embrasse ma mère à la sauvette. Surtout, ne pas verser de larme. Un dernier au revoir de la main et je file sans me retourner. Je me cramponne à mon cartable. Autour de moi, je ne vois que des visages inconnus. Ça commence mal. Tous mes copains d'Étaules sont inscrits au lycée de La Tremblade. Ils ont de la chance. Moi, à onze ans, je démarre une nouvelle vie. Dans mes moments de déprime, je surnommerai parfois le lycée « le bahut de la mélancolie ». Pourtant, il n'a rien d'un bagne, loin de là. C'est un grand bâtiment moderne planté à l'écart de la ville, sur la route qui mène à Bordeaux. La plage est distante d'une centaine de mètres. Les jours de vent, pendant la récré, on sent l'air marin de l'Atlantique nous fouetter les joues. Pour un gamin qui a grandi les pieds dans l'eau, c'est important. Une fois par semaine, nous avons droit à une sortie. Nous partons en groupe, direction l'océan ou le cinéma. Ça me change d'Étaules. Là-bas, il n'y avait même pas de salle de ciné. Et ici, au moins, je me baigne dans la mer, la vraie. C'est autre chose que les marais. Moi qui craignais une discipline militaire, je m'étais inquiété pour rien.

D'accord, il faut porter la blouse grise, avec le col bien boutonné qui vient gratter le menton. Pour le reste, je m'habitue tranquillement. Je me suis installé au fond de la classe. C'est l'emplacement idéal pour échapper aux invitations à monter sur l'estrade. Enfin, ça ne marche pas toujours. Parfois, les mots tant redoutés – « Rocheteau, au tableau ! » – m'obligent à lever la tête de mes cahiers. Bien obligé, je traverse la classe à contrecœur, sans regarder devant moi. Mes yeux balaient le sol. Je déteste aller au tableau. Je déteste les exposés. Je déteste parler en public et sentir tous ces regards braqués sur moi. Mais je suis tenace, et j'y vais quand même. À la cantine, le bizutage fait des ravages. Nous, les petits, on a un peu la trouille des grands. La règle du réfectoire est implacable : les élèves des petites classes doivent compléter les tables des terminales. C'est comme ça. L'ennui, c'est qu'il y a des terminales sympas et d'autres qui le sont moins. Au repas du soir, quand il ne reste plus que les pensionnaires, il nous arrive parfois de regarder les plats défiler sous nos yeux en attendant que les grands aient fini de se servir. Quand ils reviennent vers nous, c'est trop tard : ils sont vides. Alors, si le pion de service me désigne d'un : « Allez, Rocheteau, tu complètes ! », je sais par avance que je passerai la nuit le ventre creux. Le pion le sait bien, lui aussi. Et les journées sont longues, au lycée du Parc. À la sortie de la classe, sur le coup de dix-sept heures, tout le monde se met en rang. C'est parti pour quinze minutes de marche, direction l'externat. Au programme : une heure d'étude, dîner, puis à nouveau l'étude. À vingt-deux heures, extinction des feux. Finalement, nous n'avons pas beaucoup de temps libre pendant la semaine. Sauf le jeudi, évidemment. Celui-là, c'est mon jour préféré. Normal : le jeudi, c'est le jour du sport.

*

* *

Très vite, je passe tout mon temps libre à courir. Je découvre l'athlétisme. La course, c'est un vrai plaisir. Je suis plus à l'aise sur la distance qu'au sprint. Plus tard, je pratiquerai avec assiduité le 400 mètres. À Étaules, j'aurai même la chance de participer à des entraînements organisés par Colette Besson, la future championne olympique aux Jeux de Mexico, en 1968. Elle a grandi pas très loin de chez moi, du côté de Saint-Georges-de-Didonne. De temps en temps, elle vient s'occuper des jeunes des petits clubs de la région. « L'athlé » me servira beaucoup sur les terrains de foot, quand il s'agira de déborder l'adversaire et de lui prendre quelques secondes décisives. Je me débrouille aussi au saut en hauteur. Le mercredi, je m'essaie à la pelote basque. Un grand fronton a été installé dans l'enceinte du lycée. Il y en a un autre dans le parc. Nous ne jouons pas avec la chistera mais à mains nues, avec une petite balle très dure. Je tâte aussi du rugby, très populaire à Royan. Avec les copains, on organise des petits matchs à sept contre sept. En fait, j'aime tous les jeux de balle, comme le hand et le volley. Mais ma grande passion reste quand même le football. Grâce à lui, je me fais des copains. Je m'intègre plus facilement. Parmi les terminales, deux « grands » sont les coéquipiers de mon père dans l'équipe d'Étaules. Comme je ne me débrouille pas trop mal, ils me font jouer avec eux. C'est un véritable sésame pour se faire accepter. Là, je suis sûr de ne pas être choisi comme tête de Turc par les plus costauds ou par les grands cons du lycée. En sixième, je me contente de la cour de récréation en guise de terrain. Mais dès l'année suivante, les choses sérieuses commencent. J'entre dans l'équipe du lycée. Je participe aux tournois de l'ASSU, l'Association du sport scolaire et universitaire. Je fais la connaissance d'Abel Élie, le professeur d'éducation physique à l'élégance discrète et à la chevelure grisonnante. C'est un personnage, monsieur Élie. Ancien athlète de haut niveau reconverti en prof de gym, il était spécialiste du 110 mètres haies et de la longueur. Il a même été sélectionné dans l'équipe de France d'athlétisme. Forcément, il nous impressionne un peu. Du haut de mes onze ans, je l'imagine âgé, presque vieux. Pourtant, il a tout juste la cinquantaine. Et il détient encore quelques jolis records dans sa discipline. Mais s'il peut être fier de ses titres, il n'en montre rien. Abel Élie réunit toutes les qualités indispensables à un bon pédagogue. Il est patient et disponible. Bienveillant mais sans complaisance. Surtout, il n'a pas son pareil pour transmettre l'amour du sport à ses jeunes protégés. C'est lui qui entraîne l'équipe de foot. Son œil exercé ne laisse rien passer. Il m'a regardé jouer, dans la cour et sur le terrain du lycée. Il a observé mes courses éperdues à la poursuite du ballon. Il a su deviner mon envie de buts, mon obsession de me mesurer aux autres. Il s'intéresse à moi et me donne des conseils. Ici, il corrige un défaut. Là, il m'incite à travailler un point fort. Je l'écoute avec attention. D'instinct, je sens qu'il peut m'aider à progresser. Si je travaille, il peut m'emmener bien au-delà des limites du jeu de cour d'école entre copains. Le jeudi, quand un match du championnat départemental est programmé, nous attendons son arrivée avec impatience. L'équipe se débrouille plutôt bien, alors l'administration a réservé un autocar rien que pour nous. C'est le grand luxe. Soudain, le père Élie, comme certains l'appellent avec familiarité, fait son apparition. Il porte son éternel survêtement. La fermeture est remontée jusqu'en haut, le large col soigneusement rabattu sur les épaules. Son dos se courbe à peine sous le poids du filet rempli de ballons en cuir. Le temps de vérifier si tout le monde est bien là, si personne n'a rien oublié, et nous voilà en train de grimper dans le car. Tout excités à l'idée de partir en déplacement dans les lycées voisins. Pendant le trajet, je colle le nez à la vitre. En regardant le paysage, je fais défiler dans ma tête les images du match à venir et le souvenir des matchs précédents.

*

* *

Aujourd'hui, c'est samedi. Tout à l'heure, vers midi, ma mère va venir me chercher. Je guette déjà le bruit du moteur de l'Aronde. Du coin de l'œil, tout en bavardant, j'attends de la voir apparaître derrière la grille du lycée. Ça y est, la voilà. Un petit coup de klaxon m'avertit de son arrivée. Je salue les autres en vitesse, je ramasse mes affaires posées par terre et je file m'installer sur la banquette arrière. Je suis impatient à l'idée de retrouver la famille et la maison. Je suis surtout content de rejoindre les copains pour une partie de foot. Les samedis ont le goût de la liberté. C'est une renaissance après une longue semaine loin de chez moi. Une fois, une seule, il m'arrivera de ne pas rentrer à cause d'une colle infligée par un surveillant zélé. Motif de la punition : chahut dans les rangs. Ce jour-là, mes parents seront aussi malheureux que moi. Et je resterai à Royan, à hanter en solitaire les couloirs désertés du lycée du Parc... Quand je rentre, je ne pense surtout pas à l'heure du retour. À ce dimanche soir où il faudra, une fois encore, s'arracher à la douceur de la vie à Étaules. Pour l'instant, sur la route, je la presse d'accélérer. Elle va toujours trop lentement pour moi. J'aimerais être déjà arrivé. Je n'ai pas de temps à perdre. À peine rentré, je file dans ma chambre me mettre en tenue, puis je ressors m'entraîner. Il s'agit d'être en forme pour demain. Car maintenant, le dimanche matin, je joue aussi dans les rangs de l'US Étaules. Je porte un superbe maillot vert à chevron blanc. J'ai pris ma licence en minimes. En théorie, puisque je n'ai que onze ans, je devrais jouer avec les benjamins. Mais à Étaules, tout comme au lycée, il n'y a pas d'équipe de benjamins. Les minimes ont tous un an de plus que moi. Ils me dépassent d'une bonne tête, mais ça ne me gêne pas le moins du monde. Louis Chusseau et Jean-Pierre Bertin, le receveur de la poste d'Étaules, sont nos deux entraîneurs. Je joue avant-centre, mon poste favori. Je n'ai qu'un objectif : marquer des buts. Et je marque. Sans m'arrêter. Comme contre Bourcefranc, en 1967. À cette époque, j'ai douze ans. Nous l'emportons onze à zéro. Je plante les onze buts. Contre Marennes, je marque sept fois, les sept buts d'Étaules.

Contre Breuillet, neuf fois. Je ne me lasse pas. Jamais. Je ne pense qu'à une chose : le but, le but et encore le but. Pendant la saison 1969-1970, je bats tous mes records. J'en marque cent trente-neuf en trente-six matchs. Cinquante et un avec l'équipe du lycée, en quatorze rencontres. Quatre-vingt-huit avec Étaules, en vingt-deux matchs. Ma vision du foot est tout entière tournée vers l'attaque. J'ai tendance à jouer un peu « perso », c'est vrai. J'adore prendre la balle au centre du terrain et partir dribbler les adversaires. Une fois, j'ai marqué neuf buts en première période. Du coup, Louis Chusseau m'a sorti à la mi-temps. Ce jour-là, j'étais un peu vexé... Mais c'est pour la beauté du geste. Pour le bien de l'équipe, aussi. Je me grise de cette ivresse du dribbleur. Je provoque sans cesse des corps à corps avec l'adversaire. Je ne fais qu'un avec le ballon. Je m'échappe le long de la ligne de touche, puis je replonge sans prévenir au cœur de la défense. Je laisse sur place un premier défenseur, un deuxième, puis un troisième, avant de crucifier le malheureux gardien sans même lui accorder un regard. Il existe une part de cruauté chez l'attaquant, quand il élimine le joueur adverse d'un passement de jambes et l'abandonne au beau milieu de la défense, incapable de comprendre ce qui vient de lui arriver. Mais je ne cherche pas à l'humilier. Je ne le chambre jamais. Je ne pense qu'au but qui s'ouvre à quelques mètres de moi, comme une promesse. Je le devine sans même avoir besoin de le chercher des yeux. Je ne me suis jamais senti aussi libre que sur un terrain. Là, j'ai le sentiment que tout est possible. Je suis comme en dehors du temps. Pour moi, c'est ça, le foot. Le bonheur de vivre et la joie d'exister pleinement. Tout simplement.

*

* *

Au fil des matchs, je note les résultats et mes performances sur un cahier d'écolier. Un petit cahier bleu dans lequel je colle les images des joueurs qui composent mon panthéon personnel. Je découpe les photos dans les journaux locaux, parfois dans le quotidien *L'Équipe*. Des attaquants, évidemment, mais pas seulement. Il y a là Nestor Combin, surnommé « Nestor la foudre » pour sa frappe puissante, parti défendre les couleurs de clubs italiens. Gerd Müller, le canonnier du Bayern Munich et de l'équipe d'Allemagne de l'Ouest. Raymond Kopa et Just Fontaine, le meilleur buteur de la Coupe du monde 1958 encore toute proche. Et aussi le grand Pelé, bien sûr. Et Lev Yachine, le gardien de but soviétique, et Roger Marche, le « Sanglier des Ardennes ». Et bien d'autres encore. À vrai dire, je ne songe pas un seul instant à les égaler. Je ne rêve pas non plus de prendre leur place un jour dans le cœur d'autres apprentis footballeurs. L'idée ne m'effleure même pas. Je ne pense pas à devenir professionnel. Les parties disputées avec l'équipe du lycée et l'US Étaules suffisent à mon bonheur. Je joue, je marque des buts, je me fais plaisir... Que demander de plus ? Ce n'est pas l'avis de M. Martel, un ami de mon père. Cet ancien entraîneur à Étaules est devenu prof d'éducation physique. Il me propose de me préparer au concours du plus jeune footballeur. Il m'a expliqué le principe : c'est une série d'épreuves techniques individuelles destinées à distinguer les jeunes talents prometteurs. Après tout, pourquoi pas ? M. Martel connaît bien le milieu du football. Il est l'ami d'Henri Guérin, le sélectionneur de l'équipe de France. S'il m'en parle, c'est sans doute une bonne idée. Comme je franchis sans difficulté la première étape départementale, je gagne le droit de me présenter à la finale régionale, à Poitiers. Là, c'est du sérieux. La région est la première de France avec ses huit départements. Poitiers, c'est déjà la grande ville. À quatorze ans, je ne suis encore jamais sorti de mon département d'origine. Bref, ce concours, c'est un peu l'événement. Les épreuves se déroulent dans la matinée. Je m'en sors plutôt bien. Je suis confiant. En attendant la proclamation des résultats, nous pique-niquons sur place. À seize heures, branle-bas de combat : on annonce les lauréats. Je termine premier. Mon père est tellement content qu'il n'arrive pas à retenir ses larmes. C'est la toute première fois de ma vie que je le vois pleurer. Cela me fait tout drôle de le découvrir si vulnérable, lui qui d'habitude est si pudique... Vainqueur à Poitiers, me voilà sélectionné pour la finale du mois de juin. Elle a lieu en banlieue parisienne, à Colombes, dans le prestigieux stade Yves-du-Manoir. Les épreuves se déroulent un samedi, veille de la finale de la Coupe de France. Pour un jeune garçon, le cadre est impressionnant. Et ce jour-là, je ne me sens pas aussi à l'aise qu'à Poitiers. Je suis un peu stressé. Reprises de volée, frappes de balle, jonglages... Sous le regard d'entraîneurs nationaux mandatés par la Fédération française de football, nous sommes jugés, chronométrés, observés. Je m'efforce d'accomplir ce parcours du combattant le mieux possible et dans les meilleurs délais. Mais ce n'est pas mon jour. Je termine treizième. Pas terrible. Mais je sais que ce concours peut m'ouvrir des portes. Même si je n'ai pas gagné, je suis persuadé qu'il va jouer un rôle de déclic. J'en ai la preuve quelques semaines plus tard quand j'apprends ma sélection dans l'équipe départementale des cadets d'Aunis-Saintonge. Cette invitation à rejoindre les meilleurs joueurs du département me procure un plaisir immense. Mais je suis tout de même un peu inquiet. Et si je n'étais pas à la hauteur ? C'est une chose de se balader dans la cour de récré ou contre les clubs des villages voisins. C'en est une autre de sortir du lot face aux meilleurs joueurs du département. Pendant le match, toutes mes inquiétudes s'envolent. Nous l'emportons sept à trois face à la sélection de la Corrèze, chez elle, à Treignac. J'inscris tous les buts de mon équipe. Ce jour-là, j'ai le sentiment d'avoir franchi une étape. J'ai l'impression d'être porté par une force qui me dépasse. Comme si rien ne pouvait plus m'arrêter désormais.

*
* *

Il n'y a pas que le foot dans la vie. Il y a aussi la musique. Mes copains tapissent les murs de leur chambre avec les posters de leurs joueurs préférés. Pas moi. À douze ans, je découvre les groupes anglo-saxons et la musique pop. Les Beatles, les Rolling Stones et tous ces groupes anglais comme Rare Earth ou les Equals avec leur *Baby Come Back*. Mon cousin Lolo, qui a vingt ans, me met entre les mains les disques qui marchent à la radio. Je me fais offrir *Hey Jude*, des Beatles. De temps en temps, j'achète des quarante-cinq tours. Le samedi soir, je suis invité à des boums chez les uns ou chez les autres. Je m'imagine en personnage de *Hair*, la comédie musicale. Pas rebelle ni révolté pour autant. Simplement, la musique correspond bien à mon tempérament. C'est un refuge, loin du monde de l'école et des adultes. Dans le foot, je n'ai pas d'idole. Le soir, je ne m'endors pas en rêvant au destin d'un Pelé ou d'un Bereta. Je connais les joueurs, je sais dans quel club ils évoluent, mais ça s'arrête là. Ma passion, c'est le jeu. Tout ce qui se passe en dehors du terrain ne me concerne pas. J'écoute les retransmissions des rencontres à la radio avec mon père. Parfois, il m'emmène assister à un match de professionnels. J'ai la chance de voir jouer Raymond Kopa et le grand Stade de Reims, contre Bordeaux. Kopa est en fin de carrière. C'est l'une de ses dernières sorties. L'épopée rémoise de 1958 n'a pas dix ans. Les finales de Coupe d'Europe contre le Real Madrid sont encore présentes dans tous les esprits. Et comme mon père n'a cessé de m'en parler depuis que je m'intéresse au foot, j'ai un peu l'impression de voir jouer de véritables légendes vivantes. Tous les deux, nous ne perdons pas une miette de la Coupe du monde à la télé. J'étais un peu jeune pour celle de 1962. En 1966, pour la World Cup organisée par l'Angleterre, je me rattrape. Tout a changé : la télé a fait son entrée dans les foyers d'Étaules. Cette fois, je ne loupe pas un match. Quatre ans plus tard, l'épreuve se déroule au Mexique. À mes yeux, c'est la plus belle Coupe du monde de tous les temps. Le roi Pelé est au sommet de son art. Pour un adolescent qui ne rêve que de ballon, le spectacle est éblouissant. Sa tentative de lob à soixante mètres du but tchèque et son incroyable grand pont face au gardien uruguayen me laissent rêveur. Et que dire de son coup de tête repoussé on ne sait trop comment par le gardien anglais Gordon Banks ? « Ce jour-là, j'ai marqué un but mais Gordon Banks l'a arrêté », dira plus tard Pelé. Et Bobby Moore, le capitaine anglais, jurera l'avoir entendu crier *« Gol ! »*, une fraction de seconde avant la parade miraculeuse de son gardien... Même si l'Italie, mon équipe favorite, est défaite en finale par des Brésiliens irrésistibles, l'été 1970 restera à tout jamais l'un de mes meilleurs souvenirs. Je découvre le grand Ajax d'Amsterdam. C'est le triomphe du football total. Tout le monde attaque, tout le monde défend. Et pour orchestrer la manœuvre, il y a Cruyff. Johann Cruyff. Si je devais me choisir une idole, ce serait lui. Sans hésiter une seconde. Il incarne tout ce que j'aime dans le foot. L'intelligence, l'imagination, la vitesse, la spontanéité... Ce type est un génie, pas moins. Et puis, ce n'est pas qu'une affaire de jeu. C'est aussi une question de style et de personnalité. Cruyff et ses cheveux longs, c'est une certaine idée de la liberté, bien dans l'air du temps. Le maillot de l'Ajax, avec sa bande rouge qui éclate sur fond blanc, claque comme une frappe de Neeskens ou de Rudi Krol. Quand je regarde à la télé les campagnes européennes du club, c'est un véritable choc. Je me sens proche de ces joueurs-là. Ils n'ont peur de rien. Ils entrent sur le terrain pour gagner. Ils jouent pour se faire plaisir. Plus tard, j'aimerais bien leur ressembler.

*

* *

« Rocheteau, à toi ! » Cette fois, c'est mon tour. Je ne sais pas pourquoi, mais ces épreuves, je ne les sens pas. Pourtant, il n'y a là rien de bien compliqué. Des tirs au but, des coups francs, des corners... Tout ça, je sais faire. D'habitude, c'est facile. Aujourd'hui, c'est un véritable cauchemar. Il y a deux ans, j'ai disputé le concours du plus jeune footballeur. Là, je passe les épreuves du concours du jeune footballeur. C'est à peu près la même chose, mais pour les plus grands. J'ai seize ans. Mais je suis intimidé comme un gamin. C'est peut-être la pluie qui me gêne. Peut-être l'enjeu de cette finale à Paris qui me paralyse. Lors des épreuves de sélection, je me suis plutôt baladé. À Poitiers, j'ai même fini deuxième. Mais là, ce n'est pas le Dominique Rocheteau des grands jours qui s'avance pour tirer. Pourtant, je n'ai qu'une envie, c'est de terminer premier. Depuis quelques mois, j'ai vraiment le sentiment d'avoir progressé. Après la sélection départementale, je joue maintenant dans l'équipe de la région Centre-Ouest. C'est autre chose. Une nouvelle dimension. Et jusqu'à présent, tout s'est plutôt bien passé. Contre le Lyonnais ou contre les cadets de Midi-Atlantique, je me suis senti décoller. J'ai côtoyé des joueurs de bon niveau, les meilleurs de leur région. Des jeunes gars comme Dominique Bathenay ou Marc Ropero. Jean Oleksiak, qui a joué comme professionnel dans la grande équipe de Saint-Étienne, m'a repéré lors du match contre les cadets du Lyonnais. Si je suis là aujourd'hui, c'est un peu grâce à lui. Autant ne pas le décevoir. Et puis, que penseraient les dirigeants de l'Entente rochelaise ? Eux aussi ont cru en moi. Après un match entre Étaules et La Rochelle, ils sont venus me voir. Ils m'ont proposé de rejoindre l'équipe des cadets de leur club. J'ai accepté, même si La Rochelle est encore plus loin d'Étaules que Royan. Maintenant, j'ai vraiment la certitude d'avoir atteint un nouveau palier. Pourtant, je ne pense toujours pas à devenir professionnel. Ce n'est pas un objectif. Pour l'instant, je continue à m'amuser sur un terrain. Je n'ai toujours pas d'autre ambition. J'aurais bien aimé terminer en bonne position à ce concours. Malheureusement, c'est la catastrophe. Sur une trentaine de participants, je finis vingt-deuxième. Vingt-deuxième ! Quelle déception... Heureusement, mon père ne m'a pas accompagné cette fois. Tout ce qu'il me reste à faire, c'est retourner au vestiaire, me changer et penser à autre chose. Alors, quand ce monsieur en imperméable gris vient vers moi et m'adresse la parole, je ne comprends pas très bien. Il doit se tromper, ce n'est pas possible autrement. « Bonjour, Dominique. Je m'appelle Pierre Garonnaire. Je suis chargé par le club de Saint-Étienne de repérer de jeunes joueurs. On peut se parler deux minutes ? » Je dois rêver, là. Je me demande bien comment un club peut s'intéresser à moi après une performance aussi médiocre. C'est Jean Oleksiak qui lui a donné mon nom. Mon match contre les cadets du Lyonnais l'avait emballé. Pourtant, je n'avais pas eu l'impression de me montrer particulièrement bon. Et aujourd'hui, franchement, il n'y a pas de quoi taper dans l'œil d'un recruteur. Plus tard, j'apprendrai que Pierre Garonnaire avait été frappé par mon dribble. Il me montrera le petit carnet sur lequel il notait de brefs commentaires sur chaque joueur. En face de mon nom, il avait écrit « dribble exceptionnel ». Rien de plus. Mais à ses yeux, cela suffisait à me donner une chance. Et justement, M. Garonnaire me propose de venir à Saint-Étienne le temps d'un stage d'été. Il me vante les atouts du club, son sérieux, sa réputation, son palmarès. C'est un beau parleur qui sait trouver les mots qu'il faut. Mais il n'a pas besoin d'en faire trop : Saint-Étienne, je connais. Qui ne connaît pas ? Pour un amateur de foot, c'est une sacrée référence. Les Verts viennent de remporter quatre Championnats de France d'affilée. À deux reprises, en 1968 et 1970, ils ont même réussi le doublé Coupe-Championnat. Franchement, quelle formation française serait capable de résister à la marée verte ? Le Football-Club de Nantes ? L'Olympique de Marseille ? Pour l'instant, ces deux éternels rivaux doivent revoir à la baisse leurs ambitions. Sous la responsabilité de leur entraîneur, Albert Batteux, les Stéphanois alignent une ribambelle de joueurs de grande classe. Dans ma tête, en un éclair, je fais défiler les noms prestigieux des vedettes de l'équipe. Georges Bereta, Aimé Jacquet, Robert Herbin, Georges Carnus, Hervé Revelli... Et Salif Keita, surtout. Celui-là, c'est un très bon. Originaire du Mali, il est surnommé « la perle noire de Bamako ». À le regarder jouer, on comprend pourquoi. C'est le genre de joueur que rêvent d'égaler tous les attaquants en herbe dans mon genre. Tout le monde connaît les circonstances de son arrivée au club. À sa descente d'avion, à l'aéroport d'Orly, il s'était engouffré dans un taxi et avait simplement dit au conducteur : « À Saint-Étienne. » Trop heureux de l'aubaine, le chauffeur ne se l'était pas fait dire deux fois. C'était en octobre 1967. L'histoire est jolie. Les dirigeants du club n'ont jamais regretté cette note de taxi un peu salée, tant les buts et les coups de génie de Keita ont transporté de bonheur le public stéphanois. « Alors, Dominique, qu'en penses-tu ? » Pierre Garonnaire me tire de ma rêverie. Il insiste. C'est tentant. Après tout, je n'ai rien à perdre. Un séjour d'une semaine, pendant les grandes vacances, à côtoyer les plus grands joueurs du moment, ça ne se refuse pas. Il faut me décider vite. Les dirigeants du Football-Club de Nantes me proposent, eux aussi, un stage d'essai. Ils disposent d'un atout : Nantes est plus proche d'Étaules. Mais Saint-Étienne, c'est Saint-Étienne... Sans avoir besoin de réfléchir trop longtemps, je dis oui.

*

* *

Juillet 1971. Le trajet m'a paru interminable, mais je suis enfin arrivé. Au moment de partir, j'ai ressenti une légère appréhension. C'est la première fois que je m'en vais si loin tout seul. À l'exception d'un séjour dans les Pyrénées avec mes parents et de mes déplacements à Poitiers pour les deux concours, je n'ai jamais quitté ma région. D'un œil vaguement inquiet, je cherche des yeux Pierre Garonnaire à la sortie du train. Ah ! le voilà qui arrive. Il m'installe dans un petit hôtel, juste en face de la gare. Ma chambre donne sur la voie ferrée. Elle est minuscule et pas très gaie. J'espère que tout va bien se passer. La perspective de me retrouver tout seul ici pendant une semaine me tracasse un peu, il faut bien l'avouer. Je ne connais rien à ce monde du foot professionnel. Heureusement, je ne suis pas l'unique stagiaire. Nous sommes une dizaine à découvrir de l'intérieur la vie d'un grand club. J'ai la bonne surprise de retrouver Bathenay et Ropero. Je me sentirai un peu moins isolé. Même si Bathenay, d'un an mon aîné, affiche une assurance que je suis loin de partager. De toute façon, je n'ai pas trop le temps de gamberger. Dès le lendemain matin, le stage commence pour de bon. L'ambiance est plutôt détendue, presque familiale. Les « pros » retrouvent le chemin de l'entraînement en vue de la reprise du Championnat, dans quelques semaines. La saison passée, ils ont terminé deuxième, à quatre points de Marseille. De temps en temps, nous avons le privilège de nous entraîner à leurs côtés. Nous disputons même de petits matchs à quatre contre quatre. Ils nous accueillent avec simplicité, pas bêcheurs pour deux sous. Ce qu'il m'arrive, c'est incroyable. Quelques semaines plus tôt, jamais je n'aurais rêvé de jouer avec Georges Bereta ou Jean-Michel Larqué, dans la même équipe et sur le même terrain de foot. Ni de me retrouver partenaire de Salif Keita. C'est un joueur d'une facilité incroyable. L'an dernier, il a tout de même marqué quarante-quatre buts, toutes compétitions confondues ! C'est surtout un homme charmant, vraiment gentil avec nous tous. Le matin, Bereta vient nous chercher à l'hôtel. Sur le terrain, je suis impressionné par sa stature et sa renommée. Finalement, au fur et à mesure que s'écoulent les journées, je suis rassuré. Moi qui craignais d'être paralysé par le trac, je passe une semaine tranquille. Sans pression. Peut-être parce que je suis venu pour me faire plaisir. Je n'ai aucune idée de carrière en tête. Ce stage, c'est une récompense. Rien de plus. Je ne me projette pas dans un avenir de footballeur de métier. Quand Pierre Garonnaire me raccompagne en avion et me laisse à l'aéroport de Nantes, j'ai le sentiment d'avoir passé sept jours de détente et de plaisir. Au moment de me serrer la main, il me laisse entendre que j'intéresse le club. Mais nous ne parlons pas du futur pour autant. Nous ne prévoyons pas de nouveau rendez-vous. Lui s'en va observer d'autres joueurs et dénicher de nouveaux talents. De mon côté, je rentre chez moi sans me poser de questions. Il me reste encore quelques semaines de vacances. J'ai bien l'intention d'en profiter à fond avec les copains. Pour le reste, on verra plus tard.

*

* *

Et dire que je me croyais en vacances pour de bon ! Dire que j'imaginais pouvoir profiter du soleil d'Étaules et de mes dernières semaines de liberté... C'était sans compter avec les dirigeants stéphanois. Dans les jours qui suivent mon retour, les coups de téléphone se mettent à pleuvoir. « Dominique, c'est pour toi... Encore le monsieur de Saint-Étienne ! » Ma mère me tend le combiné. « Allô, Dominique ? Bonjour, c'est Pierre Garonnaire à l'appareil. » Il est tenace, « Garo ». Quand il a une idée en tête, il ne la lâche pas. Il me dit et me répète que tout le monde, au club, s'est montré enchanté de mon jeu. Tous ont apprécié mon comportement et mon humilité vis-à-vis de mes aînés. Je pourrais peut-être, suggère doucement Garo, rejoindre Saint-Étienne dès la rentrée prochaine afin de me préparer à une carrière professionnelle. Pour l'instant, je ne suis pas très chaud. Je lui explique que je souhaite continuer à porter les couleurs du club de La Rochelle. Et puis, il y a les études. Sur ce point, je partage l'opinion de mes parents : le bac d'abord. Pour le reste, on verra plus tard. Il sera temps d'en reparler. Je ne suis toujours pas décidé à me lancer à corps perdu dans l'aventure du professionnalisme. Il y a peut-être une part d'appréhension dans mon choix. Peut-être n'ai-je pas envie de m'exiler à six cents kilomètres de chez moi. C'est possible. En attendant, ma décision est prise. Pierre Garonnaire comprend. Il regrette, mais il comprend. Il propose une solution : et si je signais un contrat de non-sollicitation ? En clair, cela signifie que je n'ai pas le droit de donner une réponse positive aux propositions d'un autre club. Saint-Étienne est prioritaire pendant un an. Il est malin, ce Garo. Il a eu vent de l'intérêt manifesté par les dirigeants nantais. Ce serait trop bête de me voir filer chez l'un des adversaires des Verts. Après tout, pourquoi pas ? C'est une idée, ce contrat. Tout le monde est gagnant. De mon côté, je dispose d'un délai de réflexion supplémentaire. Je peux tourner et retourner la décision dans ma tête tout en continuant à vivre dans mon cadre familier. Les dirigeants stéphanois, eux, ne risquent pas de se faire prendre un joueur pour lequel ils ont déjà consenti des efforts. Allez, c'est d'accord. Rendez-vous est pris : dans le courant du mois d'août, Pierre Garonnaire viendra à Étaules me faire signer ce fameux contrat. Le voyage n'a rien pour l'impressionner. Avant de se lancer dans une carrière de recruteur pour le compte des Verts, Garonnaire était représentant en maroquinerie. Pendant toutes ces années, il a pris l'habitude de sillonner la France entière, sa valise à la main. Il en a profité pour tisser un savant réseau de relations et de correspondants, bien utiles aujourd'hui pour l'informer dès qu'un jeune commence à faire parler de lui sur un terrain de campagne. Le samedi 10 août, à l'heure du déjeuner, le voilà qui sonne à la porte de la maison. Mes parents l'installent dans la salle à manger, bien décidés à faire plus ample connaissance avec ce fameux Garonnaire qui projette de leur enlever leur fils aîné. L'air de rien, l'envoyé spécial de Saint-Étienne commence, par petites touches, à vanter les mérites des Verts. Il n'a pas besoin d'insister sur les résultats sportifs du club. Il préfère mettre l'accent sur ses infrastructures, sur son rôle de pionnier dans l'encadrement des stagiaires. « S'engager pour Saint-Étienne, dit-il, c'est choisir le sérieux et la rigueur. C'est se donner toutes les chances d'une carrière réussie dans un environnement favorable. » « Sans doute, monsieur Garonnaire, sans doute. Mais les études ? » objecte ma mère en fronçant les sourcils. Garonnaire balaie ses craintes d'un revers de la main. Pas d'inquiétude : rien ne m'empêchera de mener de front le foot et la scolarité. Saint-Étienne ne cherche pas seulement à former de futurs footballeurs. Le club considère comme essentiel de préparer ses jeunes à réussir leur vie d'adulte. Leur éducation est une chose trop importante pour être négligée. À l'entendre, il serait vraiment dommage que je passe à côté d'une carrière professionnelle. Évidemment, son discours est séduisant. Il y a de quoi se laisser tenter. Je reste assis sans rien dire, mais je ne suis pas dupe. Je sais très bien que toutes ces belles paroles sur les études ne sont rien d'autre que de la poudre aux yeux pour convaincre mes parents. L'ennui, c'est que Pierre Garonnaire n'est pas seul à la maison, ce jour-là. À l'heure du café, un autre visiteur fait son entrée. Il s'appelle M. Chevalier. C'est le président du club de foot de La Rochelle. Il s'est invité rue de Toulifaut, dans la maison où mes parents ont emménagé au moment de mon entrée en sixième. «Je viens chercher Dominique, nous jouons un match amical à Oléron», dit-il à mes parents d'entrée de jeu. Sacrée coïncidence, tout de même. Il choisit de passer le jour même de la venue de Garonnaire. Et il n'a pas l'intention, M. Chevalier, de rester les bras croisés face aux arguments de Garo. Pour l'année prochaine, il avait justement prévu de me faire entrer dans les rangs de l'équipe première, en troisième division. On s'en doute, il n'apprécie pas son projet de me faire signer chez les Verts. Il le fait savoir sans détour. En plus, il se méfie des mœurs du football professionnel. Très vite, le ton monte. Le président se met en colère. « Vous n'allez tout de même pas vous laisser faire par un marchand de bestiaux ! » lâche-t-il tout d'un coup. Mes parents ne savent plus où se mettre. Ma mère se met à pleurer. Moi, j'écoute sans mot dire, un peu estomaqué. J'ai l'impression qu'ils parlent de moi comme s'il s'agissait de quelqu'un d'autre. Garonnaire, lui, reste impassible. Il doit avoir l'habitude de ce genre de réaction. Et tout d'un coup, c'est fini. M. Chevalier s'en va. Le calme revient. Ça fait du bien... C'est à ce moment-là que je décide de donner mon avis. Je ne parle pas très souvent, alors, quand je prends la parole, on m'écoute. Tranquillement, j'annonce ma décision.

« Puisque c'est comme ça, je pars à Saint-Étienne. » Voilà, c'est dit. Après la scène pénible de tout à l'heure, je m'imagine mal retourner à La Rochelle. Et puis, j'ai bien réfléchi. Le stage du mois de juillet m'a laissé une bonne impression. À quoi bon attendre un an de plus ? Si je dois saisir ma chance, c'est maintenant. D'autres clubs sont prêts à me recruter. Les dirigeants de Sochaux et de Valenciennes ont manifesté leur intérêt. Mais moi, je préfère Saint-Étienne. Mes parents ne s'opposent pas à mon choix. Ils posent une seule condition : je continuerai le lycée jusqu'au bac tout en me consacrant au club. D'accord pour tenter l'aventure du foot, mais les études doivent rester la priorité. Pierre Garonnaire accepte. Je suis soulagé. M. Chevalier, lui, présentera ses excuses à mes parents quelques jours plus tard. Ils ne lui en voudront pas, d'ailleurs. À la réflexion, on peut comprendre sa réaction, même si elle était un peu vive. Il s'était beaucoup occupé de moi, il pensait pouvoir me garder dans son club, et il voit débarquer sans prévenir l'émissaire d'un club professionnel venu lui souffler l'un de ses jeunes. Peut-être aurait-il aimé que Pierre Garonnaire l'informe de ses intentions, tout simplement. Enfin, maintenant, c'est du passé. Je dois penser à l'aventure qui m'attend. À cet avenir possible de footballeur professionnel que je n'avais pas vraiment envisagé. Dans un mois à peine, je vais quitter Étaules pour de bon. Cette fois, une nouvelle vie va vraiment commencer.

CHAPITRE 3

La vie en vert

Un dernier tour de clé. Un ultime coup d'œil en direction de la maison. Une portière qui claque. En route... Mes parents ne disent rien, mais je sais qu'ils ont le cœur gros. Moi aussi. Je n'ai pas trop envie de parler. Tandis que la voiture roule dans les rues d'Étaules, je regarde défiler ce paysage familier avec ses maisons que je connais par cœur. Je sais que je laisse mon enfance derrière moi. Il fallait que cela arrive un jour, bien sûr. Mais ça me fait tout drôle. J'ai conscience de vivre une rupture, comme une entrée sans retour dans l'âge adulte. L'exil à Royan n'avait rien de définitif, puisque je revenais toutes les semaines. Le départ pour le lycée de La Rochelle, l'année dernière, non plus. Mais là, c'est autre chose. Même si c'est moi, et moi seul, qui l'ai voulu. Mes copains n'ont pas été étonnés de me voir les quitter. Après mes matchs en sélection départementale et régionale, ils savaient bien que je franchirais un jour une nouvelle étape. Mes parents ont choisi de me conduire eux-mêmes à Saint-Étienne. Ils tiennent absolument à découvrir mon futur cadre de vie. Et puis, c'est une manière de rester encore ensemble, le temps d'un voyage. Interminable, ce voyage. Six cents kilomètres de routes nationales dans la torpeur d'un mois d'août qui s'achève doucement. Entre Étaules et Saint-Étienne, il n'y a pas que six cents kilomètres de distance. Il y a tout un monde. Tout sépare le bleu de l'Atlantique et le noir des cheminées d'usine. La lumière aveuglante du ciel de Charente et le sombre horizon de la grande ville industrielle recouverte d'un épais manteau de grisaille. À notre arrivée, Pierre Garonnaire est là pour nous accueillir, toujours aussi élégant et souriant. Après une balade rapide à travers Saint-Étienne, il nous conduit rue Jean-Baptiste-David, dans le petit appartement que le club met à la disposition de ses stagiaires. C'est là que je vais vivre, désormais. Dominique Bathenay s'installera dans un autre, en compagnie de Marc Ropero. Mes trois colocataires s'appellent Cohuet, Olivain et Pécheur. Cohuet, ce n'est pas un triste. Les soirs de déprime, il saura trouver les mots qu'il faut pour nous remonter le moral. Il y a aussi Alain Merchadier, mais plus pour très longtemps. Jeune marié, il s'apprête à nous quitter pour s'installer chez lui. Ma mère m'aide à ranger mes affaires dans l'armoire. Elle ne peut pas s'empêcher de rabâcher deux ou trois mises en garde, histoire de dissimuler son émotion au regard des autres. Je l'écoute d'une oreille distraite. Oui, maman. D'accord, maman. De guerre lasse, je m'engage solennellement à suivre ses recommandations. Au bout d'un moment, je finis tout de même par râler un peu – si elle continue comme ça, ils vont s'imaginer que je suis incapable de me débrouiller seul ! Maintenant, c'est l'heure du retour. Il faut partir. Je donnerai de mes nouvelles, c'est promis. Allez, bon voyage. Rentrez bien. Et embrassez pour moi toute la famille à Étaules.

*

* *

Je ne la voyais pas tout à fait comme ça, la vie rue Jean-Baptiste-David. Je m'attendais à une surveillance plus stricte de la part du club. Saint-Étienne a la réputation d'être en avance dans l'encadrement de ses jeunes. De ne rien laisser au hasard dans la formation et la préparation de ses futures recrues. Je pensais que nous serions tenus de rendre des comptes et de nous conformer à une stricte discipline. Au lieu de ça, c'est la liberté totale. L'autonomie complète. On nous laisse vivre comme nous l'entendons. À nous de nous débrouiller et de nous organiser. On imagine ce que peut être le quotidien de trois garçons de seize ans livrés à eux-mêmes, seuls maîtres à bord d'un appartement en centre-ville. Les repas auraient de quoi faire hurler n'importe quel diététicien digne de ce nom. Il faut parer au plus pressé, et les sandwichs vite avalés servent trop souvent d'ersatz de déjeuner. Sans même parler du rangement de l'appartement. Parfois, il finit par ressembler à un vestiaire à la fin d'une séance d'entraînement. Au moins, nous profitons de notre jeunesse. Je suis apprenti footballeur et soumis à une hygiène de vie, d'accord. Pour autant, je n'ai pas l'intention de rester enfermé. J'entends bien profiter des distractions qu'offre la grande ville. Je vais régulièrement au ciné. J'adore les films italiens. Et puis, il y a la musique, ma grande passion. Je m'intéresse de plus en plus au rock américain. Hot Tuna, Jefferson Airplane, les Eagles, le Grateful Dead de Jerry Garcia... Et Neil Young, aussi, et encore Chicago. Alors, pas question de louper un seul concert. Avec mon copain Jean-Luc, nous fonçons à Lyon dès qu'un groupe intéressant est de passage. C'est comme ça que nous avons vu Led Zeppelin ou les Who. Une fois, nous sommes même montés à Paris pour voir Chicago. Mais il n'y a pas que le rock. Il y a aussi la politique. Ma famille m'a transmis sa sensibilité de gauche. Moi, je me sens un peu anar. Ado, j'avais lu Bakounine. Jean-Luc m'influence beaucoup. Il me fait découvrir les penseurs politiques du XIXe siècle, comme Proudhon. Je m'attaque aussi à Marx et au *Capital* – enfin, pas en entier, mais je pioche dedans par-ci, par-là. Par curiosité, j'assiste même à quelques réunions organisées par Lutte ouvrière. Comme ça, juste pour voir. On parle un peu de tout, mais je n'accroche pas vraiment. Je les trouve intellos, avec un état d'esprit un peu trop militant. Malheureusement, il y a aussi l'école. Je suis inscrit en première au lycée du Portail rouge. C'est un bâtiment moderne tout en longueur, un peu tristounet, installé au pied des monts du Pilat. Il n'a pas la réputation d'être le meilleur de la ville. Le soir, après l'entraînement, je saute dans un tramway pour revenir à la maison. Je ne rentre jamais avant vingt-deux heures. Les journées sont épuisantes. Comme j'ai choisi de poursuivre mes études, je m'entraîne trois soirs par semaine en sortant du lycée. Je n'ai pas d'autre possibilité. Mais c'est un choix risqué, j'en suis bien conscient. Et si je perdais sur tous les tableaux ? Et si j'échouais dans les études comme dans le foot ? De retour du stade, ce n'est pas très facile de se replonger dans les cours et dans les bouquins. Je suis vidé. J'ai plutôt envie de me détendre. Certains soirs, je suis tellement épuisé que je m'endors sans même avoir jeté un œil à mes devoirs pour le lendemain. D'un autre côté, je ne me consacre pas à fond au football. Rien d'étonnant si je me retrouve un peu sur la touche dans les deux domaines. Mon copain « Babatte » – Dominique Bathenay – a décidé de ne miser que sur le foot. Il a laissé tomber l'école. Je me demande si ce n'est pas lui qui a raison.

*
* *

En attendant, j'ai signé un contrat de stagiaire pro. Je touche un salaire de roi : mille francs par mois. C'est une garantie d'avenir plus solide qu'un simple statut d'amateur, c'est vrai. Mais je n'appartiens pas à l'univers des professionnels. Bathenay, lui, s'entraîne avec eux. Pas moi. Pour l'instant, je joue avec la deuxième équipe du club. Je participe aux matchs du Championnat de France des amateurs. J'évolue en troisième division nationale. Je fais mes classes, en somme. J'ai seize ans, et trois années devant moi pour réussir à percer. La durée de mon contrat de stagiaire. Robert Philippe, l'entraîneur, me fait jouer ailier droit. J'aurais préféré être avant-centre, mais le poste est déjà pris par un certain Jacques Santini, un espoir du club. Mais au moins, il ne m'enferme pas dans un carcan. Il me laisse libre de développer mon jeu. Il ne me cantonne pas à un rôle d'ailier prisonnier de sa ligne de touche, chargé de balancer des centres à destination du but adverse. Alors, je me laisse aller au plaisir du dribble. Je marque des buts, aussi. Assez souvent, même. La troisième division, c'est un autre monde. Rien à voir avec tout ce que j'ai connu jusqu'à présent. Le niveau me change des matchs du lycée de La Rochelle, ou même des rencontres disputées dans les sélections. La plupart des joueurs sont plus âgés que moi. L'un d'eux s'appelle Aimé Jacquet. Pilier des Verts des années 1960 et 1970, il vient tranquillement terminer sa carrière dans les rangs des amateurs, pour le simple plaisir du jeu. J'apprécie sa mentalité et son état d'esprit. Quand un jeune débarque dans l'équipe, il le prend sous son aile. Il l'aide à faire ses premiers pas. Aimé est toujours prêt à donner des conseils, à partager son expérience, à révéler quelques trucs de pro. À domicile, nous jouons le dimanche après-midi sur la pelouse de Geoffroy-Guichard. Robert Herbin et Pierre Garonnaire nous observent, installés dans la tribune de presse. Il ne faut pas se louper... Quelques spectateurs prennent place dans le stade. Ils sont un millier, pas plus. Pas assez pour nous permettre de nous sentir portés par cette formidable ferveur des supporters stéphanois. Cette passion populaire qui monte peu à peu des rangs du public, tétanise les adversaires et pousse l'équipe vers le but adverse. J'adore ce stade, avec ses quatre tribunes à l'anglaise ouvertes aux vents du Forez. Il a été bâti sur des marais. C'est peut-être pour cette raison que les adversaires des Verts sont si nombreux à venir s'y enliser... Certains jours, les épaisses fumées noires échappées des cheminées de l'usine toute proche viennent obscurcir l'horizon. Au-dessus des travées, les pylônes des projecteurs semblent jaillir du sol et s'élancer vers le ciel telles des flèches d'acier. Au coin du terrain, la publicité lumineuse pour Manufrance n'en finit pas de tourner pendant toute la durée du match, comme un chronomètre devenu fou qui ne s'arrêterait jamais. Accrochés au-dessous du tableau d'affichage du score, des panneaux publicitaires vantent les mérites de Duplanil, de *France Football* ou des bagues de fiançailles Riboulon. Les soirs d'hiver, sous la lumière des projecteurs, le vert de la pelouse se confond presque avec celui des maillots des joueurs. J'aime son public, simple et populaire. À Geoffroy-Guichard, les gens sont passionnés et parfois excessifs, mais ils aiment leur club par-dessus tout. La vie n'est pas toujours facile à Saint-Étienne. La mine et la métallurgie ont forgé des générations d'ouvriers durs au mal. Des gens fiers de leurs traditions. Ils ne comprendraient pas que les joueurs ne mouillent pas le maillot. En ville, les occasions de se distraire sont rares. Les résultats de l'équipe – « l'ASS », comme tout le monde l'appelle ici – prennent une importance démesurée. Il faut tout à la fois gagner, bien jouer et se dépenser sans rechigner sur le terrain. Pas facile. Les artistes du ballon sont les bienvenus, à condition qu'ils ne se prennent pas pour des divas capricieuses. Un maillot couvert de boue et un visage ruisselant de sueur aident beaucoup à se faire accepter par l'exigeant public stéphanois. J'espère que mon tour viendra de lui prouver ce que je sais faire. Perspective à la fois exaltante et vaguement inquiétante. Ce jour-là, il faudra se montrer à la hauteur. Quand nous jouons à l'extérieur, nous partons le samedi. Nous disputons le match le dimanche et rentrons le soir même. Comme Saint-Étienne est l'un des ténors de la première division, tous nos adversaires nous attendent au tournant. Tout le monde veut battre le quadruple champion de France des années 1967-1970. La gloire de Bereta, d'Herbin et d'Hervé Revelli rejaillit sur nous. Nous avons une réputation à défendre. Une image de marque à préserver. Alors, tous les dimanches, il faut se donner à fond. Le mardi suivant, je me précipite sur l'hebdomadaire *France Football*. Ses journalistes décernent une étoile au meilleur joueur de chaque rencontre. Vite, j'ouvre le journal. Je suis impatient de voir si c'est moi qui ai reçu l'étoile cette semaine. Cette première année est plutôt satisfaisante. J'ai même la chance de participer, certains jours où je n'ai pas cours, aux entraînements des professionnels. J'assiste aux causeries d'Albert Batteux, le responsable de l'équipe. Cet homme-là, c'est un mythe. Mon père m'en a assez parlé, d'Albert Batteux ! C'était l'entraîneur du grand Stade de Reims – celui des Kopa, Fontaine et Piantoni. C'est un orateur né. En l'écoutant, je suis impressionné. Chez lui, pas de trace de discours guerrier. Pas d'exhortation au combat. Il parle du plaisir de jouer, des vertus du football offensif, du bonheur simple du footballeur sur le terrain. Je me reconnais pleinement dans sa conception du foot. Je ne le sais pas encore, mais c'est sa dernière année à l'ASSE. La saison dernière, le club a perdu deux de ses internationaux, le gardien Georges Carnus et le défenseur Bernard Bosquier. Débauchés par l'Olympique de Marseille, ils ont été exclus de l'équipe à quelques journées de la fin par Roger Rocher, le président de Saint-Étienne. Et les Verts ont laissé échapper leur cinquième titre d'affilée, au bénéfice de... l'OM. Dans quelques mois, ce sera au tour du grand Salif Keita de rejoindre les bords de la Méditerranée dans des circonstances, là encore, quelque peu théâtrales. Albert Batteux, en désaccord avec Roger Rocher, choisira de partir. Il sera remplacé par Robert Herbin. À Saint-Étienne, une nouvelle ère s'annonce.

*
* *

En mai 1972, grande première : je vais revêtir le maillot de l'équipe de France. Oh ! pas celui de l'équipe « A », bien sûr, celle des Chiesa, Bereta et Henri Michel. Pour l'instant, il s'agit simplement de l'équipe Juniors. C'est quand même bien. Pour faire plaisir à mon jeune frère et à mes cousins, j'accepte de poser pour la photo dans le jardin de la maison d'Étaules avec ma première tenue tricolore. C'est un maillot tout simple, avec son écusson bleu, blanc, rouge, placé à l'endroit du cœur. Je l'étrenne au tournoi de Dunkerque. J'ai déjà participé à quelques stages avec les Juniors.

Mais là, c'est du sérieux : je suis sélectionné pour de bon par l'entraîneur, Jacky Braun. Tout comme Didier Six, de Béthune, Gérard Soler ou Rolland Courbis, le Marseillais. Un vrai « cacou », celui-ci ! Il nous impressionne tous. Lui, il a déjà disputé un match de première division avec les pros. Cohuet, le colocataire de la rue Jean-Baptiste-David, est lui aussi de l'aventure. Une aventure qui se termine bien, puisque l'équipe de France remporte le tournoi. C'est là que je fais la connaissance de Michel Hidalgo, ancien joueur du Stade de Reims devenu l'un des sélectionneurs nationaux. Je partage son goût du football d'attaque et j'apprécie son côté très chaleureux. L'année suivante, nous partons pour Duisburg, en Allemagne. Le tournoi est d'un niveau plutôt élevé. Je suis d'autant plus satisfait d'être sacré meilleur joueur de la compétition, même si nous ne terminons que troisième. Dans l'équipe, il y a de futurs pros comme Loïc Amisse, Omar Sahnoun ou Jean-Paul Rabier. Je retrouve l'ami Marc Ropero, lui aussi pensionnaire de Saint-Étienne. Tous les deux, nous nous entendons comme larrons en foire, au grand désespoir des défenses adverses. Au grand désespoir de mes profs, aussi. Ils préféreraient sans doute me voir aussi à l'aise en classe que sur un terrain. Mais j'ai beau faire, au lycée, je suis un peu dépassé. Ce n'est pas par mauvaise volonté, loin de là. Au contraire, c'est moi qui ai tenu à mener en parallèle mes études et le foot. Mais ces deux activités sont tout simplement inconciliables. Entre la poursuite du lycée et la pratique du sport de haut niveau, il faut choisir. Et moi, justement, je n'ai pas choisi. J'ai eu tort. Les dirigeants du club m'ont laissé faire. Ils m'ont accordé leur confiance. Je n'ai pas le droit de les décevoir. Mes résultats scolaires ne les intéressent pas. Ils m'ont fait venir à Saint-Étienne pour me préparer au métier de footballeur professionnel, pas au bac. Il serait peut-être temps de faire un choix. Les événements vont se charger de décider à ma place : l'heure de l'année décisive, celle du bac, est venue. Jusque-là, je m'en suis tiré sans trop de dégâts. J'ai réussi, tant bien que mal, à passer de première en terminale D. Mais là, rien ne va plus. Je ne trouve ni le temps, ni l'énergie, ni l'envie de bûcher sérieusement. Avec l'équipe de France Juniors, les matchs et les tournois s'enchaînent tout au long de l'année. Je continue chaque dimanche à jouer dans les rangs de l'équipe amateurs. En plus de ce programme déjà bien chargé, le grand jour finit par arriver au mois de septembre 1972 : à dix-sept ans, j'effectue mes débuts dans l'équipe professionnelle.

*
* *

C'est Robert Herbin qui m'annonce la bonne nouvelle. Le plus tranquillement du monde, comme s'il s'agissait pour lui d'une évidence. « Dimanche, tu joues avec nous contre Nancy », me dit-il avec son calme habituel. Tout simplement. Le match se déroule à Geoffroy-Guichard, à l'occasion de la huitième journée du Championnat de France. Je ne m'y attendais pas, mais je ne tombe pas des nues pour autant. Depuis quelques semaines, « Robby » m'a laissé entendre que mon tour risquait de venir bientôt. Cette fois, ça y est. Évidemment, je suis heureux. Mais je ne réalise pas encore ce qui m'arrive. Des copains du lycée m'ont dit qu'ils viendraient m'encourager. Ça promet... Il y a juste un petit détail à régler : ma condition physique. Je ne suis pas prêt à supporter le rythme de quatre-vingt-dix minutes d'un match de professionnels. Mes trois ou quatre séances d'entraînement hebdomadaires, le soir après le lycée, ne suffisent pas. Les pros, eux, travaillent tous les jours. Sans relâche. Et deux fois par jour, même. L'entraînement n'a rien d'une partie de plaisir. À Saint-Étienne, on ne plaisante pas avec la préparation physique. Aux yeux d'Herbin, elle constitue l'une des conditions essentielles à une performance de qualité le jour du match. Depuis qu'il a remplacé Albert Batteux au poste d'entraîneur, au début de la saison, il a toujours insisté sur la résistance et l'endurance. Si un joueur rentre aux vestiaires sans se sentir fatigué, c'est qu'il ne s'est pas donné à fond. Il lui arrive parfois de renvoyer l'un d'eux à la douche parce qu'il ne lui semble pas prêt à livrer le maximum de ses possibilités. Même des ténors comme Curkovic ou Piazza sont soumis à ce régime implacable. Robert Herbin répète toujours que les grandes victoires de demain se construisent aujourd'hui, sur le terrain d'entraînement. Il a raison, bien sûr. Mais moi, de ce point de vue, je suis un peu léger. Herbin décide alors de me consacrer un entraînement personnalisé avant la venue de Nancy. Une sorte de programme à la carte. Un vrai privilège. Et un vrai bonheur, aussi. Le matin du match, je suis anxieux, même si je m'efforce de ne rien laisser paraître. J'ai un peu de mal à le croire, mais je vais jouer aux côtés des vedettes de l'équipe. En plus, l'ambiance à Geoffroy-Guichard n'a rien à voir avec celle des matchs de troisième division. Même s'il n'y a pas la foule des grands soirs, je sens la pression du public derrière les grillages tout proches. Les spectateurs sont à deux mètres de la pelouse. C'est impressionnant, vraiment. En attaque, je joue avec Christian Sarramagna, Jacques Santini et Patrick Revelli. Dans le dos, je porte le numéro sept. Les copains sont venus, comme promis. Ils ont même déployé une grande banderole pour me soutenir. Question discrétion, c'est raté... Sur le terrain, je réalise un match correct, sans plus. Nous gagnons un but à zéro malgré l'expulsion de Jean-Michel Larqué, remplacé par Aimé Jacquet. C'est Bereta qui marque, sur penalty. Mais je souffre comme jamais. Je n'imaginais pas un seul instant qu'une rencontre de première division me demanderait une telle somme d'efforts. Herbin ne me dit rien. Il ne m'adresse aucune critique. Mais je sens bien qu'il va falloir travailler dur. Franchement, est-ce bien sérieux de continuer ainsi, au risque d'échouer et dans le foot, et dans les études ? Si je suis venu à Saint-Étienne, c'est pour tenter – et réussir – le pari d'une carrière professionnelle. Autant m'en donner les moyens. Il ne me sert à rien de végéter chez les amateurs. Et ce ne sont pas mes sélections dans les rangs de l'équipe de France Juniors qui vont suffire à mon bonheur. Quelques semaines plus tard, dans le courant de cette même saison 1972-1973, Robby m'intègre à nouveau dans l'équipe. Rien n'a changé : je suis toujours à l'aise balle au pied, mais je reste comme asphyxié par l'intensité physique de la rencontre. Difficile de donner la pleine mesure de ses moyens si l'on est incapable de suivre le rythme du match. Du coup, je me mets à gamberger. Je m'imagine déjà en train de raccrocher les crampons, sans même avoir vraiment tenté ma chance. L'idée m'a traversé l'esprit à plusieurs reprises, dans les moments de découragement. Mais je redresse vite la tête. Je ne suis pas du genre à baisser les bras. Je ne peux pas continuer comme ça. C'est ce que me confirme Pierre Garonnaire. Un jour, il me prend à part. « Dominique, il faut que tu choisisses entre les études et le foot », me dit-il. Il a raison, Garo. Il faut prendre une décision. En juin 1973, c'est chose faite : je décide de devancer l'appel. Je pars sous les drapeaux. Et à mon retour, l'année prochaine, je me consacrerai entièrement au foot. Cette fois, je n'ai plus de temps à perdre.

*

* *

Pas franchement une réussite, cette nouvelle tête. Moi qui tenais à garder mes cheveux longs, c'est loupé. Me voilà avec la boule à zéro. Évidemment, il se trouve toujours un bon copain pour me chambrer gentiment. C'est de bonne guerre. Du coup, histoire de limiter les dégâts, je me laisse pousser une petite moustache à la d'Artagnan. Enfin, je ne vais pas me plaindre : au moins, je passerai mes mois d'armée à jouer au foot. Je viens de rejoindre les rangs du bataillon de Joinville, à Fontainebleau, en banlieue parisienne. C'est là que se retrouvent les futurs footballeurs professionnels. En attendant de commencer mon année d'armée pour de bon, il faut se débarrasser d'une autre corvée : le baccalauréat. Les épreuves auront lieu dans quelques jours. J'ai eu droit à un régime de faveur à l'armée grâce au bac, justement. Je n'ai pas été obligé d'effectuer de vraies classes. J'ai un peu révisé à Étaules. Juste un peu... On ne peut pas dire que je suis vraiment prêt. En plus, cette année, j'ai manqué pas mal de cours à cause des entraînements. J'ai prévenu mes parents : ils ne doivent pas s'attendre à un miracle. On verra bien. Les épreuves sont regroupées sur deux journées. Malheureusement, le jour de la physique, j'arrive en retard. La nuit précédente, j'ai dormi chez mon copain Jean-Luc. Et sur la route du lycée, catastrophe : sa vieille « deuche » décide de nous lâcher. La panne toute bête. Du coup, je me présente à l'examen avec une bonne demi-heure de retard. Ça commence mal. Et ça ne s'arrange pas. En maths, je me retrouve avec une note éliminatoire. Malgré un 15 en français, le bac s'envole. Définitivement. C'est ma faute, aussi. Je l'ai vraiment passé en touriste. Mais je n'ai pas le temps d'avoir des regrets. Au bataillon, je suis tout de suite plongé dans l'ambiance. Le programme est simple : boulot, boulot et encore boulot. Je suis là pour travailler, surtout sur le plan physique. J'ai un gros retard à rattraper. Avant de partir pour Fontainebleau, j'ai discuté avec Bathenay et d'autres Stéphanois passés par Joinville, comme Synaeghel ou Lopez. Ils sont unanimes : cette année leur a vraiment permis de devenir plus costauds. Je sais ce qu'il me reste à faire. Nous sommes vingt-quatre à rejoindre la section football. Avec nos chaussures à crampons et nos survêtements bleus, nous faisons de drôles de militaires. Dans les rangs, il y a de futurs pros comme Rabier, Marchetti, les gardiens Pierrick Hiard et Rust, ou encore Laposte, qui jouera plus tard au Paris Saint-Germain. Il y a aussi Didier Six. Un copain, Didier. Nous avons joué ensemble dans l'équipe de France Juniors. Un peu écorché vif, mais vraiment gentil. Par la suite, il réalisera une belle carrière avant d'être l'un des premiers footballeurs français à s'exiler à l'étranger. Nous sommes des privilégiés, c'est certain. Mais cette année ne ressemblera pas vraiment à des vacances. Le responsable du foot s'appelle Guy Briet. Tout le monde le surnomme « Chef ». C'est vrai qu'il a un petit côté adjudant, cet ancien militaire passionné de sport, avec sa moustache, son air pète-sec et ses manières de fort en gueule. Lui, il m'appelle Doumé. L'ambiance du groupe est excellente. Nous travaillons dur. Très dur. À dix-huit ans, pour la première fois, je m'astreins à une véritable discipline de professionnel. Au programme du matin, de longues courses à travers la forêt de Fontainebleau. L'après-midi, foot, musculation et encore foot. Ça ne rigole pas, au bataillon. Parfois, je suis à deux doigts de renoncer. Je suis sur le point de demander grâce au Chef. À d'autres moments, c'est lui qui m'incite à lever le pied. Mais je ne cède pas. Je me découvre une capacité à repousser mes limites. Jamais je ne m'étais autant entraîné. Très vite, j'ai la certitude de franchir un cap important. Jusqu'alors, je sentais que je stagnais dans ma progression à cause d'une condition physique insuffisante. Maintenant, j'envisage mon avenir avec une plus grande sérénité. Le plaisir du jeu n'est pas non plus absent de nos journées. Avec l'équipe de France militaire, nous disputons quelques rencontres. Embarqués à bord d'un Nordatlas, ces avions prévus pour larguer les parachutistes, nous allons jouer en Algérie. Et nous affrontons même l'équipe de France « A », la grande équipe de France. Sans succès : nous prenons quatre buts sans en rendre un seul. À notre décharge, il faut tout de même signaler que l'arbitre était un certain Stefan Kovacs, l'entraîneur des « A »... Le dimanche, chacun retourne dans son club. Je retrouve mon poste d'ailier au sein de l'équipe de troisième division. C'est bientôt la quille. Je suis prêt à me battre pour gagner mon billet chez les pros. Je me sens mieux armé, plus fort, plus résistant. Et je vais enfin pouvoir me laisser pousser les cheveux.

*

* *

Dix minutes. Dix petites minutes de rien du tout. Une misère. Et pourtant, ces dix minutes vont tourner au cauchemar. Je m'en souviendrai longtemps, de ce 19 avril 1974. C'est un vendredi. À Geoffroy-Guichard, l'ASSE reçoit l'Olympique lyonnais, le voisin. Le grand rival, aussi. Une belle équipe, ces Lyonnais. Les Chiesa, Lacombe et autres Di Nallo font les délices de Gerland, le stade de Lyon. Mais pourtant, ce jour-là, la cause est vite entendue. Saint-Étienne mène deux buts à zéro. On imagine mal les hommes d'Herbin rejoints au score. Après ce match, il ne restera que trois rencontres avant la fin du Championnat. Cette année, les Verts seront champions de France, pour la première fois depuis quatre ans. Tout va bien, donc. Pour moi aussi, la vie est belle. Dans quelques jours, je serai libéré du bataillon de Joinville. Après tous ces mois d'incertitudes, j'aspire enfin à intégrer l'équipe professionnelle. Balayés, mes doutes d'hier. Envolées, mes hésitations. Désormais, je me consacre au football, rien qu'au football. Robert Herbin m'a fait entrer dans l'équipe pendant mon séjour à Fontainebleau. J'ai joué les deux matchs contre Angers, pour les huitièmes de finale de la Coupe de France. Je me sens bien. Je n'éprouve plus cette sensation d'être trop court physiquement, comme c'était le cas lors de mes débuts en première division. Le bataillon m'a fait beaucoup de bien. Et cette saison, j'ai même marqué un but. Bien sûr, je reste loin des vingt-deux réalisations d'Hervé Revelli, le buteur maison. Mais enfin, c'est un début. Il était temps : mon contrat de stagiaire arrive bientôt à expiration. Si je veux signer mon premier engagement professionnel, c'est maintenant. Je sais que les places sont chères. D'autres aspirants n'ont pas eu cette chance. Ils ont été obligés de quitter le club sans rien d'autre en poche que leurs souvenirs et leurs illusions perdues. Il reste six cents secondes à jouer, et, tout d'un coup, c'est le drame. Le choc. Le trou noir. Tous mes projets sont réduits à néant. Tous mes rêves d'avenir mis en berne. Pour rien, ou presque. Pour une jambe qui traînait là où il ne fallait pas, pour une fraction de seconde en trop, pour un geste inutile et dérisoire.

Il s'appelle Lhomme, Bernard Lhomme. Il joue défenseur dans les rangs de l'OL. C'est un arrière gauche solide, rugueux, très « physique », comme on dit. Dans cette équipe lyonnaise, ils sont quelques-uns à traîner dans leur sillage une réputation de joueurs durs, comme Mihajlovic ou Raymond Domenech – même si ce dernier en rajoute un peu et s'amuse à se fabriquer une image de méchant. Tout le monde savait que ce derby contre Lyon n'aurait rien d'une partie de campagne. Mais là, tout de même... Lhomme vient de me tacler comme une brute. Je crie en tombant au sol, le visage déformé par la douleur. Plus tard, il dira qu'il ne l'a pas fait exprès. C'est peut-être vrai. Mais sur le coup, je ne me pose pas la question. Je suis à terre, le genou en morceaux. Je grimace. J'ai mal. Dans ma tête, l'avenir défile à l'envers. Retour à la case départ. Blessure, immobilisation, rééducation... Le match se terminera sans moi. On m'installe sur une civière. On me glisse dans une ambulance. En route pour l'hôpital, à Lyon. Manque de chance, c'est une veille de week-end. En plus, je suis encore militaire : pour me faire hospitaliser, il faut signer un tas de papiers, obtenir des autorisations à n'en plus finir, déranger des habitudes, bousculer la routine. Et le médecin, qu'en pense-t-il, le médecin ? Pour l'instant, rien du tout. Je ne le verrai qu'après le week-end. Deux jours d'attente dans une chambre, autant dire une éternité. Le lundi, le docteur Trillat, grand spécialiste des sportifs, examine enfin mon genou. Diagnostic : le ménisque est touché. C'est embêtant ? Plutôt, oui. Il faut opérer tout de suite. Et rester quelques mois sans jouer, surtout. C'est un vrai coup dur. Et tout ça à quelques semaines de la signature de mon premier contrat. L'avenir s'annonce mal. Quelques jours plus tôt, je voyais mon futur en vert. Aujourd'hui, je l'imagine en noir, très noir. Je finis par me dire que je n'y arriverai jamais.

*

* *

Je sors de l'hôpital avec un solide programme de rééducation en poche. Gérard Forissier, le kiné du club, m'aide beaucoup pendant cette période difficile. Mais il ne peut pas m'empêcher de me remettre à douter. Comme toujours... Cette fois-ci, j'ai quand même de bonnes raisons de m'interroger. Et si j'étais perdu pour le foot ? Et si je ne retrouvais pas mes réflexes ? Et si Saint-Étienne décidait de ne pas me garder ? Tout peut arriver dans le football. D'autant qu'une nouvelle génération de stagiaires vient de débarquer au club. Ils sont installés au stade, dans le centre de formation tout neuf. De mon côté, j'ai quitté le petit appartement de la rue Jean-Baptiste-David pour prendre une chambre au centre de formation. Les nouveaux s'appellent Larios, Lacuesta ou Vésir. Ils sont jeunes, plus jeunes que moi. Ils sont en bonne forme physique, surtout. Pleins de talent et d'ambition. Je sens bien que ça pousse, derrière. Et si je devais renoncer, je n'aurais plus rien pour me rattraper. J'ai laissé tomber les études pour tout miser sur le foot. Il y a des jours où l'avenir me paraît bien sombre. Qu'est-ce que j'ai prouvé, pour l'instant ? À mon maigre bilan, quelques matchs avec les pros, un malheureux petit but, des sélections chez les juniors et les militaires. On m'a promis une belle carrière, c'est vrai. Mais c'était avant. Avant mon accident et ma blessure. Pendant la rééducation, les journées me semblent longues. De temps en temps, Robby vient prendre de mes nouvelles. Il est bien le seul, parmi les dirigeants du club, à me témoigner de l'intérêt. Il m'encourage à tenir bon. Il me réconforte comme il le peut. Mais il a ses soucis, lui aussi. Il doit penser à sa mission d'entraîneur, au titre de champion à défendre, à son équipe à faire tourner. Un joueur blessé est souvent délaissé par l'encadrement de son club. C'est parfois dur à vivre, mais c'est comme ça. C'est la loi du foot. Tout n'est pas rose au pays du ballon rond... Au moins, je me serai endurci pendant ces mois d'attente et de solitude. C'est déjà ça de gagné. Je pars me reposer quelques jours à Étaules, chez mes parents. C'est toujours bon pour le moral. Je retrouve mes habitudes, les copains, les virées à bord du vieux *Mambo* et ce ciel bleu de Charente qui me manque souvent. Et au bout de quelques semaines, je commence à envisager mon retour sur les terrains. Je suis pressé, évidemment. Pressé de rejouer, de me rassurer sur mes capacités, de revivre les sensations perdues. Pressé de faire mes preuves, surtout. Je veux prouver qu'il est un peu tôt pour m'enterrer dans l'armoire aux souvenirs. Je suis peut-être trop pressé, d'ailleurs. Je décide peut-être trop vite de me risquer sur un terrain. C'est souvent le cas après une blessure. On souffre pendant les mois de rééducation, puis on éprouve soudain l'impression d'être guéri. Alors, on veut rejouer, tout de suite. Sans attendre, parce qu'on a déjà beaucoup attendu. Et en août 1974, lors d'un match de Coupe d'été en Autriche, c'est la rechute. Le ménisque a tenu bon, mais je suis victime d'un claquage à la cuisse gauche. La poisse. Ça ne finira donc jamais ? Je me voyais aux portes de l'équipe pro, et me voilà de retour dans les rangs des amateurs ! Une nouvelle saison m'attend en troisième division. Une de plus. La dernière, j'espère. Mais je ne suis plus sûr de rien.

*

* *

Les années défilent sans m'attendre, elles. Dans quelques mois, je fêterai mes vingt ans. L'âge de mon copain Bathenay. Mais lui, il est déjà titulaire. Et pendant ce temps-là, l'équipe première s'installe aux sommets du football français. Doublé Coupe-Championnat en 1974, nouveau doublé l'année suivante... Robert Herbin est en train de construire une véritable machine à gagner. Ses idées triomphent, résumées par quelques mots-clés : rigueur, solidarité, efficacité défensive, organisation. La génération des jeunots repérés par Pierre Garonnaire est arrivée à maturité. Ils s'appellent Bathenay, Janvion, Lopez, Merchadier, Repellini, Patrick Revelli, Santini, Sarramagna, Synaeghel. Ils sont encadrés par les anciens du club – Farison, Larqué, Hervé Revelli – et par deux joueurs que Garo est allé chercher à l'étranger, l'Argentin Oswaldo Piazza et le Yougoslave Yvan Curkovic. Les Verts reviennent sur le devant de la scène. Mais tout a changé depuis la fin des années 1960 et le début de la décennie suivante. Cette formation a quelque chose de plus que celles qui l'ont précédée. Elle est plus solide. Plus confiante. Plus conquérante. Plus forte, tout simplement. Pour la première fois depuis le Stade de Reims, plus de quinze ans plus tôt, une équipe française commence à faire parler d'elle sur la scène européenne. Les joueurs stéphanois ont longtemps échoué aux tout premiers tours des Coupes d'Europe. Dans les dernières minutes des matchs, ils laissaient filer leur destin et leurs rêves de gloire. Pourtant, l'équipe de Batteux ne manquait pas de joueurs de grande classe, de Mekloufi à Keita, d'Aimé Jacquet à Bereta. Mais elle souffrait des faiblesses traditionnelles des clubs français et de l'équipe nationale. Manque de réalisme, de solidité psychologique, de préparation... Le foot français était complexé. Saint-Étienne n'échappait pas à cette espèce de malédiction collective. À l'exception de la victoire historique contre le grand Bayern de Beckenbauer, en 1969, les campagnes européennes des Verts d'hier tournaient rapidement court. À Geoffroy-Guichard, les supporters se souviennent encore de l'élimination par les Écossais du Celtic, en 1968, ou par les Polonais du Legia de Varsovie l'année suivante. Mais là, en cette saison 1974-1975, quelque chose est en train de changer. Je m'en aperçois depuis les rangs du public, d'où je suis toutes les rencontres de l'équipe en rongeant mon frein. Se contenter de regarder les matchs au lieu d'y participer, je trouve cela frustrant. Frustrant, mais passionnant tout de même : pour son grand retour en Coupe d'Europe des clubs champions, l'ASSE va frapper fort, j'en suis persuadé. D'abord, les Portugais du Sporting Lisbonne sont éliminés. Et pourtant, ce sont des coriaces. Ensuite, c'est au tour des Yougoslaves de Hajduk Split en huitièmes de finale. L'aller est impitoyable : défaite par quatre buts à un. Mais à Saint-Étienne, ce 6 novembre 1974, les Verts retournent la situation. Ils l'emportent cinq à un après prolongation. Fabuleux ! Comme le reste des spectateurs, j'ai presque du mal à y croire. Mais ce n'est pas terminé. Le match retour contre les Polonais de Chorzów, sur une pelouse couverte de neige où se devinent à peine les lignes tracées sur le terrain, restera lui aussi comme un moment inoubliable. Je suis de plus en plus impatient. J'aimerais en être, moi aussi. Au lieu de me contenter d'un siège dans les tribunes, je préférerais courir avec eux, frapper, dribbler, montrer ce dont je suis capable. La troisième division ne me satisfait plus. J'en ai assez d'attendre. Puisque je suis en forme, puisque les séquelles de mes blessures ont disparu, ce n'est plus qu'une question de semaines. Herbin me fait confiance. Et le club m'a enfin proposé de signer ce fameux contrat de professionnel. Un contrat de quatre ans. Il était temps. Je reviens de loin...

CHAPITRE 4

Mon nom est Rocheteau

C'est cette saison ou jamais, je le sais. Cette année, il va se passer quelque chose. Il doit se passer quelque chose. Soit je gagne ma place dans l'équipe, soit je renonce au football. C'est aussi simple que ça. J'ai assez traîné en route. Trop d'espoirs déçus, trop de blessures, trop de désillusions. Mais je n'imagine pas une seule seconde échouer si près du but. Ce serait trop cruel. Trop injuste, surtout. J'ai toutes les cartes en main. Un contrat de professionnel, une forme physique retrouvée, la confiance en moi, un environnement favorable... J'ai déjà oublié les derniers mois, quand j'étais à deux doigts de raccrocher définitivement les crampons. Maintenant, je regarde devant. Et devant, ce mercredi 30 juillet 1975, je vois l'équipe de Leeds United. Les dirigeants stéphanois l'ont invitée à Geoffroy-Guichard pour un match de préparation à la saison prochaine. Leeds, ce n'est pas n'importe qui. C'est le champion d'Angleterre en titre. C'est surtout le finaliste malheureux de la dernière Coupe d'Europe des clubs champions. À Paris, quelques semaines plus tôt, Leeds a perdu contre l'inévitable Bayern Munich. Encore lui... Décidément, l'ombre du Bayern plane toujours au-dessus de nos têtes. En demi-finale, l'équipe allemande nous avait éliminés. À l'aller, nous avions fait match nul. Au retour, à Munich, nous avions perdu deux à zéro. Avec un but magistral de leur capitaine Beckenbauer, précédé d'un slalom à donner le tournis à n'importe quelle défense. Ce Bayern, décidément, c'est du costaud. C'est le nouveau ténor des stades européens, déjà vainqueur l'année précédente contre les Espagnols de l'Atletico Madrid. Il compte dans ses rangs plusieurs membres de l'équipe d'Allemagne championne du monde en 1974, comme Beckenbauer, Müller, Sepp Maier ou Hoeness. Personne n'a oublié cette finale de Coupe d'Europe contre Leeds. Malheureusement, c'est pour de mauvaises raisons. Devant ma télé, comme tout le monde, j'ai été choqué par les dégâts provoqués par les supporters anglais, dans les tribunes et dans la rue. Je ne comprends pas ces débordements de violence. Pour moi, une Coupe d'Europe devrait rester une fête. L'occasion de chanter, de rire et de défiler dans les rues avec les drapeaux de son équipe fétiche. Mais pas le prétexte à jouer les casseurs ni à transformer un terrain en champ de bataille, jonché de sièges arrachés et projetés sur la pelouse. Sur le terrain, en tout cas, l'affrontement risque d'être rude. Car ces Anglais de Leeds ne sont pas des débutants. C'est tout de même l'équipe de Billy Bremner et de Joe Jordan, l'avant-centre édenté comme un boxeur en fin de carrière. D'un seul coup de tête, ce Jordan est capable de mettre K.-O. l'adversaire. Il va falloir se méfier. D'ailleurs, le quotidien *L'Équipe* nous a prévenus. « Leeds à Saint-Étienne : déjà un test européen ! », titre à la une le journal sportif. C'est un match idéal pour préparer la saison. Et par chance j'en suis. Herbin m'a convoqué. Je serai remplaçant, comme contre les Allemands de Cologne, la semaine précédente. Mais cette fois, je devrais jouer. Il m'a demandé de me tenir prêt pour la seconde période. Je suis prêt.

*

* *

Je la sens bien, cette rencontre. C'est peut-être la perspective d'affronter des Britanniques. J'aime leur football direct et enthousiaste. Si je devais m'exiler un jour, je tenterais bien l'expérience anglaise. Je suis sûr que je m'adapterais à ce jeu. Mais ce n'est pas d'actualité. Pour l'instant, la partie démarre mal pour les Verts. Leeds ouvre le score au bout de dix minutes. Scénario classique : centre de Bremner, tête de l'inévitable Jordan, reprise de volée de Clarke, et voilà. C'est le but. Les Anglais dominent. Nous sommes dépassés par les événements. C'est une soirée chaude, très chaude. Pas seulement à cause de la température ambiante, mais aussi par la faute du jeu britannique. Les vingt mille spectateurs de Geoffroy-Guichard ne sont pas contents. Nous non plus. Nous sommes incapables de trouver la parade. Sur le terrain, c'est la panne sèche. À la mi-temps, Robert Herbin demande à Patrick Revelli de me laisser sa place. Je m'installe sur mon aile droite. Hervé Revelli joue avant-centre. Le troisième attaquant, c'est Yves Triantafilos. Au club, tout le monde l'appelle Tintin. Pourtant, il n'a ni la dégaine, ni la coupe de cheveux du personnage de la bande dessinée d'Hergé. Notre Tintin à nous a remplacé la houppe par de longs cheveux bruns qui lui tombent dans le cou. Lors du match retour mythique contre les Yougoslaves de Split, l'an passé, c'est lui qui avait marqué les deux derniers buts. Et la saison dernière, avec Hervé, ils en ont inscrit quarante et un à eux deux. Espérons que la deuxième période sera plus efficace. Malheureusement, c'est mal parti. Leeds domine encore et toujours. C'est agaçant, à la fin. Ça va durer longtemps ? Très précisément dix-sept minutes. À ce moment-là, Jacques Santini tire un corner. Je reprends le ballon du pied gauche. L'angle est fermé, mais la balle franchit quand même la ligne. Stewart, le gardien de Leeds, est battu. Un partout. Il reste un peu moins d'une demi-heure. Il fait toujours très chaud, mais nous respirons déjà mieux. Et ce n'est pas fini. À la soixante-neuvième minute, un tir de Christian Synaeghel est repoussé par la barre transversale. J'ai suivi l'action, je reprends la balle. Elle passe juste sous la barre. Deux à un. Maintenant, c'est nous qui prenons l'avantage. Un peu contre le cours du jeu, il faut bien le reconnaître. Jusqu'à présent, Leeds n'a cessé de maîtriser la partie. Mais c'est comme ça, le foot. Soixante secondes après, Tintin marque un nouveau but. Puis encore un autre, à cinq minutes de la fin. Les Anglais ne comprennent pas ce qui leur arrive. Ils se regardent. Ils s'interrogent. Ils sont complètement perdus. Ils menaient un but à zéro, ils se promenaient sur le terrain, Saint-Étienne donnait l'impression d'être ailleurs, et patatras ! Les voilà qui s'en retournent chez eux avec une cinglante défaite dans leurs valises. Drôle de soirée... « Un renversement de situation total, presque incroyable », écrit le lendemain Philippe Tournon, l'envoyé spécial de *L'Équipe*. L'enjeu n'est pas le même, les circonstances non plus, mais nos supporters ne peuvent pourtant s'empêcher de penser à nos matchs contre Split et Chorzów, la saison passée. Saint-Étienne commence à se forger une réputation. Celle d'une équipe capable de tout. Une équipe qui ne s'avoue jamais vaincue tant que l'arbitre n'a pas sifflé la fin du match. Ça promet. Maintenant, il reste à renouveler ce genre de performance lors de nos matchs de Coupe d'Europe. Le surlendemain, dans *L'Équipe*, je suis devenu « l'homme qui monte et qui doit éclater cette saison ». Ça me fait plaisir, bien sûr. Mais rien n'est joué. Devant, la concurrence est de taille : les frères Revelli, Sarramagna, Triantafilos. Sans oublier Jean-Marc Schaer, qui se fait remarquer tous les dimanches avec les amateurs. Cette année, au moment de composer sa ligne d'attaque, Robby aura l'embarras du choix. Ce ne sera pas toujours facile de se faire une place au soleil. Mais cette fois, je touche au but.

*
* *

Il s'est passé quelque chose pendant ce match. Dans la rue, les gens me reconnaissent, me saluent, me sourient. Certains m'accostent pour me féliciter. D'autres m'encouragent d'un mot gentil. J'apprécie ces marques de sympathie, même si elles me mettent un peu mal à l'aise. Je ne sais pas toujours quoi répondre. Alors, je laisse échapper un petit sourire de complicité avant de m'en retourner bien vite à ma tranquillité. Mon vrai domaine, c'est le terrain. Je préfère m'exprimer sur une pelouse, balle au pied. Les mots me semblent toujours plus difficiles à apprivoiser qu'un ballon de football. Et puis, il ne faut pas exagérer. Contre Leeds, je pense avoir réalisé une bonne deuxième période, mais il n'y a pas de quoi s'affoler non plus. Je ne m'imagine pas encore en titulaire indiscutable. Il ne suffit pas de quarante-cinq minutes d'un match amical pour prétendre devenir indispensable. Je suis déjà très content d'être dans l'équipe. Je suis surtout rassuré d'avoir retrouvé mes sensations. Maintenant, il reste à confirmer. J'ai aussi bénéficié de l'effet de surprise. Les joueurs adverses ne me connaissent pas encore. Je n'ai pas trop de mal à les surprendre. Même chose pour le public de Geoffroy-Guichard. Je suis de retour après une blessure, j'entre en cours de jeu, je marque deux buts alors que personne ne m'attend... Dans ces conditions, il est plus facile de mettre les supporters dans sa poche. Mais sur la durée, c'est autre chose. Quelques jours plus tard, nous recevons les Uruguayens du Penarol de Montevideo. Cette fois, je suis aligné d'entrée. Puisque tout s'est bien passé contre Leeds, je me sens en pleine confiance. Alors, je joue mon jeu naturel. Je me jette vers le but adverse. Je me faufile entre les défenseurs. Je tente tout ce que j'ai envie de tenter, sans retenue. Robby a bien compris ce que j'aime sur un terrain. Il a compris qu'il est inutile de m'enfermer dans un schéma tactique contraignant. Ma force, c'est ma spontanéité et ma liberté de jeu. Certains parleront peut-être d'individualisme forcené. Ils me reprocheront de jouer trop « perso ». Ils auront tort. Je ne joue jamais au détriment de l'équipe. Je ne cherche pas à me faire plaisir en négligeant l'intérêt collectif. Je ne dribble pas pour la seule satisfaction de laisser un adversaire dans le vent ou pour entendre les cris d'admiration du public. Je slalome entre les arrières pour créer le déséquilibre dans la défense.

Pour désorganiser les lignes adverses et nous permettre de nous retrouver en surnombre à l'approche du but. Je ne tente jamais la feinte de trop. J'espère ne pas ressembler à ces joueurs qui se laissent emporter par leur seul plaisir égoïste, au risque d'oublier de lever la tête vers leurs coéquipiers. Le dribble est un moyen, pas une fin en soi. J'avoue qu'à l'école, dans la cour de récré, je ne pensais qu'à m'amuser avec le ballon. Je jouais à l'artiste solitaire, encouragé par les louanges de mes copains. Aujourd'hui, c'est fini. Je suis au service de l'équipe. Simplement, j'utilise les armes que je maîtrise le mieux, voilà tout. Le dribble en est une. Je l'ai forgé depuis des années, grâce à ces parties disputées pendant l'enfance et l'adolescence. Ce n'est pas un don du ciel. C'est le résultat d'un travail acharné. La somme de centaines et de centaines d'heures passées à répéter les mêmes gestes. Sans jamais se lasser. Sans jamais se décourager. Et justement, contre Penarol, je ne me lasse pas. Je m'éclate, même. Après le match, dans les vestiaires, les autres me félicitent. Robby me dit qu'il est content de moi. Tout va bien. Tout va très bien. Tout va encore mieux quand Stefan Kovacs vient vers moi pour me donner son avis sur ma prestation. C'est le sélectionneur de l'équipe de France. Ce soir, il était dans les tribunes. M. Kovacs, pour moi, c'est une référence. C'est l'entraîneur du grand Ajax triomphant du début des années 1970, à l'époque des trois victoires d'affilée en Coupe d'Europe. Avec son accent roumain et sa petite bedaine, c'est un vrai personnage de théâtre. Il ne me parle pas beaucoup, mais ce qu'il dit me procure un immense plaisir. Il me promet de penser à moi pour le onze tricolore. Et il conclut cet entretien inattendu d'un mystérieux « À bientôt » ! Comment ça, « À bientôt » ? Il ne veut pas dire qu'il va me sélectionner pour de bon, tout de même ? Franchement, ce serait inespéré. D'abord, je n'ai joué que deux matchs amicaux. Ensuite, je n'ai jamais été retenu chez les Espoirs, l'antichambre de l'équipe de France. Alors, une sélection... Ne rêvons pas. C'est encore un peu tôt. Pour l'instant, je ferais mieux de savourer la victoire et le match de ce soir. Chaque chose en son temps. Ce n'est pas parce que j'ai pris du retard dans mes objectifs depuis la saison dernière que je dois maintenant brûler les étapes. Mais quelques jours plus tard, quand Robert Herbin nous communique les noms des Stéphanois retenus pour affronter en bleu le Real Madrid, je crois rêver. Larqué, c'est normal. Lopez aussi. Mais Rocheteau... Il a bien dit Rocheteau ? Voilà un an, j'enchaînais les blessures. Je me demandais si je réussirais un jour à quitter les bancs de la troisième division pour entrer chez les pros. Et aujourd'hui, me voici en équipe de France aux côtés des plus grands joueurs du moment, les Henri Michel, Guillou et autres Trésor. Avec deux matchs amicaux au compteur et une petite, toute petite expérience des rencontres au plus haut niveau...

*

* *

Ce matin d'août 1975, je suis dans mes petits souliers. En poussant la porte de Cazaudehore, la résidence de l'équipe de France à Saint-Germain-en-Laye, dans la banlieue ouest de Paris, je dissimule tant bien que mal une petite appréhension. Les choses sont allées un peu vite en un mois. Passer en quelques semaines de la troisième division au maillot bleu frappé du coq, voilà de quoi perturber un joueur. Surtout si ce joueur se demandait encore, il n'y a pas si longtemps, s'il n'était pas perdu pour le football. Pour tout dire, je n'en mène pas large. Dans l'équipe, je suis le petit jeune. Le « bleu » de service, en quelque sorte, avec le Marseillais Albert Emon et le gardien strasbourgeois Dominique Dropsy. Alors, quand j'apprends que je partagerai la chambre de Jean-Marc Guillou, j'ai du mal à y croire. Dix ans nous séparent. Dix ans, mais surtout une sacrée expérience du football. Guillou, c'est l'un des grands stratèges du foot français. À mes yeux, il incarne l'intelligence du jeu et la clairvoyance. La correction, aussi. Je suis très fier de passer ces quelques jours à ses côtés. Je vais tâcher de m'intégrer en douceur à ce groupe. De toute façon, je ne suis pas du genre à la ramener. Je préfère rester dans mon coin, écouter, observer. Un peu en retrait, c'est parfait. Les autres Stéphanois, comme Jean-Michel Larqué, sont là pour m'aider. Au moins, je ne me sentirai pas trop seul. Lors de cette mise au vert, je ne découvre pas seulement l'équipe de France : je fais aussi connaissance avec les médias. Pour quelqu'un de timide, comme je le suis, ce n'est pas évident. J'aurais préféré m'en dispenser. Mais je n'ai pas vraiment le choix. C'est la règle. Pour les journalistes, un nouveau joueur en équipe de France offre l'occasion rêvée de raconter une nouvelle histoire à leurs lecteurs. Je peux le comprendre. Je suis prêt à jouer le jeu. L'ennui, c'est que leur curiosité prend des proportions excessives. Ils me regardent comme une bête de foire. Je leur donne l'impression de sortir de nulle part. Pour eux, c'est du pain bénit : voilà de quoi faire de la bonne copie. Mais je me sens gêné vis-à-vis de mes partenaires. Eux-mêmes ne me connaissent pas très bien. Voilà quelques jours seulement, la plupart n'avaient jamais entendu prononcer mon nom. Je n'ai encore rien prouvé, et la presse s'empare de moi comme si j'étais déjà un joueur reconnu. Qu'est-ce qu'ils vont s'imaginer à mon sujet ? J'espère qu'ils ne vont pas se dire que j'ai pris la grosse tête. Heureusement, ils ne s'en formalisent pas. Ils savent mieux que moi les rouages du métier et les obligations qu'il implique. Mais je préfère, de loin, me trouver sur le terrain. La date du match est fixée au 19 août. Je l'attends avec impatience. Je me sentirai plus à mon aise. Plus que quarante-huit heures...

*
* *

Une première sélection, c'est un jour inoubliable. Même s'il ne s'agit pas d'une vraie sélection contre une équipe nationale, mais simplement d'une rencontre de gala contre un club. Au palmarès, cette rencontre contre le Real ne compte pas. Mais cela n'a aucune importance. Pour moi, elle reste un événement. Tous les ans, l'Union nationale des footballeurs professionnels organise un match pendant le mois d'août. C'est devenu une tradition. Les Tricolores préparent ainsi la rentrée en se mesurant à un grand club européen. La saison reprend à peine, les Parisiens ne sont pas tous revenus de vacances, les touristes flânent encore sur les grands boulevards... Pour le public, ce match sans enjeu ressemble plus à une distraction qu'à autre chose. Ce soir, ils sont tout de même trente-cinq mille à s'asseoir sur les strapontins colorés du Parc des Princes. Trente-cinq mille paires d'yeux, sans compter les téléobjectifs interminables des photographes massés derrière les buts. Sans compter, surtout, le regard de Stefan Kovacs et celui de mes partenaires d'un soir. Je préfère ne pas y penser. Le moment est déjà assez solennel. Dans les vestiaires, avant le coup d'envoi, Kovacs demande aux novices de l'équipe d'embrasser le coq cousu sur leur maillot. Drôle de rituel. Je m'exécute sans discuter. Il ne me viendrait pas à l'idée de refuser. Je suis déjà assez ému et stressé comme ça. Me voilà penché au-dessus d'un maillot bleu, torse nu et en short, en train de faire la bise à un coq de tissu... Le match a beau être amical, il ne sera pas forcément une promenade de santé. En attaque, je suis entouré d'Emon, sur l'aile gauche, et du Niçois Marco Molitor au centre. Le Real joue toujours avec son fameux maillot blanc immaculé, celui que portaient déjà le grand Di Stefano, Puskas ou Raymond Kopa. Mais ce n'est plus la formation exceptionnelle des années 1950 et 1960. Attention, ce n'est pas non plus n'importe quelle équipe. Dans ses rangs évoluent des joueurs de tout premier plan comme les Allemands Netzer et Breitner, champions du monde en titre. Mon adversaire direct est un certain Camacho. Un jeune joueur, lui aussi. Il deviendra bientôt l'un des piliers de son club et de l'équipe nationale espagnole. C'est Robert Wurtz qui arbitre ce soir. Il va peut-être me porter chance : contre Leeds, déjà, c'est lui qui arbitrait. Et j'avais marqué deux buts... C'est un véritable phénomène, ce M. Wurtz ! On le surnomme « le Nijinski du sifflet ». Une arabesque par-ci, un pas chassé par-là... Il se sert de son sifflet comme d'un instrument de musique. Toujours en mouvement, il invente sans cesse de nouveaux gestes à l'appui de ses décisions. Et quand il sort un carton jaune de sa poche, ses mains dessinent des courbes invisibles dans l'air, comme pour mieux donner toute la solennité nécessaire à la sanction. Il transforme l'arbitrage en un spectacle permanent, pour le plus grand plaisir du public. Pour l'équipe de France, le match commence bien : à la seizième minute, Henri Michel ouvre le score. Jean-Michel Larqué, associé à Guillou et Michel au milieu du terrain, m'aide à me sentir à l'aise. Les ballons qu'il me donne y sont pour beaucoup. Ses passes sont précises, nettes, sans déchet. Pour un attaquant, c'est le rêve. Comme cette ouverture, au bout d'une demi-heure de jeu. Je ne me pose même pas la question de savoir comment la prendre. Je suis en pleine course. Je ne ralentis surtout pas. Je continue sur ma lancée, puis je frappe. Du pied droit. La balle infléchit sa trajectoire. Elle part en direction du but espagnol, comme si elle était posée sur un rail invisible. La voilà qui file au-dessus des têtes des joueurs. Je la suis des yeux, impatient de voir jusqu'où elle va aller. J'ai l'impression que rien ne pourrait l'arrêter. Elle semble flotter quelques secondes devant le but qui s'approche, puis s'en va se loger tout là-haut, dans le coin supérieur des filets de Miguel Angel, le gardien espagnol. En pleine lucarne. But ! Jean-Michel court vers moi pour me féliciter, bientôt rejoint par d'autres coéquipiers. J'essaie d'échapper à leur étreinte pour me précipiter vers ce coin de tribune où mes parents sont assis. Je les cherche du regard dans la foule. Mais déjà, il faut retourner au centre du terrain. C'est incroyable. Pour ma première apparition sous le maillot bleu, je viens de marquer un but ! C'est fou. Le pire – enfin, façon de parler –, c'est que j'en marque un deuxième, à la soixantième minute, après avoir suivi une action de Jean-Marc

Guillou. Nous gagnons trois à un. Les spectateurs du Parc crient mon nom sur l'air des lampions. Drôle de sensation. S'ils savaient ! S'ils savaient d'où je reviens, et où j'en étais encore quelques mois plus tôt. Les coups durs, les mauvais souvenirs, les doutes et les angoisses, les lendemains incertains... En deux buts, tout est effacé. C'est l'été, j'ai vingt ans depuis sept mois... Ce soir, la vie est belle !

*

* *

« Dominique, s'il te plaît ! C'est pour Europe 1... » Allons-y pour Europe 1, alors. « Dominique, ce premier but, ça s'est passé comment ? » Cette fois, c'est le micro de France Inter. Je m'exécute de bonne grâce. Pour la cinquième fois, pour la dixième fois, je raconte mes buts, mon match, mes impressions. Dans les vestiaires, je suis assailli par les journalistes. Ils veulent à tout prix m'arracher un commentaire. Ils se bousculent pour recueillir mes confidences. Tenter de comprendre, encore et encore, pour raconter le lendemain à leurs lecteurs. Pourtant, il n'y a pas grand-chose à dire. Jean-Michel m'a passé le ballon, je l'ai repris de plein fouet, j'ai marqué. Et voilà. C'est assez simple, le foot, finalement. Le lendemain, dans leurs journaux, ils transformeront un geste naturel en un moment d'épopée, histoire de prolonger un peu le rêve. Mais je ne lirai pas leurs articles. Je n'achèterai pas les quotidiens. Je n'éprouve pas le besoin de me regarder dans leur miroir pour me rassurer. Je sais quel match j'ai livré, si j'ai été bon ou si j'ai raté ma soirée. Je ne cherche pas à trouver l'écho de ma performance d'un soir sur quatre colonnes d'encre noire. Et pourtant, je leur ai parlé, ce jour-là. Dans ce désordre bon enfant d'un vestiaire d'après-match, je ne parviens même plus à compter les micros. Je parle, puisqu'on m'y invite. Mais je reste prudent. Je pèse mes mots. Je réfléchis aux conséquences de mes déclarations. Ce n'est pas toujours facile. Il faut savoir déceler les questions pièges, éviter les réponses hâtives, rester simple. Je me méfie un peu de la presse. Il m'arrivera parfois de me sentir piégé à la lecture d'un article, étonné de retrouver mes propos déformés et arrangés. Je me rends bien compte que mon statut de joueur risque fort de changer dans les semaines qui suivront. D'inconnu débutant auquel personne ne fait attention, la presse cherche à me transformer du jour au lendemain en une étoile montante du football français. C'est un peu rapide, à mon avis. Alors, je garde la tête froide. Je joue ma partition à moi. Je ne cherche pas à endosser le rôle de vedette que l'on veut me faire jouer. Le public le sait bien. Je me hasarde à parler de ce que j'aime. La musique anglo-saxonne, par exemple. La politique, aussi. Un peu, mais pas trop tout de même. Assez, pourtant, pour que certains me collent à la hâte une étiquette d'anarchiste. Il suffit de pas grand-chose, avec les médias. En fait, il suffit d'afficher des goûts soi-disant originaux, une opinion un tant soit peu personnelle, et vous voilà catalogué « différent ». Le cocktail cheveux longs, rock et politique fera de moi une espèce de bête curieuse au sein du foot français. Certains voudraient presque me comparer à ces *rock stars* anglo-saxonnes au destin sulfureux et à la vie tumultueuse. Ils ont tout faux. J'aspire simplement à jouer au foot et à vivre selon mes goûts. Quelques malentendus naîtront de ces raccourcis. Quelques surnoms un peu ridicules, aussi. Comme « l'Ange vert », par exemple. Celui-ci, il n'est pas près de me quitter. Il va me coller à la peau pendant pas mal d'années. C'est Jean-Pierre Frimbois, le rédacteur en chef du mensuel *Onze*, qui l'inventera l'année suivante. C'est une formule de journaliste, ça. Parfaite pour un titre de une, mais qui ne veut strictement rien dire. La faute à quelques boucles de cheveux bruns, sans doute. Et à une timidité que je ne cherche même pas à dissimuler. Pour le reste, je suis un jeune homme comme les autres. Avec ses faiblesses et ses défauts. Un ange, moi ? N'importe quoi ! Il faudrait demander aux défenseurs adverses ce qu'ils en pensent. Mais du jour où un journaliste l'aura écrit dans son article, ce surnom ne me quittera plus. Comme s'il résumait mon jeu et mon identité. C'est un peu agaçant. Tout comme cette réputation qui va très vite me coller à la peau. À lire la presse, c'est tout juste si je ne suis pas une espèce de hippie aux cheveux longs. Un rebelle solitaire réfugié dans sa campagne, loin de la civilisation. Tout ça parce que, à l'intersaison, j'ai emménagé à Saint-Héand, à une dizaine de kilomètres de Saint-Étienne. J'ai quitté le centre de formation de Geoffroy-Guichard, où j'ai passé un an avec d'autres aspirants comme Larios ou Lacuesta. Désormais, je vis à l'écart de la ville. En pleine nature. Je partage une maison avec Hugues Boury, un copain stagiaire. Un attaquant, lui aussi. Nous avons le même âge, le même métier, les mêmes goûts, la même passion de la musique. C'est vrai, je préfère vivre à la campagne. J'ai besoin de calme et de tranquillité. J'ai besoin de cette sensation de liberté qu'elle procure. Je cherche à retrouver un décor qui me rappelle mon enfance. En ville, j'étouffe. À Saint-Héand, je respire. En tout cas, il n'y a là pas de quoi m'imaginer en misanthrope fuyant ses semblables. Délires de journalistes, tout ça. Pour vendre du papier, certains sont prêts à fabriquer de toutes pièces un personnage. Ils n'hésitent pas à façonner une légende et à travestir la réalité. Au fond de moi, je n'apprécie pas vraiment. Pourtant, je laisse faire. Après tout, ces idées reçues ont le mérite de préserver mon indépendance. S'il est persuadé que je cherche à vivre en ermite, retiré du monde et de son agitation, le public me laissera peut-être en paix. À mes yeux, c'est le plus important.

*

* *

Quelques jours plus tard, c'est la reprise du Championnat de France. Pour la première journée, Saint-Étienne défend son titre de champion contre le Stade de Reims. L'année dernière, nous avons terminé en tête avec neuf points d'avance sur le deuxième, l'Olympique de Marseille. Et en prime, les Verts ont remporté la Coupe de France. Tout le monde se souvient de la finale contre Lens, avec cette incroyable reprise de volée acrobatique de Jean-Michel Larqué. Le pied gauche fiché dans le sol, le bras droit tendu vers le ciel, son corps est parti à la renverse avant que son pied droit ne frappe le ballon. Un geste parfait. Le Parc des Princes s'est levé comme un seul homme. Cette saison, je n'ai fait que la suivre en spectateur. J'ai participé à quelques rencontres, comme un quart de finale de Coupe contre Strasbourg. Le reste du temps, je me suis contenté de jouer en troisième division. Mais cette fois, je suis bel et bien sur la feuille de match. Désormais, je ne quitte plus les Verts. Robby m'a intégré pour de bon dans l'équipe des professionnels. Après toutes ces galères, j'ai enfin le sentiment d'avoir atteint mon objectif. Je joue ailier droit, le poste que j'occupais chez les amateurs. De l'autre côté, Patrick Revelli ou Christian Sarramagna se partagent l'aile gauche. Et au centre, il y a Hervé Revelli, bien sûr. Lui, c'est un titulaire indiscutable. Il termine chaque saison meilleur buteur du club. Avant de venir à Saint-Étienne, je ne pensais qu'à jouer avant-centre, moi aussi. À vrai dire, je ne pensais qu'à marquer. Mais depuis mon passage dans les rangs des amateurs, c'est terminé. Je me suis habitué à ce poste d'ailier. Je me sens libre. Et c'est en jouant en toute liberté que je peux rendre le plus de services à l'équipe. Bien sûr, rien n'est définitif. Titulaire un jour, je peux m'asseoir le lendemain sur le banc des remplaçants. Mais en tout cas, mes blessures appartiennent au passé. Je n'y pense même plus. Je n'ai aucune appréhension au moment d'entrer sur le terrain. Physiquement, je me sens bien. Cette année à Joinville m'a vraiment changé. Elle m'a rendu plus costaud. Et les matchs contre Leeds et le Real m'ont permis de franchir un cap. Maintenant, il reste à confirmer. Ce n'est pas le plus facile. Les entraînements préparés par Robert Herbin me rappellent mes journées au bataillon. C'est tout dire...

À Saint-Étienne, on ne plaisante pas avec la condition physique ! Au programme : travail, souffrance et discipline. Le mardi et le mercredi, l'entraînement dure presque toute la journée. C'est long, une journée entière à courir et à taper dans le ballon sans s'arrêter. Les autres jours, une seule séance est prévue. Nous jouons souvent les matchs le dimanche après-midi. Alors, même le dimanche matin, pas question de se prélasser au lit : une petite session de mise en forme est organisée. Le lundi, lendemain de match, c'est relâche. Le seul jour de la semaine... Tous ces exercices restent avant tout un plaisir, c'est vrai. Mais enfin, il faut tout de même tenir le coup. La vie d'un footballeur professionnel ne consiste pas seulement à dribbler, tirer au but et s'amuser avec un ballon. Pour se donner à fond sur un terrain, pour exprimer pleinement ses possibilités, il est indispensable de se soumettre à un entraînement impitoyable. Ça, Robby l'a parfaitement compris. La réussite du club, notamment en Coupe d'Europe, est à ce prix. Les footballeurs français ont toujours souffert d'une infériorité physique par rapport à leurs adversaires européens. La saison dernière, les Verts ont montré que ce handicap traditionnel n'a rien d'une fatalité. Mais pas question de s'arrêter en route. Il faut confirmer. Une nouvelle participation à la Coupe d'Europe des clubs champions va bientôt commencer. J'espère bien participer à l'aventure.

*
* *

En 1970, les Verts remportent leur quatrième Championnat de France d'affilée, assorti d'une écrasante victoire contre Nantes en finale de Coupe de France. C'est le dernier titre avant une parenthèse de quatre ans. En attendant de goûter à nouveau aux joies de la victoire, il va falloir tout reconstruire. La génération des années 1960 doit laisser sa place à la relève. Bientôt, il ne restera plus grand monde de la formation quadruple championne de France.

Carnus et Bosquier s'envoleront pour Marseille, rejoints par Keita. Robert Herbin raccrochera les crampons pour succéder à Albert Batteux et prendre en main les destinées du club. Tous les noms familiers au public de Geoffroy-Guichard – Jacquet, Polny, Migeon, Samardzic, Camerini, Broissart, Sanlaville, Durkovic... – seront remplacés par les jeunes pousses dénichées par Pierre Garonnaire. Même Bereta s'en ira à son tour, à la fin de l'année 1974. 1970, c'est aussi l'année de la victoire des juniors du club en Coupe Gambardella. Sur une photo prise juste après le match, on peut s'amuser à pointer leurs visages. Ils sont hilares. C'est bien simple, on dirait des gamins ! Ils ont droit à leur tour d'honneur, comme leurs aînés. Leur bonheur fait plaisir à voir. On reconnaît Christian Lopez – sans sa moustache –, Jacques Santini, Patrick Revelli, Christian Sarramagna et Alain Merchadier. S'ils savaient ce qui les attend... Heureusement, il reste quelques joueurs d'expérience pour les encadrer. Jean-Michel Larqué est toujours là depuis ses débuts, en 1966, alors qu'il n'avait pas vingt ans. Après le départ de Bereta, c'est lui qui hérite du brassard de capitaine. Adepte du ballon rond même s'il a grandi au pays du rugby, dans le Béarn, Larqué s'impose comme le meneur de l'équipe. Grâce à son autorité naturelle, il sera l'un des principaux relais de Robert Herbin. Je l'apprécie beaucoup. Jean-Michel aime le beau jeu et le geste technique. Le sentir derrière moi sur un terrain, c'est rassurant. Je suis sûr de recevoir le bon ballon au bon moment. Pas étonnant que je me sois toujours bien entendu avec lui. À mes débuts au club, il m'aidera à m'intégrer grâce à ses conseils et à ses remarques. Comme je ne suis pas du genre à m'imposer quand j'arrive quelque part, j'écoute avec attention les avis de mes aînés. J'ai le respect des anciens, comme on dit. Question de génération, mais aussi de sensibilité personnelle. Je ne suis pas du genre à parler plus fort que les autres. Et puis, il faut bien reconnaître que je suis un peu intimidé par ce club. Tous ces grands noms qui font désormais partie de mon quotidien m'impressionnent. Hervé Revelli, lui, est revenu après un passage de deux ans à l'OGC Nice. Tant mieux pour les statistiques de l'équipe. Hervé a tôt fait de reprendre sa place de meilleur buteur. Il peut marquer dans n'importe quelle situation, du pied comme de la tête. Ce que j'aime chez lui, c'est son état d'esprit. Il a un sens du but incroyable, mais ça ne l'empêche pas de penser à ses coéquipiers et de jouer collectif. Il y a aussi Gérard Farison, l'un des piliers de la défense. Encore un enfant du pays, comme Bereta. C'est un vrai pro, travailleur et dur au mal. Il a grandi à Terrenoire, un quartier ouvrier de Saint-Étienne. Avec lui, l'attaquant adverse ne rigole pas tous les jours. Gérard a beau jouer arrière gauche, il n'hésite pas à monter à l'attaque dès qu'il en a l'occasion. Il habite Saint-Héand, pas très loin de la maison où je me suis installé. J'ai dix ans de moins, mais je me sens proche de lui. J'apprécie sa discrétion et sa simplicité. Jamais il ne cherche à se mettre en avant. Le groupe avant tout. Décidément, j'aime cet état d'esprit. Avec des piliers comme Hervé, Gérard et Jean-Michel, avec la nouvelle génération qui a pris la relève, les Verts tiennent de quoi construire une équipe qui peut faire très mal.

*
* *

Il faut se méfier des apparences. Quand je dis ça, je pense à Robert Herbin. Il renvoie l'image de quelqu'un de froid. Imperturbable sous sa tignasse rousse, il donne l'impression d'être un entraîneur fermé aux émotions. Aussi étranger aux effusions de joie qu'aux accès de tristesse. Son équipe peut bien accumuler les titres, marquer des buts en pagaille, réussir des retournements de situation invraisemblables et déchaîner les passions à Geoffroy-Guichard, rien n'y fait. Il garde toujours son calme. Comme s'il restait très loin de tout ce qui se passe sur le terrain. Forcément, les journalistes sont intrigués. Ils aimeraient mieux avoir affaire à un entraîneur exubérant. Ils rêvent sans doute d'un type excessif ou d'un fort en gueule. Un « bon client » toujours prêt à les régaler d'une anecdote amusante, à pousser des colères spectaculaires ou à glisser de temps à autre des confidences mûrement préparées. Mais avec Robby, ils en sont pour leurs frais. Ce n'est pas le style de la maison. Herbin est calme et mesuré. Discret et pudique. Pas le genre à tomber dans l'excès, ni à étaler ses états d'âme sur la place publique. Alors, la presse lui a trouvé un surnom. Elle l'a baptisé « le Sphinx ». C'est vendeur, ça. Drôle d'idée, pourtant. Herbin est très loin de cette figure mythologique qui tuait les voyageurs incapables de résoudre ses énigmes. Robby n'a rien d'un tueur. Au contraire. Son talent, c'est plutôt d'être une sorte d'accoucheur. De révéler à chacun ses ressources enfouies, son potentiel inexploité et ses limites sans cesse repoussées. Un sphinx, c'est une personne énigmatique à l'attitude mystérieuse. C'est cette apparence qu'ont retenue les journalistes. Mais ils se trompent. Robby n'est ni énigmatique, ni mystérieux. Simplement, il cherche avant tout à protéger ses joueurs. Il considère, à juste titre, que la presse et le public ne doivent pas accéder aux secrets du vestiaire. Un rôle ingrat, mais indispensable. Et qui nous permet d'exercer notre métier dans une plus grande sérénité. À l'abri d'une pression inutile. Je reconnais qu'il n'est pas vraiment démonstratif sur son banc de touche. Les soirs de victoire, quand les cris du public font trembler le vieux stade Geoffroy-Guichard, il reste de marbre. Comme s'il ne se sentait pas concerné par la joie collective des joueurs et des supporters. Évidemment, c'est tout le contraire. Mais Robby n'est pas du genre à bondir de son banc ni à lever les bras au ciel. Une fois, une seule, il s'est autorisé à manifester sa satisfaction et à congratuler ses joueurs. Les Verts venaient de marquer deux buts au Paris Saint-Germain dans la dernière minute du match. Soixante secondes plus tôt, le PSG menait deux à un... Après tout, chacun réagit comme il l'entend. Et même si son visage ne traduit rien de son bonheur, je sais bien qu'il est aussi heureux que nous. Et puis, en privé, il n'a rien à voir avec son image publique. Le sphinx s'efface pour laisser la place à un homme attentif aux autres, volontiers bavard. Robby est facilement chambreur. Il n'est pas le dernier à nous mettre en boîte. Quand il me convoque dans son bureau, c'est bien sûr pour parler de tactique et aborder le prochain match. Mais très vite, la discussion glisse vers d'autres sujets. Robby est passionné de musique classique. L'influence de son père, sans doute, qui jouait du trombone dans l'orchestre de l'Opéra de Nice. Il n'est peut-être pas très rock, Robby, mais peu importe. L'amour de la musique est un de nos points communs. Avec celui du football, évidemment.

*

* *

Sur le banc de touche, Robby est seul aux commandes. Dans quelques années, les entraîneurs se feront aider par une armada d'adjoints, du préparateur physique au spécialiste des gardiens de but. Nous n'en sommes pas encore là. Pour l'instant, le grand manitou de la tactique et de la préparation, c'est l'entraîneur. À Saint-Étienne, c'est Herbin qui décide. Mais il sait s'entourer. Il s'appuie en particulier sur Yvan Curkovic, notre gardien yougoslave. « Curko », comme on le surnomme. C'est un peu son conseiller officieux. Il lui demande son avis au moment de décider d'une option tactique, de faire jouer tel joueur plutôt qu'un autre, de réfléchir sur l'orientation à donner à l'équipe. Ce choix ne doit rien au hasard. Curko impressionne tout le monde, à commencer par les adversaires. Eux, ils n'ont vraiment pas intérêt à le chatouiller de trop près. Dans sa surface de réparation, il fait régner l'ordre. Il est chez lui. Et malheur à l'attaquant qui se risque à venir s'y frotter. Yvan est arrivé de sa Yougoslavie natale en 1972. Très vite, il a fait l'unanimité au sein du club. Tout le monde le respecte. Pour ses talents de gardien, bien sûr, mais pas seulement. Curko, c'est une référence. Un « monsieur ». Il possède une véritable aura. Et dans le travail quotidien, à l'entraînement, il est exemplaire. Son comportement est irréprochable. Moi aussi, il m'impressionne. Il est plutôt froid, sourit peu, ne parle pas beaucoup plus et montre un visage dur. Son humour est cinglant. On le dirait insensible au mal. Imperméable à la douleur. On a même l'impression, par moments, qu'il est indifférent aux autres. Comme si seul le travail l'intéressait. Là encore, il faut se méfier des apparences. Comme Robby, Curko se concentre sur les objectifs. Il se préoccupe avant tout du travail quotidien. Il a l'œil fixé sur le prochain match. Comme lui, il sait tout ce que notre métier exige de sacrifices, d'abnégation, de volonté. Il n'a pas de temps à perdre en vaines mondanités ni en conversations inutiles. Ses sentiments, il les garde pour lui, voilà tout. En tout cas, je crois qu'il ne pouvait rêver d'un meilleur club que Saint-Étienne. La mentalité de la région lui convient parfaitement. Curko met le travail et l'effort au-dessus de tout. Le public le sait. Il l'apprécie. À l'entraînement, je l'observe avec attention. J'écoute ses remarques. Je m'efforce de suivre ses recommandations. Quand Robby siffle la fin de la séance, Curko ne rentre pas au vestiaire pour autant. Il reste sur le terrain à travailler un geste, encore et encore. Il me donne des conseils. Des conseils qui ressemblent plutôt à des ordres, d'ailleurs... Je n'ose pas trop discuter. Avec les années, je me rapprocherai de lui. Je crois qu'il m'aime bien lui aussi. Mais je ne me risquerais jamais à lui poser la question. Il est bien trop intimidant. Je me sens plus à l'aise avec l'autre joueur étranger de l'équipe, l'Argentin Oswaldo Piazza. Celui-là, c'est un phénomène ! C'est un peu l'anti-Curko. Aussi chaleureux et exubérant que Curkovic est distant et secret. Oswaldo, c'est le grand frère. J'adore son accent enjoué et sa manière de rouler les « r ». Il est arrivé la même année qu'Yvan. Il ne parlait pas un mot de français. Mais sur le terrain, il n'a pas eu besoin d'un dictionnaire pour déchiffrer le jeu. Et les attaquants d'en face ont vite compris, là encore, qu'ils n'auraient pas la partie facile ! Très vite, il est devenu le chouchou de Geoffroy-Guichard. Il faut dire qu'il a tout pour plaire. Une belle gueule, un sourire désarmant, une générosité folle... Du charisme, en un mot. La grande classe. Les filles l'adorent. À Geoffroy-Guichard, certaines viennent rien que pour lui. Il faut le voir quitter sa défense pour s'élancer à l'assaut du camp adverse, le torse en avant et les longs cheveux qui flottent au vent. Quand il a débuté, à Buenos Aires, il jouait avant-centre. Ensuite, il a reculé jusqu'en défense centrale. Mais il n'a jamais perdu le goût des courses en direction du but adverse. Je n'aimerais pas trop être à la place du défenseur qui voit soudain débouler cette force de la nature à l'approche de ses seize mètres... Les chevauchées fantastiques d'Oswaldo, c'est quelque chose ! Pas étonnant si le public en a fait l'un de ses favoris. Piazza est un exemple. Il ne renonce jamais. Il ne s'avoue jamais vaincu. Il ne baisse jamais les bras. Un vrai Stéphanois. En accord parfait avec les valeurs du club et de la région. Comme Curkovic. Et en dehors du terrain, c'est un type attachant. Il n'est jamais le dernier à déconner. Oswaldo, c'est le tempérament latin par excellence, blagueur et toujours prêt à rigoler. Jamais un mot de travers. Le coéquipier idéal. Oswaldo et Curko sont deux pièces maîtresses de la défense. Robby peut compter sur eux pour relayer ses consignes. Leur rôle est essentiel. Car, dans l'esprit d'Herbin, il n'y a pas de secret : pour gagner, il faut s'appuyer sur une défense solide. L'équipe évolue en 4-3-3, comme disent les spécialistes. Quatre défenseurs, trois milieux de terrain, trois attaquants. En défense centrale, Christian Lopez et Oswaldo veillent au grain. Sur les côtés, les deux Gérard – Farison et Janvion – sont là pour museler les ailiers adverses. Quand l'occasion se présente, ils n'hésitent pas à monter à l'attaque. Gérard « Doudou » Janvion ne se le fait pas dire deux fois. Il n'oublie pas que, avant d'arriver à Saint-Étienne, un jour de 1972, il jouait attaquant dans son petit club de Martinique, Case Pilote. Au milieu, Jean-Michel oriente la manœuvre. À ses côtés, « Babatte » et Christian Synaeghel, le ch'timi de l'équipe. À l'avant, les deux frères Revelli. Et moi, sur mon aile droite. Je ne suis pas cantonné dans un rôle de pur ailier. Je peux me déplacer sur tout le front de l'attaque. J'ai besoin de me sentir libre de mes mouvements, de bouger selon mes envies et mon inspiration. Certains journalistes nous reprochent d'adopter une stratégie défensive. C'est un peu vrai lors des matchs à l'extérieur. Nous jouons souvent en contre, à l'affût d'une faiblesse de l'équipe adverse. Prêts à tout moment à porter le danger dans sa surface dès que nous récupérons le ballon. Mais à domicile, la consigne est différente. Robby nous demande de jouer haut. De presser l'adversaire sans relâche. Tout le monde participe à l'action. Robert Herbin est très influencé par le football total du grand Ajax. L'équipe doit former un bloc. Par exemple, quand Oswaldo se jette vers l'avant, Babatte vient tout de suite prendre sa place en défense. Ils n'ont même pas besoin de se concerter. À l'entraînement, pendant la semaine, nous avons répété des dizaines de fois les combinaisons et les automatismes. Nos valeurs sont simples mais efficaces : solidarité, jeu collectif, condition physique impeccable. Sans oublier le plaisir d'évoluer ensemble et l'envie de gagner. Nous sommes impatients de démarrer la saison. Dans quelques semaines, c'est l'Europe. Les choses sérieuses commencent.

CHAPITRE 5

De Glasgow à Glasgow

Les dieux du foot ont été cléments. Pour le premier tour, nous rencontrons les Danois du KB Copenhague. C'est un club d'amateurs. À Saint-Étienne, personne ne se plaint du tirage au sort. Nous aurions pu tomber sur un adversaire plus coriace. À l'aller, à Copenhague, l'équipe l'emporte sans problème par deux buts à zéro. Sans moi : je reste sur le banc de touche. Au retour, Herbin décide de m'aligner sur la feuille de match. C'est mon baptême européen, mais je ne suis pas stressé pour autant. Depuis quelques semaines, mon statut a changé au sein des Verts. Maintenant, je fais partie de l'équipe type. Même si, je le sais, rien n'est jamais acquis. Il y a eu ce match de folie contre Leeds. Et puis, j'ai fait mes grands débuts chez les Tricolores. J'ai même joué mon premier vrai match en bleu. Ma première sélection officielle en équipe de France. C'était le 3 septembre, à Nantes, contre l'Islande. La rencontre comptait pour les éliminatoires de la Coupe d'Europe des nations. Alors, ce soir, contre les Danois, je suis serein. Tellement serein que, au bout de sept minutes, j'ouvre le score. Après un tir de Jean-Michel Larqué repoussé par le gardien danois, Hervé Revelli hérite du ballon et s'enfonce dans la défense. De l'extérieur du pied droit, il crochète le malheureux Qvist. La balle arrive devant moi. Hervé pourrait la reprendre, mais je préfère assurer le coup. Du pied gauche, je la pousse dans le but vide.

Hervé lève les bras en signe de victoire. Il a peut-être le sentiment que je lui ai volé ce but. D'ailleurs, c'est lui que Jacques Santini vient féliciter, pas moi. Du coup, je n'en fais pas des tonnes. Je reste sobre en repartant vers le centre du terrain. À la fin du match, nous rentrons au vestiaire avec une victoire en poche, trois buts marqués et un seul encaissé. Le public stéphanois doit être content. Il a eu droit à une belle partie de football. Jamais les Danois ne se sont recroquevillés sur leur but. Ils n'ont pas fermé le jeu. Malgré tout, la soirée aura été tranquille pour nous. Une sorte de promenade de santé, sans grosse pression ni réelle difficulté. Ce soir, ce n'était pas tout à fait la vraie Coupe d'Europe. Pas encore. Juste un match de mise en jambes, histoire de redémarrer la saison.

*
* *

Le tour suivant s'annonce plus délicat. Nous tombons sur les Écossais du Glasgow Rangers. La dernière fois que les Verts ont rencontré une équipe écossaise en Coupe d'Europe, c'était en 1968 contre le Celtic, l'autre club de Glasgow. Un mauvais souvenir. Saint-Étienne l'avait emporté à Geoffroy-Guichard. Mais au retour, les Verts s'étaient fait étriller. Sur un score sans appel : quatre buts à zéro. Herbin en était. Il s'en souvient encore. Moi aussi. J'avais regardé le match à la télé. Quand Herbin nous en parle, il a du mal à cacher sa colère contre un arbitrage approximatif. Surtout, on sent bien qu'il est encore déçu par la contre-performance de son équipe. Les années 1960, c'était le temps où les clubs français étaient trop tendres dès qu'ils mettaient le pied sur un terrain européen. Mais le Celtic, c'était il y a sept ans. Une éternité pour un jeune de vingt ans. Là, contre les Rangers, on peut dire que c'est vraiment la Coupe d'Europe qui commence. Pour de bon. Aujourd'hui, je vais découvrir de l'intérieur les grandes soirées européennes de Saint-Étienne. Ce n'est pas tout à fait la même chose que d'être assis sur le banc de touche ou dans les tribunes. Rien à voir avec les matchs de Championnat, ni même avec celui contre les Danois. Ce jour-là, notre public était décontracté. Ça sentait le retour de vacances et les derniers jours d'été. Ce soir, il fait un boucan d'enfer. Et sur la pelouse, c'est l'engagement total. Ça ne m'étonne pas trop de la part des Écossais. Ils ont l'habitude de jouer un football passionné, entier, sans retenue. Nous avons troqué notre short blanc habituel contre une culotte noire. Heureusement, je ne suis pas superstitieux. Les Écossais, eux, portent leur maillot bleu marine traditionnel. Avant le match, pendant l'échauffement, on voit bien qu'ils en veulent. Ils en veulent tellement que l'un des leurs envoie violemment le ballon sur le poignet de leur gardien, McCloy. Couché au sol, le malheureux se tord de douleur. Il doit laisser sa place à son remplaçant, Kennedy. Les Écossais vont jouer dur, en effet. Mais pas assez pour nous empêcher d'ouvrir le score. Je me retrouve à l'origine du premier but. Je suis parti m'exiler sur l'aile gauche d'où je balance un long centre dans la surface. C'est Patrick Revelli qui est à la réception, au second poteau. D'un coup de pied rageur, dans son style habituel, il reprend le ballon. Un à zéro. J'aurai encore une belle occasion avant la pause, mais j'enverrai la balle dans les nuages, loin au-dessus de la transversale. En deuxième période, nous attaquons de plus belle. La pression devient insupportable pour les Rangers. Le public nous pousse à l'assaut du but adverse. Mais ils tiennent bon, ces diables d'Écossais ! Jusqu'à ce que Dominique Bathenay marque un deuxième but à la dernière minute. Deux à zéro, c'est assez pour aborder le match retour en confiance. Mais pas assez pour nous mettre à l'abri d'une mauvaise surprise. En tout cas, je suis crevé en rentrant au vestiaire. Ce soir, j'ai compris à quoi pouvait ressembler un match de Coupe d'Europe. J'ai le sentiment d'avoir joué une bonne partie. Je suis à l'origine du premier but, j'ai eu de belles occasions, j'ai par moments semé la panique dans la défense écossaise. J'ai même donné quelques coups de tête bien placés. Maintenant, il reste à confirmer au retour. Quinze jours plus tard, nous débarquons en Écosse. Le match se joue dans le stade des Rangers, Ibrox Park. Un vrai stade à l'anglaise, avec ses vieilles tribunes en bois, ses murs de briques et son public à ras de la pelouse. Détail amusant, les poteaux sont carrés. Mais ce soir, personne n'y prête attention. Quelle importance ? Qu'ils soient ronds ou carrés, des poteaux de but restent des poteaux de but. Il faut juste éviter d'y faire rebondir le ballon, voilà tout. Dans quelques mois, pourtant, la France entière se lamentera à cause des poteaux carrés d'un autre stade de Glasgow, Hampden Park. Mais nous n'en sommes pas encore là. Pour l'instant, il y a de l'ambiance. On se croirait presque à Geoffroy-Guichard. C'est la même ferveur qui monte des tribunes. La même passion d'un public prêt à vibrer aux exploits de son club. J'aime ça. C'est le genre de décor qui vous fait entrer tout de suite dans le vif du sujet. Au bout, il y a la qualification pour les quarts de finale. Nos supporters ont fait le déplacement. Ils ne doivent pas se sentir trop dépaysés. Glasgow est une ville de tradition ouvrière, elle aussi. Et ce 5 novembre 1975, la vieille cité noircie par la fumée des cheminées couleur brique aurait presque des airs de capitale du Forez. Dans les rues, on croise même des voitures vertes immatriculées 42. Malgré la petite pluie fine qui tombe du ciel écossais, l'ambiance sera chaude. Dans les tribunes et sur le terrain. Je sais que le match est retransmis à la télévision. Toute la France est derrière les Verts. L'entraîneur adverse, lui, nous a promis l'enfer. C'est de bonne guerre. En attendant, les Écossais doivent tout de même marquer trois buts pour se qualifier. Les Rangers jouent à l'écossaise – ou à l'anglaise, comme on voudra. C'est leur style. Spectaculaire, mais pas forcément efficace. Ils balancent de longues balles devant en direction de leurs attaquants. Ils poussent, ils poussent... Tout ce que l'on redoutait, justement. Avant le match, Robert Herbin expliquait aux journalistes que cette équipe est très athlétique, mais qu'elle manque parfois de vivacité derrière. À nous d'en profiter. Robby a mis en place une tactique plutôt défensive. Nous jouons en contre. Normal. Après tout, nous avons gagné à l'aller. C'est aux Rangers de faire le match. Nous attendons l'occasion propice pour filer vers leur but. Je suis assez libre de mes mouvements. Je me positionne plutôt à gauche. Je me sens en forme. J'ai envie de faire de grandes choses. En première période, nous réussissons à poser notre jeu. Les Rangers semblent déroutés par notre calme et notre détermination. Ils auront pourtant une belle occasion juste avant la mi-temps, sur un coup de tête de Johnstone. Mais Yvan Curkovic réalise une parade de grande classe. Un arrêt à la Curko, quoi ! C'est peut-être là le tournant du match. À la soixante-troisième minute, j'ouvre le score, avant d'offrir la balle du deuxième but à Hervé Revelli neuf minutes plus tard. Mine de rien, nous venons d'accomplir une vraie performance. Un club français qui s'en va gagner sur le terrain d'un club britannique, c'est un petit événement ! Il y a encore quelques années, nous nous serions sans doute écroulés sous les coups de boutoir des Écossais. Les nerfs auraient craqué. Mais ce temps-là est terminé. Désormais, les petits Français n'ont plus de complexe. Nous avons montré qu'un jeu bien organisé et une solide volonté pouvaient tenir en échec les adversaires les plus décidés. Et ce soir, les Rangers en voulaient. Trop, peut-être. Ils auraient dû prendre le temps de poser leur jeu, au lieu de se lancer à l'attaque de manière désordonnée. Je repense au match contre Leeds, quatre mois plus tôt. La différence, c'est que les caméras étaient là aujourd'hui. Contre Leeds, contre Penarol ou contre le Real, il s'agissait de matchs amicaux. Ils n'étaient pas retransmis à la télévision. Ce soir, c'était la Coupe d'Europe. Toute la France du foot était devant son poste. Et le lendemain, en lisant les journaux, je découvre que la presse me transforme en héros du jour. J'ai d'ailleurs laissé échapper deux ou trois âneries dans l'excitation du moment. Rien de bien méchant. Mais il suffit de tronquer une phrase pour la détourner de son sens. J'ai beau avoir fait attention, les journalistes sont des malins. Ils privilégient toujours la citation choc qui va faire les délices de leurs lecteurs. Ils sont très forts pour la tirer de son contexte au risque de trahir les propos. Je ne suis pas encore bien habitué à leurs méthodes. Dans le *France-Soir* du lendemain, par exemple, je retrouve une petite phrase que je ne me souviens pas d'avoir prononcée. « Rien ne sera plus jamais comme avant », me fait dire Robert Nataf. Sous-entendu : « Maintenant que je suis là, dans l'équipe des Verts, vous allez voir ce que vous allez voir. » Les gens vont s'imaginer que j'ai pris la grosse tête. J'avais peut-être voulu dire que je ne pourrai plus jouer comme j'en avais l'habitude parce que nos adversaires allaient se méfier de moi – ce qui n'a strictement rien à voir. La prochaine fois, je ferai attention. Mais tout ça n'est pas bien grave. Le plus important, c'est la victoire. Et la manière dont nous l'avons obtenue.

*
* *

« Vous avez entendu ? C'est le Dynamo Kiev ! » nous annonce Robby ce matin de janvier 1976. Nous avons entendu. Mauvaise nouvelle, ce tirage au sort. Pour les quarts, nous tombons sur un os. L'une des meilleures équipes du continent. La saison dernière, les Soviétiques du Dynamo Kiev ont gagné la Coupe d'Europe des vainqueurs de coupe contre Ferencvaros. Ce n'est pas la grande Coupe d'Europe, celle des clubs champions, mais c'est tout de même une sacrée référence. Dans leurs rangs, il y a le fameux Oleg Blokhine. Attention, danger ! Lui, il va falloir le surveiller de près. Cette année, il a reçu le Ballon d'or de *France Football.* Pour un joueur européen, c'est la distinction suprême. À vingt-trois ans, Blokhine est un artiste. Jeu rapide, technique parfaite, tir redoutable. Une sorte de Fanfan la Tulipe soviétique, le cheveu blond en plus. Certains journalistes le comparent même au grand Johann Cruyff. C'est tout dire. Ça ne va pas être facile. Notre chance, notre toute petite chance, c'est que les Soviétiques s'arrêtent de jouer pendant l'hiver. Chez eux, les terrains sont impraticables à cause de la neige et du froid. Quand nous les rencontrerons, au mois de mars, ils manqueront d'entraînement. Ils auront bien disputé des matchs amicaux, mais ce n'est pas la même chose qu'une compétition officielle. On se rassure comme on peut. Robby, lui, ne semble pas trop inquiet. En tout cas, il ne laisse rien deviner de ses états d'âme. Comme toujours. Il nous met en garde contre les problèmes que peut nous poser cette équipe soviétique, mais sans nous alarmer. Il a mis au point un solide programme de préparation tactique et psychologique. Histoire de voir à quoi ressemble le grand méchant loup ukrainien, nous allons voir jouer le Dynamo à Nantes. En attendant que leur saison reprenne, ils viennent disputer un match de gala, au mois de février. Notre avis ? Bof... Franchement, nous ne sommes pas impressionnés. Ça joue bien, d'accord, mais pas de quoi en faire un épouvantail. Méfiance, tout de même. N'oublions pas qu'ils reprennent tout juste le chemin des terrains. Et un match amical reste un match amical. Il n'y a aucun enjeu. Le vrai visage du Dynamo, nous le découvrons le jour J, celui du match aller, le 3 mars. Et là, fini de rire. Nous découvrons aussi la vie en URSS. C'est mon premier voyage de l'autre côté du rideau de fer. *A priori*, j'ai de la sympathie pour ce pays. J'ai été élevé dans une famille très engagée à gauche. L'un de mes oncles était un communiste déclaré. Mais là, quand je touche du doigt la réalité quotidienne de l'Union soviétique, je déchante. Elle est beaucoup moins séduisante que la légende. Ce qui me frappe, c'est la présence des militaires. Ils sont partout. À l'aéroport. Dans les rues. À l'hôtel. J'ai l'impression qu'ici les gens vivent sous surveillance permanente. Nous ne jouons pas à Kiev : la pelouse du stade est gelée. Nous nous replions sur Simferopol, en Crimée. Il paraît que c'est un peu l'équivalent de notre Côte d'Azur. Toutes proportions gardées, quand même. Il manque juste le soleil et la douceur du climat... La ville n'est pas très belle. Je la trouve triste et grise. Et à Simferopol, il fait froid. Terriblement froid pour qui n'est pas habitué au climat russe. Nous sommes logés à l'hôtel Moscou, un véritable hôtel à la soviétique. Le lit est dur comme de la brique, les canalisations capricieuses, le confort aléatoire. Enfin ! nous ne sommes pas venus pour le tourisme ! N'empêche, les conditions matérielles ne sont pas à négliger à la veille d'un quart de finale de Coupe d'Europe. Heureusement, le personnel est d'une gentillesse rare. Les femmes de chambre présentes à chaque étage me font penser aux *babouchkas* des histoires populaires. Quand nous arrivons au stade, nous retrouvons les militaires, avec leurs longs manteaux marron boutonnés jusqu'en haut. Ils sont là, dans les tribunes et le long du terrain. Tout juste s'ils ne sont pas assis sur le banc de touche, entre Robby et le président Rocher. C'est assez pénible. L'ambiance est pesante. Pour tout arranger, la nuit tombe tôt. Et la lumière des projecteurs plonge le terrain dans une atmosphère inquiétante. Vus des tribunes, je me dis que nous devons avoir l'air de fantômes en train de courir après un ballon. Le terrain est lourd, boueux, difficile à pratiquer. Quelques minutes plus tôt, des réacteurs d'avion installés sur des camions ont projeté de l'air chaud sur la couche de neige déposée sur le terrain. Ce match ne s'annonce pas comme une partie de plaisir. Sur le banc de touche, le camp français est frigorifié. Joueurs, dirigeants et médecins du club se protègent du froid comme ils le peuvent. Robby, Garonnaire et le président Rocher ont étalé une grande couverture sur leurs genoux. Certains se sont coiffés de la traditionnelle chapka russe. Jean-Marc Schaer, lui, s'est carrément couvert des pieds à la tête d'une couverture. On dirait un naufragé tout juste repêché en mer. Mais pour l'instant, les naufragés sont plutôt sur la pelouse. Le Dynamo a emballé le match, et nous avons du mal à suivre. Pour tout dire, nous sommes submergés. Les Soviétiques ne ressemblent en rien à l'équipe venue à Nantes un mois plus tôt. Nous sommes recroquevillés en défense. Il faut tenir. Tenir au moins le premier quart d'heure, puis essayer de nous reprendre. Le problème, c'est que nous avons du mal à nous organiser et à poser notre jeu. Kiev ne nous en laisse pas le temps. Heureusement, Curko est là. Et Gérard Janvion réussit tant bien que mal à contenir Blokhine. Autant dire que tout le jeu se déroule dans notre moitié de terrain. Avec Hervé, je me retrouve isolé en attaque, perdu dans le camp soviétique. Tactiquement, nous sommes archidominés. Et physiquement, c'est la bérézina. Qui a dit que les Soviétiques seraient à court de compétition ? Ils se baladent, oui ! Nous, on a l'air de petits garçons perdus dans un match trop grand pour nous. Tout repose sur notre défense. À ce rythme-là, nous n'allons jamais tenir. Au bout de vingt minutes de jeu, Kiev ouvre le score. Grâce à l'aide involontaire de Bathenay, qui détourne de la hanche une reprise de volée de Konkov. Ça devait arriver. Heureusement, en fin de première période, les choses s'arrangent. Nous réussissons à retrouver nos marques. Pas pour très longtemps. À la reprise, les Soviétiques tentent de nous assommer. Ils repartent de plus belle. Et Blokhine, l'inévitable Blokhine, marque un deuxième but en frappant avec... le tibia. Pas très orthodoxe, mais efficace. Quand l'arbitre siffle la fin du match, c'est le soulagement. Franchement, ça pourrait être pire. Deux à zéro, ce n'est pas trop cher payé. Nous pourrions avoir perdu quatre à zéro, personne n'y trouverait à redire. Même si nous avons pratiqué un football digne de ce nom dans le dernier quart d'heure, nous n'avons pas réussi à franchir le mur de la défense soviétique. Deux buts d'écart peuvent se remonter. Enfin, sur le papier. Mais quand on regarde de près le spectacle que nous avons offert ce soir, il y a de quoi être inquiet. Où est passé notre jeu ? Et notre abnégation ? Le pire, c'est que nous commençons à nous critiquer les uns les autres après le match. Tout à l'heure, sur le terrain, Curkovic et Larqué se sont accrochés. Curko reproche à Jean-Michel de ne pas s'être assez engagé. C'est mauvais signe. Jusqu'à présent, la solidarité a été l'une des clés de nos succès. Si nous commençons à faire porter le chapeau de la défaite à untel ou untel, nous sommes mal partis pour le match retour. Dans les vestiaires, ce n'est pas la grosse ambiance. Robby n'a pas grand-chose à nous dire. Déjà, en temps normal, il parle peu. Quelques consignes à la mi-temps, quelques mots échangés avec Curko, et c'est tout. Alors, ce soir... Nous savons très bien quoi penser. Mais le lendemain, il intervient. Il insiste sur la nécessité de préserver un esprit collectif. Il nous met en garde contre les dangers des remises en cause individuelles. Il a raison. D'ici quinze jours, il s'agit de reprendre nos esprits. La qualification reste possible. À condition de retrouver cette solidarité qui a toujours fait notre force. Rien n'est perdu. Rendez-vous le 17 mars à Geoffroy-Guichard...

*

* *

En ville, il paraît que les gens sont devenus fous. Ils ne pensent qu'à ça. « Ça », c'est le retour contre Kiev, bien sûr. Dans les rues, dès que l'un de nous met le nez dehors, on le harcèle de questions, de conseils, d'encouragements. Toute la ville en parle, de ce match. Heureusement, je reste à l'écart de cette agitation. Dès que l'entraînement est terminé, je saute dans ma Coccinelle et je remonte chez moi, à Saint-Héand. Loin du bruit de Saint-Étienne. De toute façon, nous ne pouvons pas penser qu'à Kiev pendant deux semaines. Il y a aussi le Championnat de France à disputer. Pour la Coupe de France, le problème est réglé : en janvier, nous nous sommes fait sortir dès le premier tour par Troyes. Au moins, comme ça, nous allons pouvoir nous concentrer sur l'Europe et sur le Championnat. Mais lors du déplacement à Nice, le Niçois Douis me blesse. Nous revenons avec un nul, et moi avec une sacrée douleur au mollet. La poisse. Et tout ça à trois jours du match retour. Mais pas question de renoncer. J'ai mal, mais je m'entraîne quand même. On verra demain si je jouerai ou non. Le lundi, nous arrivons au Novotel d'Andrézieux-Bouthéon, à quelques kilomètres de Saint-Étienne. C'est dans cet hôtel que nous avons l'habitude de nous mettre au vert, à la veille des grands rendez-vous. C'est un endroit confortable et tranquille, à l'abri des passions. La pression commence à s'installer. À partir d'aujourd'hui, nous ne pensons plus qu'à ce match contre les Soviétiques. Il reste trois jours. Tout le monde se rend compte que la partie sera difficile. En même temps, chacun garde en mémoire l'incroyable retournement de situation de Split. Après tout, nous pouvons renouveler l'exploit. D'accord, nous avons été baladés à l'aller. Et alors ? Contre Split, nous avions trois buts de retard. Cette fois, nous en avons deux. « Que » deux. Rien n'est joué. Ces derniers jours, nous nous sommes mis à y croire. De plus en plus sérieusement. Au moins, il faut gagner. Laver l'affront du match aller. Offrir cette victoire à nos supporters et à toute la ville. Après, une qualification ou une élimination, cela tient à pas grand-chose. Évidemment, je gamberge comme un fou. Le soir, dans la chambre que je partage avec « Doudou » Janvion, j'ai du mal à m'endormir. Au petit matin, j'ai toujours l'impression d'avoir passé une nuit blanche. Malgré tout, j'ai grappillé quelques heures de sommeil. Le mercredi fatidique, c'est encore pire. J'essaie bien de faire une petite sieste, mais le cœur n'y est pas. Je me sens nerveux. Très nerveux. Finalement, j'ai pris la décision de disputer la rencontre malgré la douleur au mollet. Dans le car, je m'installe tout au fond, à côté de Piazza. Cette fois, le grand moment approche. Personne ne parle. On entendrait une mouche voler. Nous arrivons à Geoffroy-Guichard trois heures avant le coup d'envoi. Dehors, c'est déjà la folie. On a l'impression que les rues sont repeintes en vert. Partout, des écharpes, des casquettes, des drapeaux frappés de la panthère noire, symbole de l'ASSE. Une véritable marée verte semble recouvrir la ville. C'est à ce moment-là que nous entrons vraiment dans le match. Les supporters tapent sur les vitres, nous adressent des signes de victoire, se pressent contre les parois du car. Je leur réponds par un vague sourire ou un petit geste de la main. Je ne sais pas combien ils sont, là, agglutinés autour de nous. Parfois, ils me font presque peur. Certains viennent de l'autre bout de la France. C'est une drôle d'ambiance. À la fois excitante et inquiétante. Enfin nous sommes arrivés. Je file à toute vitesse dans le vestiaire me mettre en tenue, sans m'arrêter pour signer des autographes ou répondre aux questions. Comme les autres, j'ai besoin de retrouver le plus vite possible ma place, mes habitudes, mes petites manies. Robby prend la parole. Il n'a pas besoin d'insister sur l'importance de l'enjeu. Il parle pendant une demi-heure. Sans nous haranguer, ni tenir de discours guerrier. Il parle de l'équipe adverse. Il donne quelques consignes. Elles sont simples : aller de l'avant, attaquer, gêner les joueurs de Kiev dès le coup d'envoi. Faire attention aux contres, car l'adversaire est rapide. Se méfier de Blokhine, bien sûr. Et jouer ensemble, surtout. Ne pas oublier notre football, fondé sur l'esprit de groupe, la solidarité et la force du jeu collectif. Après, tout est possible. Nous sommes tous très calmes. Mais derrière cette décontraction apparente, ça bouillonne dans les têtes. Le match va bientôt commencer. Dans quelques minutes, l'arbitre va venir frapper à la porte du vestiaire. Il peut venir. Nous sommes prêts.

*

* *

Aujourd'hui, Saint-Étienne a rendez-vous avec son destin. À Geoffroy-Guichard, c'est l'ambiance des grands soirs. La température est douce pour un mois de mars. On se croirait presque au printemps. Les supporters se sont installés dans les tribunes depuis plusieurs heures déjà. Ils ne vivent plus que pour ce match, comme si le reste n'avait aucune importance. Tout à l'heure, dans les vestiaires, leurs cris parvenaient jusqu'à nous comme à travers un rideau. J'adore le bruit que fait le public. C'est comme un grondement qui roule par vagues successives. En sortant des vestiaires, nous n'avons que quelques mètres à franchir pour entrer sur le terrain. Quand nous posons le pied sur la pelouse, le vacarme est assourdissant. Le vieux stade donne l'impression de trembler sous les clameurs du public. « C'est sur un véritable volcan que se joue ce match... Geoffroy-Guichard est un cratère ! » déclare au même moment Thierry Roland, qui commente l'événement à la télé. Les supporters sont debout, à deux mètres de la pelouse. Ils nous touchent presque. Les premiers rangs ont le visage collé au grillage. Ils se contorsionnent pour distinguer le plus de pelouse possible, à cause des croisillons de métal qui les empêchent de voir. Ils sont arrivés depuis le début de l'après-midi. Ils crient, ils chantent, ils sont heureux d'être là. Au moment de remettre la balle en jeu lors d'une touche ou d'un corner, ça doit être quelque chose pour les joueurs adverses de sentir leur présence dans leur dos, tout près. Nous, leurs encouragements nous poussent vers l'avant. Impossible de résister à cette passion des supporters, à ces chants qui montent des gradins, tous ces « Allez les Verts ! » repris à l'unisson par quarante mille poitrines transformées en chœur d'église le temps d'un match de football. Le monde extérieur n'existe plus. Il n'y a plus que le match et ces deux buts à remonter. Les joueurs du Dynamo ne semblent pas très à l'aise. On peut le comprendre, avec une ambiance pareille. Ils sont tendus. Le visage fermé. Un peu raides dans leur tenue blanche frappée d'un D bleu écrit en lettre majuscule. Le grand Rudakov, le gardien, ressemble à un géant pataud et fragile. Il a l'air emprunté dans son maillot jaune boutonné jusqu'en haut. Je le sens vulnérable. Tant mieux. Je suis pressé d'entamer ce match. Les photographes de presse sont massés autour de nous sur la pelouse. Je les vois à peine. Je n'en peux plus d'attendre. Au moment où l'arbitre, M. Gonella, s'apprête à donner le coup d'envoi, j'ai déjà le pied droit de l'autre côté de la ligne médiane. Prêt à filer vers le but de Rudakov. Comme d'habitude, je laisse mon maillot dépasser du short pour me sentir plus à l'aise. Pour la même raison, je ne porte pas de protège-tibia. Jamais. Je n'aime pas mettre ce truc sur mes jambes. J'aurais l'impression de me sentir moins léger, moins libre. Et de toute façon, ça ne sert à rien. Ça n'empêche pas la fracture. Si un adversaire est décidé à faire mal, ce n'est pas le protège-tibia qui va l'empêcher de me blesser. Soudain, ça y est. M. Gonella a sifflé. Hervé pousse le ballon vers Jean-Michel, qui le donne tout de suite en retrait à Babatte. Il nous reste quatre-vingt-dix minutes pour entrer dans la légende.

*

* *

Le match aller, c'est déjà du passé. Ce soir, c'est nous qui prenons les choses en main. D'entrée, nous nous installons dans le camp soviétique. En face, ce n'est pas le Dynamo triomphant et sûr de lui qui nous a tellement fait mal à Simferopol. On le reconnaît à peine. Les Soviétiques ont décidé de se recroqueviller en défense et de lancer une contre-attaque dès que l'occasion se présentera. Ils comptent sur Oleg Blokhine pour débloquer la situation. Il faudra faire très attention à lui. Il n'a pas l'air méchant, avec ses cheveux bien coiffés et son allure timide de premier de la classe. Mais il est rapide. À nous de ne pas lui laisser d'espaces et de saisir notre chance les premiers. Pour l'instant, on ne le voit pas beaucoup, Oleg. On ne voit pas beaucoup non plus ses coéquipiers. Tout se passe dans la moitié de terrain de Kiev. Un coup de tête d'Hervé Revelli, une montée rageuse de Piazza, un tir de Farison détourné en corner, une frappe lourde de Larqué... Pour le Dynamo, c'est chaud, très chaud. Sur mon aile droite, je me démène comme un beau diable. J'essaie de m'enfoncer dans la défense adverse, mais ce n'est pas évident. Je suis très entouré.

Dès que j'ai le ballon, deux maillots blancs se jettent sur moi. Pas facile de se sortir de l'étau soviétique. En plus, quand ils récupèrent la balle, ils cassent le rythme. Ils ralentissent le jeu au maximum, histoire de reprendre des forces et de souffler un peu. Ils comptent sur le temps qui s'écoule pour nous saper le moral et nous décourager. Et puis, au fil des minutes, ils s'enhardissent. Le danger s'installe dans notre camp. Juste avant la mi-temps, les Soviétiques se procurent même deux belles occasions. Geoffroy-Guichard retient son souffle. Heureusement, Janvion et Curko veillent. Mais l'alerte a été chaude. Pendant ce temps-là, les aiguilles de la pendule n'en finissent pas de tourner. Quand la mi-temps arrive, le score est toujours vierge. Désespérément vierge. Il reste quarante-cinq minutes. En rentrant au vestiaire, nous y croyons de moins en moins. Deux buts à rattraper en quarante-cinq malheureuses petites minutes ? Pour nous, c'est le bout du monde. Herbin, lui, reste optimiste. Il nous demande de continuer à attaquer. De pousser encore et encore. Le ballon finira au fond de leurs filets, il en est persuadé. Il y croit, Robby. Nous, un peu moins que tout à l'heure. Rien n'est perdu, d'accord. Mais rien n'est gagné non plus.

*
* *

C'est parfois bizarre, un match de foot. Un rien peut le faire basculer. Il suffit d'une fraction de seconde. Une occasion manquée, le ballon qui repart de l'autre côté, et la chance a déjà filé. En un instant, le bonheur change de camp. À la reprise, Robby a fait entrer Patrick Revelli à la place de Christian Sarramagna. Du sang neuf, c'est sûrement ce qu'il nous fallait. Et un tempérament comme celui de Patrick, accrocheur et volontaire, ne peut nous faire que du bien. Mais pour l'instant, la deuxième période commence dans la douleur. Les joueurs du Dynamo semblent plus sûrs d'eux, plus frais, plus confiants. Nous sommes moins conquérants que tout à l'heure. Nos passes deviennent moins précises. Nous payons sans doute nos efforts des quarante-cinq premières minutes. Le public s'en aperçoit. Alors il nous encourage de plus belle. Il nous pousse jusqu'au but adverse, sans jamais faiblir. Nous repartons à l'attaque. Dans la surface, je récupère le ballon qui traîne. Je tire, mais je suis gêné par deux Soviétiques. Corner, indique l'arbitre. Et c'est là, à la suite de ce corner anodin, que tout va basculer. Oleg Blokhine récupère la balle. Le voilà qui file en direction de notre camp. Il court vite, Oleg. Très vite. Trop, même. Il abat le 100 mètres en dix secondes et huit dixièmes. Pas mal pour un joueur de foot. Chez lui, en Ukraine, il s'entraîne de temps en temps avec le sprinter Valery Borzov, médaille d'or du 100 et du 200 mètres aux Jeux de Munich, en 1972. C'est un copain à lui. S'il n'avait pas choisi le football, il aurait peut-être brillé sur une piste d'athlétisme. Mais pour l'instant, il est sur un terrain de foot. On dirait qu'il va s'envoler. Sur sa route, il y a Gérard Janvion. Pas pour longtemps. Le pauvre Gérard reste sur place. Il tente d'accrocher le maillot de Blokhine, mais en vain. Oleg est déjà loin. Il est hors de portée. Entre lui et Curkovic, il ne reste plus que Christian Lopez. Là encore, il le passe sans difficulté. Incroyable. Le voilà tout seul devant Curko, à l'entrée de la surface de réparation. Nous sommes à la soixante-troisième minute. Le stade retient son souffle. Nous aussi. Curko, lui, ne bouge pas. Il ferme l'accès à son but. Solidement campé sur ses deux jambes, le regard planté dans celui de l'attaquant adverse, il attend que Blokhine fasse le premier geste. Le Soviétique a le choix. Soit il frappe, soit il passe le ballon à Onitschenko, démarqué sur sa gauche. Dans un cas comme dans l'autre, je ne donne pas cher de notre peau. Et là, il se passe quelque chose d'extraordinaire. Christian Lopez est revenu à grandes enjambées. Au lieu de frapper, Blokhine l'attend pour le dribbler une nouvelle fois. On a l'impression qu'il va encore passer. Mais la jambe de Christian réussit à attraper le ballon. Un miracle. Il le dégage loin devant. Le plus loin possible. Un peu au petit bonheur, c'est vrai, mais tant pis. C'est Piazza qui le récupère. Il le passe à Patrick Revelli, qui l'expédie tout de suite dans la surface. Hervé se jette dessus et marque. Un à zéro. Rudakov ne comprend pas. Debout devant sa ligne de but, il suit le ballon du regard, impuissant. Il donne l'impression d'être cloué sur le sol. Quelques secondes plus tôt, nous étions à deux doigts du K.-O. Et là, renversement complet de situation. Que s'est-il passé ? Blokhine s'est-il montré trop présomptueux ? A-t-il été impressionné par l'attitude de Curko ? Les deux, peut-être. Je ne sais pas. On ne le saura jamais. En attendant, le match n'est plus le même. Maintenant, c'est nous qui avons repris les opérations en main. Six minutes plus tard, Larqué remet les deux équipes à égalité sur un coup franc puissant. Deux à zéro. Les Soviétiques sont abattus. Jacques Santini remplace Jean-Michel, blessé. Je serais bien sorti, moi aussi. Je boite de plus en plus. Ma douleur au mollet commence à se réveiller. L'ennui, c'est que Robby a effectué les deux remplacements autorisés par le règlement. Il reste une petite demi-heure à tenir. Le score ne bougera plus d'ici la prolongation. Au coup de sifflet final de M. Gonella, le souvenir de Split est dans tous les esprits. Dans les tribunes, tout le monde croit à l'exploit. Devant leur poste, des millions de téléspectateurs se mettent à rêver. Et si on se qualifiait, finalement ? Il suffirait d'un but. Un tout petit but... Décidément, avec Saint-Étienne, tout semble possible. Même l'impossible.

*

* *

Il faut nous voir, avant cette prolongation. Le spectacle est impressionnant. Nous sommes assis sur l'herbe, le visage déformé par la fatigue, les traits crispés par la douleur. Moi, je n'en peux plus. Je suis vidé. Je me suis allongé par terre. J'ai mal aux jambes. Les crampes, évidemment. Je bois à même la bouteille d'eau que l'on vient de me donner. À côté de moi, Lopez fait la grimace. Les autres ne valent pas mieux. L'équipe médicale nous fait boire, nous masse les jambes, nous réchauffe avec des serviettes ou des vestes de survêtement. Herbin, lui, reste imperturbable. Il passe de l'un à l'autre pour donner un conseil et pour nous encourager. Dans quelques minutes, il va falloir repartir pour deux fois quinze minutes de jeu. Et là, il faudra marquer. Sinon, ce sera l'épreuve des tirs au but. Tout, mais pas ça. Surtout pas ça. Ce serait trop cruel. Quand le jeu reprend, je m'aperçois très vite que je suis au bout de mes forces. La douleur au mollet m'empêche de courir normalement. Franchement, je me demande ce que je fais là. Dans cet état, je ne sers à rien. À un moment, je me tourne vers Robby. Je lui fais signe que je ne peux pas continuer. J'ai trop mal. Je ne peux même plus courir. À quoi bon ? Mais Robby ne m'entend pas. Ou alors il fait semblant de ne pas m'entendre. Je n'en peux plus. Pour tout arranger, je saigne de la bouche. Tout à l'heure, j'ai pris un coup de coude dans un choc avec Rechko. J'insiste. Je reviens à la charge. Finalement, Robby m'écoute. Mais il me demande de rester. Il me dit que les autres aussi n'en peuvent plus. Si je n'arrive pas à courir, tant pis. Au moins, que j'aille m'installer devant le but de Rudakov. À l'affût. On ne sait jamais. Tout à l'heure, il y aura peut-être un ballon qui traînera... Alors, je repars. Je reste à l'affût, comme Herbin me l'a demandé. De toute façon, je ne peux pas faire plus. Quand je me retrouve allongé au sol, dans la surface, à la suite d'un choc avec un défenseur adverse, il me faut plusieurs secondes pour me relever. Jusqu'à cette cent douzième minute, inoubliable. La plus belle de ma jeune carrière, sans hésitation. Tout est parti de l'aile droite, le long de la ligne de touche, d'une superbe action signée Jacques Santini. Avec beaucoup d'adresse, il a glissé le ballon entre deux joueurs soviétiques en direction de Patrick Revelli. Et voilà Patrick qui s'engage dans la surface. En face de lui, Trochkine. Un premier crochet à gauche. Puis un deuxième à droite. Trochkine est complètement largué. Le malheureux ne sait plus où donner de la tête. La balle se met à filer à toute vitesse en direction de la ligne de but. Ce n'est pas possible, elle va trop vite. Pas pour Patrick. Au dernier moment, il la récupère et la donne en retrait. Son frère Hervé, malin, a entraîné l'autre défenseur avec lui. Je me retrouve tout seul sur la ligne des six mètres. Je freine ma course en glissant pour récupérer le ballon. Avec le pied droit, je vais le chercher presque derrière moi, dans un ultime sursaut d'énergie. Et là, je le catapulte dans le but. Sans réfléchir. Il va se glisser juste sous la barre. Rudakov ne peut rien. Trois à zéro. Alors, à ce moment-là, je ne sais pas ce qui se passe. Je me mets à hurler. Je cours comme un fou, les bras levés, la bouche ensanglantée. Le sang me dessine une fine moustache rouge. Je dois avoir l'air d'un vrai sauvage ! En tout cas, j'ai oublié ma douleur. Je cours comme si je n'avais jamais eu mal à la jambe de ma vie. Robby avait raison. Une fois de plus... Les photographes se précipitent sur le terrain. C'est un moment très fort. Malheureusement, il ne dure jamais assez longtemps. J'aurais aimé qu'il se prolonge pour savourer ce bonheur incroyable, presque irréel, qui s'empare de moi tout d'un coup. J'ai eu de la chance, sur ce but. J'étais bien placé, et la balle est arrivée pile à l'endroit où il fallait. Ce qu'a fait Patrick, c'est énorme. Mais attention, tout de même. Le match n'est pas terminé. Il reste huit minutes. Assez pour se donner quelques sueurs froides. D'ailleurs, dans les dernières secondes, c'est la panique devant le but de Curkovic. Et puis, soudain, la délivrance. M. Gonella siffle. C'est fini. Nous avons éliminé Kiev ! Lopez se jette dans les bras de Curko. Piazza vient les rejoindre. Janvion donne l'accolade à Blokhine. Tous les deux, ils sortent du terrain bras dessus, bras dessous. C'est un beau geste. Un geste à la hauteur du spectacle de ces cent vingt minutes de folie. Une belle image d'esprit sportif et de fraternité, au-delà du résultat d'un soir. Les Soviétiques sont abasourdis. Ils étaient donnés favoris, et les voilà battus par une équipe qu'ils avaient largement dominée au match aller. Nous, comme l'an dernier, nous allons jouer les demi-finales de la Coupe d'Europe. Glasgow se rapproche de plus en plus.

*

* *

Inutile de dire que, dans les vestiaires, c'est l'ambiance des grands jours ! Ça crie, ça chante, ça chambre, ça rigole... C'est la fête, quoi ! Ce n'est pas tous les soirs qu'on élimine une équipe championne d'Europe, l'une des deux ou trois meilleures du moment. Alors, on en profite. Après toutes ces heures passées à se concentrer sur l'objectif, à rester dans notre bulle, indifférents à tout ce qui n'est pas le match, nous pouvons enfin nous laisser aller. Il y en a même qui laissent échapper quelques larmes. Trop de tension à évacuer. Trop de bonheur d'un seul coup. Trop d'émotions. Dès que je suis sorti du terrain, tout à l'heure, après être tombé dans les bras des copains, je me suis allongé sur la table de massage. Mon copain Gérard Forissier, le kiné, s'est occupé de ma jambe. Il me faisait trop mal, ce mollet. Maintenant, ça va un peu mieux. J'ai oublié la douleur. Je passe quelques minutes avec mes parents. Ils ont fait le voyage depuis Étaules pour me voir jouer. Je bavarde avec eux. J'échange deux ou trois mots avec des copains venus me féliciter. Mais je ne m'attarde pas. Les autres ont envie de prolonger la soirée. Ils vont faire la fête dans Saint-Étienne, histoire de célébrer la qualification. Pas moi. Je trouve qu'il y a trop de monde, trop de bruit. Là, maintenant, j'ai besoin de calme. J'ai envie d'être seul. Je ne pense qu'à une chose, c'est rentrer à Saint-Héand. Alors, je prends la voiture et je remonte chez moi. C'est curieux de se retrouver en pleine campagne après une soirée comme celle que nous venons de vivre. Il fait nuit noire. On n'entend pas un bruit. Je me demande même si le match a eu lieu. Si j'étais bien sur le terrain une heure plus tôt, en train d'écrire avec mes coéquipiers une des pages les plus incroyables de l'histoire du club. À cet instant précis, je suis loin, très loin de Kiev. Mais je suis bien, et c'est l'essentiel. Je me sens à ma place. En sécurité. C'est peut-être ma manière à moi d'évacuer la tension. Ma méthode pour reprendre contact avec la réalité. Je n'aime pas trop partager ce genre de moment. Je préfère rester là, à écouter de la musique. Je sais que je ne suis pas près de dormir, cette nuit ! Après ce qu'il s'est passé ce soir, le sommeil va être long à venir. Je ne m'endormirai pas avant trois ou quatre heures du matin. Pas grave. J'ai le temps. J'ai toute la nuit devant moi. Je vais me faire mon petit film. Les images vont défiler dans ma tête pendant que je serai assis par terre, le casque stéréo sur les oreilles. En fait, je me demande si j'ai vraiment conscience de ce que nous avons réalisé. Bien sûr, je me rends compte que nous avons sorti un gros, très gros match contre une grosse équipe. En même temps, je ne me dis pas : « Ce soir, on a fait un truc exceptionnel. » C'est peut-être à cause de l'âge, ça. Après tout, je n'ai que vingt ans. Je prends les choses comme elles viennent. J'ai pas mal galéré ces deux dernières années. Maintenant, ça va mieux. Alors, je vis au jour le jour. Forcément, je ne vois pas les choses comme les anciens du club. Hervé ou Jean-Michel, par exemple, ont connu les périodes de vaches maigres. Ils ont vécu les éliminations au premier tour en Coupe d'Europe. Aujourd'hui, ils savourent. Deux demi-finales de suite, c'est exceptionnel. Ils ont envie d'en profiter, de marquer le coup, de faire la fête. Et puis, ne pas vivre dans Saint-Étienne me permet de relativiser. Je passe peut-être à côté de l'événement, parfois. Les jours derniers, je n'ai pas vraiment pris la mesure de l'ambiance en ville. Cette espèce de folie collective que les autres m'ont racontée, je ne l'ai pas vécue. Au moins, comme ça, je garde les pieds sur terre. Après tout, ce n'est que du foot. Le lendemain, je n'achète pas les journaux. Je ne regarde même pas la télé. Je retrouve mes parents pour déjeuner avec eux. Je les emmène à la Petite Auberge, mon resto favori. Il est tout près de chez moi, en pleine campagne, au bord de la départementale numéro onze qui file vers Saint-Héand. J'y ai mes habitudes. C'est une grande maison de pierre, avec du lierre sur la façade et une cour intérieure pour déjeuner dehors, les jours d'été. J'aime bien venir ici après les matchs. Les propriétaires, les Barou, m'ont adopté. C'est un peu ma seconde famille. De temps en temps, le père Barou me donne des conseils, toujours bienveillants. Quand des copains sont de passage à Saint-Étienne, quand un journaliste vient me voir pour une interview, c'est ici que je les installe. Comme d'habitude, mon père ne me dit pas grand-chose. Il ne fait aucun commentaire sur le match. Mais je sais bien qu'il est heureux de cette victoire et de mon but. À mes yeux, c'est le plus important.

*

* *

Il n'a pas l'air bien méchant, ce petit homme-là. Avec sa casquette collée sur son crâne dégarni, ses fines lunettes et son pull-over, on l'imagine bien en train de faire sa partie de pétanque quotidienne après avoir promené son chien. Il ne ressemble pas forcément à l'idée que l'on se fait d'un entraîneur de premier plan. Mais il faut se méfier. Derrière les lunettes, deux yeux pétillants semblent nous dire : « Vous, les amis, je vous réserve une surprise. » Ce petit homme s'appelle Kees Rijvers. Il est l'entraîneur du PSV Eindhoven, notre adversaire en demi-finale. C'est un malin, Kees. En plus, il nous connaît bien. Dans les années 1950, il était footballeur professionnel en France. Il jouait dans l'équipe de... Saint-Étienne. Il était attaquant aux côtés des gloires vertes de l'époque, les Mekloufi et N'Jo Léa. Il a même gagné le tout premier Championnat de France remporté par le club, en 1957. Robert Herbin l'a bien connu. Il s'en méfie comme de la peste. Il sait que Kees Rijvers joue les modestes pour endormir l'adversaire. Il nous raconte que, à Saint-Étienne, on le surnommait Trottinette. Il avait la réputation de trottiner sur le terrain pour mieux tromper les défenseurs, avant de se précipiter sans prévenir en direction du but adverse. Vingt ans plus tard, il n'a pas changé. Ce n'est pas le genre à clamer sur les toits qu'il se voit déjà en finale. Au contraire, il adopte un profil bas. Mais nous savons à quoi nous en tenir. Le PSV, c'est du costaud. Au tour précédent, ils ont éliminé nos vieilles connaissances, les Yougoslaves d'Hajduk Split. Eux aussi l'ont emporté par trois buts à zéro après avoir perdu deux à zéro à l'aller. Et quelques jours avant de venir à Saint-Étienne, ils sont allés battre le grand Ajax sur sa pelouse, à Amsterdam. Je ne suis pas mécontent de les rencontrer. J'ai une véritable admiration pour les équipes des Pays-Bas. Mais je sais que tout peut arriver. Pour tout dire, nous les craignons un peu. Nous restons sur notre coup de poker contre Kiev. Mais le PSV, c'est tout de même le club le plus en vue du football hollandais. Avec leur avant-centre, l'immense Suédois Edstroem et son mètre quatre-vingt-treize, avec les deux frères Van de Kerkhof, avec leur gardien Van Beveren, je me dis qu'ils risquent de nous poser pas mal de problèmes. Sans compter que nous venons de prendre une sévère raclée contre Nantes en Championnat. À la veille d'accueillir Eindhoven, ça fait désordre. En plus, c'est nous qui recevons les premiers. En général, nous jouons d'abord à l'extérieur. C'est comme ça que nous avons pu redresser des situations impossibles, grâce à ces matchs retours à Geoffroy-Guichard, poussés par nos supporters. Cette fois, il va falloir faire la différence dès l'aller. Et se préparer à souffrir à Eindhoven. Mais nous allons souffrir dès le premier match. C'est une partie âpre, acharnée, tendue. Leur défense n'a pas trop d'états d'âme. Au bout de quatorze minutes, je me retrouve au sol. À l'approche de la surface, j'ai feinté un défenseur qui n'a pas trop apprécié. Ça commence bien. Mais je n'ai rien à regretter : sur le coup franc qui suit, Jean-Michel réédite le coup de Kiev. Sa frappe parfaite vient se nicher à la gauche de Van Beveren, qui s'est pourtant bien détendu. « Les Verts à Glasgow ! » se met à chanter le public stéphanois. Du calme. Nous n'y sommes pas encore. Le grand Edstroem n'est pas dans un bon jour. C'est une chance. Les deux frères Van de Kerkhof, eux, sont intenables. Et ce Van Beveren est l'un des tout meilleurs gardiens européens. Si le score n'évolue pas, c'est bien grâce à lui – ou plutôt à cause de lui. Finalement, nous en resterons là. Quinze jours plus tard, le 14 avril, nous voilà à Eindhoven. J'espère que je vais tenir : je n'ai pas joué depuis l'aller. La faute à une tendinite, due à un trop-plein d'efforts contre Kiev. Je tiens le coup toute la première période. Et à la reprise, au bout de quatre minutes de jeu, je marque sur une passe d'Hervé Revelli. Mais M. Taylor, l'arbitre, annule le but. Hors-jeu, affirme-t-il. Franchement, je ne crois pas. À mon avis, le but est valable. Mais on ne discute pas sa décision. Il faut repartir. Tenir, encore et encore. Nous sommes dominés comme ce n'est pas permis. Ce n'est plus l'enfer vert de Geoffroy-Guichard. C'est l'enfer rouge d'Eindhoven, couleur des maillots du PSV. Heureusement, il y a Curkovic dans nos buts. Il joue le match de sa vie. Il est imbattable. Une fois, deux fois, dix fois, les Hollandais pensent que la balle va franchir la ligne. Mais au dernier moment, alors qu'on ne l'attend plus, Curko se détend et arrête le ballon. Ce soir, c'est Curko le héros. Son surnom d'Yvan le Terrible, il ne l'aura pas volé. Jusqu'à l'avant-dernière minute, où il repousse une frappe de Dalquist, il réalise des arrêts décisifs. Quand arrive le coup de sifflet libérateur, tous les Verts se précipitent vers lui. Ce qu'il a fait, c'est tout bonnement extraordinaire. Dix ans plus tôt, Yvan jouait au Partizan de Belgrade. Il était remplaçant le jour de la finale de la Coupe d'Europe, disputée par son club contre le Real Madrid. Le 12 mai prochain, il sera sur le terrain. Comme nous tous. Parce que cette fois, ça y est : nous sommes en finale ! En finale de la Coupe d'Europe des clubs champions... C'est la première fois depuis 1959 qu'un club français va disputer ce match au sommet. Ce jour-là, le Stade de Reims avait perdu contre le Real, à Stuttgart. Pour le foot français, c'est un événement. Je ne suis pas sûr de la jouer, cette finale.

À Eindhoven, je me suis blessé. Claquage, a déclaré le médecin. À une demi-heure de la fin, au moment où je sautais pour attraper le ballon, j'ai ressenti une terrible douleur à la jambe, comme un coup de poignard. Jamais je n'ai eu aussi mal depuis que je suis footballeur. J'ai dû quitter le terrain et laisser ma place à Christian Sarramagna. Je paie mes efforts contre Kiev. Je paie aussi mon absence des terrains depuis deux semaines. Pas d'affolement : il me reste un petit mois pour me retaper. Ce devrait être largement suffisant. En attendant, il s'agit de profiter de cette qualification. Nous prenons l'avion tout de suite après le match. Il est plein à craquer. Joueurs, dirigeants, journalistes... À Saint-Étienne, c'est du délire. Pas question de dormir ! Nos supporters font la fête dans les rues, le drapeau à la main et l'écharpe autour du cou. Ils se préparent à nous attendre à l'aéroport de Bouthéon. À trois heures du matin, l'avion se pose enfin. Au moment où nous atterrissons, des dizaines et des dizaines de gens se ruent vers la piste. Ils débordent les cordons de sécurité. Ils se précipitent vers notre Fokker, sans même attendre qu'il soit immobilisé. Au risque de se faire écraser ou d'être piétinés par cette marée humaine. Une vraie folie s'est emparée de la ville. C'est excessif, à mon goût. Trop de passion pour un simple match de foot. Même s'il y a une finale de Coupe d'Europe au bout, rien ne justifie ces débordements et ces excès collectifs. Soudain, nous apercevons un homme étendu à terre. Il ne bouge plus. Cet homme est mort, décapité par une hélice. Tué par la frénésie de la foule et par sa passion aveugle. À notre descente d'avion, nous rentrons tous chez nous. Je saute dans ma voiture, direction Saint-Héand. Je ne pense qu'à fuir cette hystérie collective. Cette nuit-là, aucun de nous n'a le cœur à la fête.

CHAPITRE 6

Huit minutes de bonheur

J'ai un mois devant moi. Un mois pour oublier la douleur et reprendre des forces. Le docteur Poty, le médecin du club, a rendu son verdict : repos intégral. C'est le seul et unique remède en cas de claquage. Cette parenthèse tombe à pic. J'ai beaucoup donné ces derniers temps. J'ai trop tiré sur la corde. Depuis ma blessure au mollet, contre Nice, la machine s'épuise. Un corps de footballeur est une mécanique fragile. Il faut savoir l'entretenir avec précautions. Je croyais en avoir terminé avec les blessures à répétition, depuis ma série noire d'il y a deux ans. J'espère que je ne vais pas replonger. La finale de Glasgow est programmée pour le 12 mai. Notre adversaire est une vieille connaissance : le Bayern Munich. Encore lui. Il y a de la revanche dans l'air... L'année dernière, il nous avait barré la route de la finale. Cette année, le club allemand s'est débarrassé du Real Madrid pendant que nous éliminions le PSV. Il s'apprête à jouer sa troisième finale de Coupe d'Europe d'affilée. Un exploit. La partie ne va pas être facile. Mais pour l'instant, je n'y pense pas plus que ça. En attendant ce 12 mai, je décide de retourner chez mes parents, à Étaules. J'ai envie de revoir ma famille. Depuis que je suis installé à Saint-Étienne, je ne rentre que deux fois par an, à Noël et pour les grandes vacances. C'est peu, trop peu. J'ai des envies de ciel bleu, de balades en bateau, de virées avec mes copains restés là-bas. Les dirigeants stéphanois m'ont autorisé à partir. Plus tard, avec le recul, je me dirai que j'aurais dû rester à Saint-Étienne pour me faire soigner, plutôt que de couper complètement avec le quotidien du club. À la réflexion, ce retour dans ma famille pendant une période aussi longue n'est pas une très bonne idée. C'est un peu léger. Les responsabilités sont partagées. Les dirigeants ont eu tort de me laisser partir. Et moi, j'ai eu tort de m'accorder trois semaines de vacances. Saint-Étienne a beau être l'un des clubs les plus en avance de son époque, le professionnalisme n'est pas encore aussi poussé qu'il le deviendra quelques années plus tard. En restant au club, j'aurais pu être suivi par les kinés et les médecins. J'aurais pu respecter un programme de remise en forme. Me préparer à mon retour sur le terrain. Au lieu de cela, je me retrouve libre de toute contrainte, sans trop savoir où j'en suis. C'est une erreur de jeunesse. Une faute professionnelle, même. Sans cette absence, j'aurais sans doute mieux planifié mes efforts. Là, je coupe complètement les ponts avec le ballon. Dans ma tête, je suis ailleurs. Mais surtout pas à la veille d'une finale de Coupe d'Europe. Au menu de mes journées : détente, musique, vélo. Mais pas de foot. Surtout pas de foot. Ce serait trop bête d'aggraver ma blessure, à quelques semaines d'un rendez-vous aussi important. J'oublie la pression de l'enjeu, du public, des résultats. Je ne suis pas obsédé par cette rencontre au sommet. Je ne me dis pas : « Tiens, je suis sur le point de disputer une finale de Coupe des clubs champions. » Non, je suis plutôt insouciant. Huit jours avant le match, je rentre. Reposé. Disponible. Heureux. Et là, à Saint-Étienne, je découvre à ma grande surprise que cette blessure a pris des proportions démesurées. Un vrai drame national. Tous les journaux en parlent. Je ne m'étais douté de rien : à Étaules, je n'ai pas lu la presse. Les dirigeants m'apprennent que de soi-disant hommes miracles se sont manifestés. Ils ont reçu je ne sais combien de propositions de guérisseurs et de rebouteux. Aux comptoirs des cafés du commerce, la France des passionnés de foot s'empoigne autour de la grande question du moment : oui ou non, est-ce que je vais jouer cette finale ? Tout ça me passe un peu au-dessus de la tête, je l'avoue. C'est sans doute une forme d'inconscience, ce privilège de la jeunesse. Comme d'habitude, je reste à l'écart. J'ai d'autres soucis en tête : je n'ai plus qu'une petite semaine pour me remettre d'aplomb. Car je suis revenu d'Étaules avec la douleur dans mes bagages. Le claquage n'est pas guéri. Ça va un peu mieux, mais c'est loin d'être parfait. Gérard Forissier me prend en charge. Je me remets au football, tout doucement. Sans forcer. C'est fou comme on perd vite les bonnes habitudes en trois semaines ! J'alterne entraînement, séances de soins et repos. Comme je dois suivre un programme spécifique, je m'entraîne tout seul, à l'écart du groupe. Ça, c'est dur. Par chance, nous ne sommes pas trop sollicités. La presse nous laisse tranquilles. Pour l'instant. Les jours qui précéderont la finale, ce sera différent. Mais là, je peux travailler sans être dérangé. Heureusement, parce que le temps presse. Dans quelques jours, c'est Glasgow.

*

* *

Robert Herbin hésite. Moi aussi. Jouer ? C'est tentant. Déclarer forfait ? C'est peut-être plus sage. La décision est difficile. Au fond de moi, j'ai très envie de participer à ce match. Une finale de Coupe d'Europe, ça ne se refuse pas. Ce genre d'occasion peut ne jamais se présenter une deuxième fois. Autant j'étais démobilisé un mois plus tôt, autant je suis gonflé à bloc aujourd'hui. Seulement, je ne sais pas trop quoi faire. Les médecins du club non plus. Au bout de trois jours d'entraînement, la douleur a repris le dessus. J'ai encore mal. Et à ce rythme-là, je ne serai pas guéri. Pour Robby, c'est un vrai casse-tête. D'un côté, il n'a pas envie de se priver de mes services. Il est persuadé que je peux faire basculer le match à tout moment. De l'autre, il court un risque en m'alignant au coup d'envoi. Si je débute la partie pour sortir au bout de quelques minutes, toute son organisation est à revoir. Surtout, il n'a droit qu'à deux remplacements. La perspective de griller une cartouche d'entrée de jeu ne lui plaît pas tellement. L'avant-veille, le lundi, il me demande de passer chez lui. Me voilà à L'Étrat, dans la petite maison qu'il habite à l'écart de la ville, juste au-dessus de l'immense terrain appartenant à Pierre Garonnaire. Là, nous passons en revue les avantages et les inconvénients de la décision à prendre. Finalement, nous trouvons une solution : je ferai partie du groupe. Je m'envolerai, moi aussi, pour Glasgow. Mais je ne serai pas sur le terrain quand l'arbitre sifflera le coup d'envoi. Robby me réserve pour la suite. D'après le docteur Poty, je pourrai peut-être jouer un quart d'heure. Mais pas plus. À moi de voir. Si je me sens en forme, Robby pourra alors m'utiliser comme joker. C'est ce qu'il y a de mieux à faire. Ce sera une surprise pour tout le monde, les supporters comme les adversaires. Maintenant, il reste deux jours. La pression monte. Les journalistes commencent à tourner autour de nous. Ils sont plusieurs à suivre depuis quelques semaines les exploits des Verts. Le match retour contre Kiev a encore accru l'intérêt porté au club. De temps en temps, je les emmène déjeuner à la Petite Auberge, chez les Barou. Il y a là mon ami Jacques Vendroux, le moustachu de Radio France, Patrick Mahé et Gérard Le Scour, et aussi Robert Nataf, de *France-Soir* et de *Onze*. Eux, c'est un peu la garde rapprochée de l'équipe. Les quatre mousquetaires dans le sillage des Verts, avec Vendroux dans le rôle de d'Artagnan. D'habitude, les relations avec la presse sont décontractées. Ils peuvent accéder aux vestiaires en toute liberté. Ils nous connaissent bien. Ils savent de quoi ils parlent. Ce sont de vrais passionnés, comme Jean-Philippe Rethacker ou Robert Vergne, de *L'Équipe*. Ils ne sont pas très nombreux à s'intéresser au foot, en dehors des envoyés spéciaux de journaux spécialisés comme *France Football*, *Onze* ou *Miroir du football*. Quelques représentants de la « grande presse », venus de *France-Soir* ou du

Figaro, se joignent à eux. Mais à la veille de la finale, ce n'est plus la même dimension. Tous les médias français se passionnent pour l'événement. À Saint-Étienne, on n'a jamais vu ça. La rencontre sera retransmise dans plus de trente pays, ce qui représente plusieurs dizaines de millions de téléspectateurs à travers le monde. Tout le monde s'y met, même la télé. L'équipe du « Petit Rapporteur », l'émission de Jacques Martin, s'habille en tenue de foot. Stéphane Collaro, Daniel Prévost, Piem – lui, il vient de Saint-Étienne – et Pierre Bonte en short et maillot Adidas, ça vaut le coup d'œil ! Dans une autre émission, on voit des vedettes de la chanson ou de la télé, comme les chanteurs Ringo et Hugues Aufray, en train de brandir un maillot à l'effigie des joueurs de l'équipe. La France entière est derrière les Verts. Même ceux qui n'avaient jamais entendu parler de nous quelques semaines plus tôt se sont transformés en supporters acharnés. Tout ça nous fait sourire. Pour échapper à cette folie collective, nous partons nous mettre à l'abri le mardi, la veille du match. Les dirigeants nous ont trouvé un endroit tranquille pour nous préparer, pas très loin de Glasgow, à Erskine. Un peu de calme ne va pas nous faire de mal. Maintenant, il faut penser à la finale de demain. Oublier la pression. Oublier l'enjeu et prendre nos distances avec tous ceux qui nous tournent autour depuis quelques jours, journalistes et supporters. Demain soir, nous jouons contre le Bayern. Et moi, je ne sais toujours pas si je vais entrer sur le terrain.

*

* *

Combien sont-ils ? Vingt-cinq mille au moins. Trente mille peut-être. Personne n'en sait rien. Je n'ai jamais vu ça. Ce soir, Hampden Park a des allures de Geoffroy-Guichard. Mes parents sont venus, bien sûr. Pour rien au monde ils n'auraient raté ce match. Même s'ils ne savent pas s'ils auront l'occasion de voir leur fils sur la pelouse. Je n'ai jamais joué à l'extérieur dans un stade rempli de nos supporters. On dirait que toute la ville s'est déplacée. Ils sont arrivés en avion ou en voiture. Il y en a même un qui a fait le déplacement à vélo. Mille quatre cents kilomètres, quatorze étapes. Interrogé par la télé, il raconte en pleurant qu'on lui a interdit d'entrer dans le stade pour accomplir un tour d'honneur. Certains ont acheté leur billet à crédit. Ils se sont endettés pour plusieurs mois. Tout ça pour dire, des années plus tard : « J'y étais. » Ils ne viennent pas seulement de Saint-Étienne, mais aussi de Paris, du Touquet, de Marseille ou de Corse. Des inconditionnels des Verts, il y en a aux quatre coins du pays. Un engouement pareil pour un club français, ça ne s'est jamais vu. Ils se sont équipés de tout l'attirail du parfait supporter. Écharpe, blouson, maillot, drapeaux et cornes de brume. Certains se sont coiffés d'une perruque verte, style afro. D'autres ont ajouté un béret écossais, histoire de faire couleur locale. Et partout, des banderoles « Allez les Verts », des drapeaux frappés de la panthère noire, des casquettes vert et blanc formant autant de minuscules taches de couleur. Par endroits, un drapeau bleu, blanc, rouge perdu dans cette masse de vert. C'est très impressionnant. Avec tous ces cris et tous ces chants d'encouragement qui montent des tribunes, le vacarme est assourdissant. Déjà, avant le match, le spectacle était dans les rues. La ville donnait l'impression d'avoir été repeinte aux couleurs du club. Mais quand les supporters français et allemands se croisaient, tout se passait bien. L'ambiance était bon enfant. Pas de violence, pas de bagarre, pas de haine entre les deux clans. Juste l'envie de participer à une énorme fête du football. Et un rêve un peu fou côté stéphanois, celui de rentrer avec la première Coupe d'Europe d'un club français dans les valises. Là, c'est à nous de jouer. Nous sommes installés dans les vestiaires, en train de nous préparer. L'attente est un peu fébrile. Chacun a ses petites manies, ses rituels et ses gris-gris pour oublier la pression. Sur la pelouse, la fanfare de la Garde écossaise a bien du mal à couvrir les clameurs du public. Mais nous n'en profitons pas. Nous restons concentrés sur la partie qui nous attend. Nous savons tous que ce ne sera pas évident. D'autant moins évident que nous n'alignons pas notre équipe habituelle. Depuis Eindhoven, il y a eu des changements. Gérard Farison et Christian Synaeghel ne seront pas sur le terrain. Ils ont tous les deux été blessés à Nîmes, pendant une rencontre de Championnat. Agressés de manière honteuse par deux joueurs nîmois qui n'ont pas leur place sur un terrain de foot. Pour eux, c'est une énorme déception. Le rêve de toute une carrière qui se brise d'un coup. À trente-deux ans, Gérard sait bien qu'il risque de ne pas retrouver une occasion pareille. Pour nous, c'est un coup dur. Robby les remplace par deux valeurs sûres, Pierre Repellini en défense et Jacques Santini au milieu. Il n'a aucune inquiétude, et nous non plus. Ils savent parfaitement quel rôle ils doivent jouer. Mais c'est toujours embêtant de casser un groupe de joueurs habitués à évoluer ensemble les yeux fermés. En attaque, il aligne Christian Sarramagna aux côtés des frères Revelli. Quant à moi, on verra bien. Pour l'instant, je suis entré sur le terrain avec les autres, pour la présentation des équipes. Je ne peux pas m'empêcher d'admirer le spectacle des tribunes. C'est grandiose. Mais je me dis que je vais peut-être passer à côté d'une finale, et ça me fait vraiment mal... Le président Rocher présente l'équipe aux grands manitous du football européen. Je suis debout entre Jean-Marc Schaer et Jean Castaneda, notre jeune gardien remplaçant. Nous avons gardé notre pantalon de survêtement. Les titulaires, eux, sont en short noir et veste verte. Dans cinq minutes, l'arbitre hongrois, M. Palotai, va siffler le coup d'envoi.

*

* *

Il n'a rien vu, le grand Franz ! Patrick Revelli vient de lui piquer le ballon dans les pieds. Ce soir, Patrick n'a peur de rien. Pas même de prendre le dessus sur le « Kaiser », Franz Beckenbauer lui-même, capitaine du Bayern et de l'équipe championne du monde, avant de donner la balle dans la foulée à Christian Sarramagna, qui centre tout de suite en direction du but de Maier. Sarramagna est déchaîné. Le Bayern, pas très rassuré. Il ne s'attendait pas à voir les petits Français aussi entreprenants. Sur le banc de touche, je jubile. Les Verts démarrent le match sur les chapeaux de roue. Müller, le Gerd Müller de mon enfance, celui dont j'avais collé la photo dans mon petit cahier bleu, a bien marqué un but dès le début de la partie, mais l'arbitre avait sifflé hors-jeu. Pour l'instant, les Allemands sont plutôt méfiants. Ils n'osent pas aller de l'avant. On dirait qu'ils ont peur de nous. C'est bon signe. Au bout d'une demi-heure, je me dis que nous avons toutes nos chances. Surtout quand Babatte récupère la balle dans le rond central, met deux Allemands dans le vent et balance une frappe puissante de son pied gauche. Le ballon s'écrase sur la barre transversale. Il revient sur Hervé Revelli. Surpris, Hervé ne peut rien faire d'autre que le reprendre instantanément de la tête et l'envoyer dans les bras du grand Sepp Maier. Dommage. Après le match, certains lui reprocheront de ne pas avoir pris le temps de contrôler et de frapper à bout portant, hors de portée du gardien. Après coup, c'est facile. On peut toujours refaire le match. Mais sur le moment, tout va très vite. Trop vite. Et Hervé croyait que Schwarzenbeck, l'arrière du Bayern chargé de le surveiller, était dans son dos. En réalité, il n'avait pas suivi l'action. Quelques minutes plus tard, c'est Uli Hoeness, l'un des joueurs que j'admire le plus, qui oblige Curkovic à s'y reprendre à deux fois pour repousser sa frappe. On a eu chaud. Mais ce n'est pas fini. Là-bas, sur l'aile gauche, Christian Sarramagna envoie le ballon dans la surface. C'est Santini qui le reprend, de la tête. Encore sur la barre ! Décidément, nous sommes maudits. La faute aux poteaux, diront certains. À Hampden Park, les poteaux sont carrés, à la différence de la plupart des stades. Quand le ballon rebondit sur l'arête inférieure de la barre, il revient en jeu. Au contraire, avec des poteaux ronds, il a toutes les chances de ricocher et d'entrer dans le but. L'explication vaut ce qu'elle vaut. Dans les semaines qui suivront la finale, cette histoire de poteaux ronds ou carrés alimentera à n'en plus finir les articles des journalistes et les discussions des supporters. À quoi bon ? De toute façon, on ne saura jamais ce qui se serait passé. Poteaux carrés ou pas, il faut repartir à l'attaque. À la mi-temps, rien n'a été marqué. Les Verts se débrouillent plutôt bien. Le Bayern n'est pas invincible, même s'il est sacrément solide. Ou chanceux, comme on voudra. Dans les vestiaires, Robby me demande de me préparer. Je vais faire mon entrée en deuxième période. Quand ? Je n'en sais rien. C'est lui qui décidera. Au moment où le match reprend, dans ma tête, je suis prêt. Je sais que je vais participer à la finale. Je ne sais pas si ma jambe tiendra. Le médecin m'a fait une piqûre de novocaïne dans la cuisse pour endormir la douleur. Ça ne guérit pas le mal, mais ça permet de tenir. L'effet est aussi psychologique. Normalement, je devrais pouvoir jouer un quart d'heure. C'est ce qui était prévu. Mais entre-temps, il s'est passé quelque chose de terrible. Oswaldo Piazza a commis une faute sur Müller. Sur ce coup-là, il a peut-être un peu exagéré, l'attaquant bavarois. Il semble bien qu'il ait provoqué la faute en se rendant coupable d'une obstruction, avant de s'écrouler. En tout cas, l'arbitre a sifflé. Oswaldo ne proteste pas. Ce n'est pas son genre. Coup franc, à quelques mètres de la surface. Et là, tout s'accélère. Ils sont malins, ces joueurs du Bayern. Ils ont de l'expérience, surtout. Cette expérience qui nous a peut-être manqué ce soir. Alors que le mur se mettait en place, Beckenbauer a glissé le ballon à Roth. Ni vu, ni connu. Le milieu de terrain du Bayern a frappé. Les frappes lourdes et puissantes, c'est sa spécialité. On le surnomme « le taureau ». C'est tout dire. Curko était masqué. Il n'a rien vu. Le ballon est entré à sa droite, malgré un plongeon désespéré. Un à zéro. Hampden Park accuse le choc. C'est un coup dur. Mais rien n'est perdu : il reste plus d'une demi-heure de jeu. Pourtant, rien ne rentre. C'est agaçant. Les aiguilles de la pendule du stade se mettent à tourner de plus en plus vite. Et puis, à quelques minutes de la fin du match, Robby prend sa décision. « Dominique, va t'échauffer », se met-il à crier pour couvrir les cris d'Hampden Park. Maintenant, c'est à moi de jouer. Je ne me le fais pas dire deux fois. Je n'ai qu'une envie, c'est d'entrer sur le terrain. Je me lève pour aller courir. Je m'installe derrière le but de Sepp Maier. À ce moment-là, il reste huit minutes, pas une de plus. Pour une fois, je ne porte pas mon numéro fétiche, le sept. Dans le dos, j'ai le numéro treize. Bon signe ou mauvais signe, à vrai dire je m'en moque. Je ne suis pas superstitieux. J'ai huit minutes. C'est peu. En même temps, c'est énorme. Il suffit de pas grand-chose pour marquer et renverser le cours du match. Christian Sarramagna me laisse sa place. Au moment où je me lève du banc de touche, j'entends la clameur du public courir d'un bout à l'autre du vieux stade de Hampden Park. Je ne veux surtout pas le décevoir. Je me sens investi d'une responsabilité à l'égard de tous les supporters. Ils comptent sur nous. Je me dirige vers le rond central. À la base de ma cuisse droite, un bandage. Et là, comme par magie, la douleur s'envole. Je ne ressens plus rien. J'ai l'impression d'avoir retrouvé toutes mes sensations. Mes jambes, mes pensées et ma volonté forment un seul bloc. Je suis dans le match à cent pour cent. J'ai envie de tout casser ! Je dribble, je crochète, je centre. Je cherche à m'enfoncer dans la défense du Bayern. Je sens bien qu'ils sont surpris, en face. Ils ne s'attendaient pas à me voir entrer en jeu. Beckenbauer en personne me fait l'honneur d'un tacle pour écarter le danger de sa défense. Gerd Müller, revenu aider ses coéquipiers, joue les défenseurs à son tour. À la dernière minute, je récupère le ballon dans le camp allemand. Plus rien à perdre. Je laisse un défenseur derrière moi. Je me faufile entre deux autres avant d'entrer dans la surface. Là, je donne le ballon à Patrick Revelli. Il est démarqué dans le coin opposé. Tout seul. Il frappe. Pas assez fort. Sepp Maier est sur la trajectoire. Encore. Après le match, il y aura des journalistes et des supporters pour reprocher à Patrick de ne pas avoir envoyé le ballon dans l'angle opposé. Je voudrais bien les voir, eux, après quatre-vingt-dix minutes d'une finale de Coupe d'Europe. Il y a la fatigue, la pression, et ce ballon qui arrive tout d'un coup. Et en face, il y a surtout l'un des plus grands gardiens du monde. Ce n'est pas si simple, le foot. Quelques secondes plus tard, M. Palotai donne un coup de sifflet. Voilà, c'est terminé. Le Bayern emporte sa troisième Coupe d'Europe d'affilée. Le finaliste, lui, n'a droit qu'à une petite médaille dérisoire en guise de consolation. Le rêve s'est envolé. Beckenbauer monte dans la tribune officielle pour aller chercher le trophée. Roth a échangé son maillot avec un Stéphanois. C'est une sensation étrange : en le regardant, le dos couvert d'un maillot vert, on a l'impression que nous avons gagné, ce soir. Mais ce n'est qu'une illusion. Oswaldo file aux vestiaires à toute vitesse. Jacques Santini fond en larmes. Christian Merchadier essaie de le consoler, mais il est inconsolable. Comme nous tous, d'ailleurs. Je commence à ressentir une légère gêne à la cuisse. La douleur revient, insidieuse. Il n'aurait pas fallu que je joue plus longtemps. J'espère que je n'ai pas aggravé ma blessure. Dans les vestiaires, c'est l'abattement. Robby essaie de nous réconforter, mais le cœur n'y est pas. Après la douche, un repas est organisé. Personne n'a vraiment d'appétit. Aucun de nous n'a envie d'ouvrir les bouteilles de champagne gardées au frais en cas de victoire. De mon côté, je file me balader dans les rues de Glasgow avec Gérard Forissier, le kiné. Je ne cherche même pas à voir mes parents. Nous allons boire quelques verres dans un bar de la ville. En route, nous croisons des supporters qui essaient de noyer le goût amer de cette défaite dans le whisky local. Personne ne viendra nous déranger. Ce soir, chacun reste seul avec sa tristesse.

*

* *

En feuilletant les quotidiens du lendemain, les joueurs du Bayern doivent avoir les oreilles qui sifflent. Les journalistes sont aussi déçus que nous. Leurs commentaires désabusés se lisent dans les journaux français, mais aussi dans la presse étrangère. D'après eux, le Bayern ne mérite pas sa victoire. Il a eu de la chance, pensent-ils. Beaucoup trop de chance. Pour *Les vingt-quatre heures de Lausanne*, Saint-Étienne est le vainqueur moral. Le quotidien britannique *The Daily Mail* va encore plus loin. À ses yeux, le Bayern a carrément volé la Coupe. Les coéquipiers de Beckenbauer sont traités de parasites. Ces mots sont choquants, même si tout le monde est habitué aux excès d'une certaine presse anglaise. Rod Stewart, le chanteur de rock, s'en est mêlé lui aussi. « Mais pourquoi ce lad n'a-t-il pas joué plus longtemps ? » a-t-il déclaré à mon sujet à un journaliste. Sacré Rod... Mais il faut bien voir les choses en face. En réalité, le Bayern a gagné parce qu'il était le plus fort. Le plus réaliste. Ou le plus malin. Nous avons eu de belles occasions, c'est vrai, mais nous ne les avons pas concrétisées. Les Allemands en ont peut-être eu moins, mais ils ont marqué. Tout est là. D'un côté, le réalisme. L'efficacité. L'expérience aussi. De l'autre, l'enthousiasme. Le panache. Appelons ça comme on voudra. C'est bien joli, mais ça ne suffit pas. Nous avons manqué de chance, sans doute, mais aussi de lucidité et de concentration sur le but de Roth. Être le vainqueur moral nous fait une belle jambe. En sport, il n'y a pas de vainqueur moral. Il y a simplement un gagnant et un perdant. Point à la ligne. Hier, nous avons perdu. C'est tout ce que les livres d'histoire de la Coupe d'Europe retiendront. Avant de repartir pour Saint-Étienne, le club a prévu un détour par la capitale. Ou plutôt, c'est le président de la République, Valéry Giscard d'Estaing, qui l'a prévu. Il a exprimé le souhait de recevoir à l'Élysée les finalistes de la Coupe d'Europe. Avant d'aller serrer la main du président, nous sommes invités à la radio, sur France Inter. Et là, nous apprenons que des voitures ont été réservées pour nous faire descendre les Champs-Élysées.

C'est une trouvaille de l'ami Vendroux. Roger Rocher n'est pas emballé. Robby non plus. Ils se disent – et ils n'ont pas tort – que tout ça risque de remuer le couteau dans la plaie. Si ça ne tenait qu'à eux, nous repartirions tout de suite à Saint-Étienne. Et nous, les joueurs, nous ne sommes pas non plus très enthousiastes. Mais il est trop tard pour reculer : tout a été organisé. Une armada de R5 vertes ou blanches nous attend. De toute façon, il ne risque pas d'y avoir foule sur les Champs. Enfin, ça, c'est ce que nous croyons. Mais quand nous débouchons en haut de l'avenue, nous avons du mal à croire ce que nous voyons. Les Champs-Élysées sont envahis par la foule. Ils sont noirs, ou plutôt verts de monde. Partout des drapeaux, des maillots Manufrance, des écharpes, des perruques vertes, des ballons gonflables. On se croirait revenus à Hampden Park. C'est un vrai délire. Je suis installé dans la même voiture que Dominique Bathenay. Robert Nataf est assis à l'avant. Roger Rocher est avec Robert Herbin. Le capitaine, Jean-Michel Larqué, avec Garonnaire. Les joueurs vont deux par deux. Costume-cravate de rigueur. Fidèle à mes habitudes, j'ai préféré ne pas mettre de cravate. Santini est avec Merchadier, Repellini avec Synaeghel, Lopez avec Janvion, Oswaldo avec Hervé Revelli... Nous sommes debout dans les R5 à toit ouvrant. Nous avons l'air de quoi, là ? Je n'aime pas ça. Pas du tout. Je n'ai pas l'habitude de m'exhiber de cette manière. En plus, je trouve ridicule d'être fêtés comme des héros alors que nous avons perdu. Et puis, je ne suis pas très rassuré. C'est une ambiance bon enfant, mais j'ai l'impression qu'elle pourrait dégénérer très vite. Et même s'il n'y a aucune agressivité autour de nous, personne n'est là pour assurer notre sécurité. Certains supporters sont déchaînés. Il y en a qui tapent sur les portières, d'autres qui arrachent les rétroviseurs pour conserver un souvenir avant de les brandir comme des trophées. Certains montent carrément sur les toits des R5. Au bout de quelques mètres, notre portière est complètement défoncée. Des filles sont au bord de l'évanouissement. On dirait ces groupies qui attendent les chanteurs à la sortie de leurs concerts. Partout autour de nous, les gens poussent. Ils poussent comme s'ils voulaient entrer dans les voitures. Ils veulent des autographes. Ils ont envie de nous toucher. Ils rêvent de nous serrer la main. Je suis mal à l'aise. Alors, je reste assis sur la banquette. Recroquevillé sur moi-même, je me fais le plus petit possible. Je donnerais cher pour être ailleurs. De temps en temps, Babatte m'incite à me lever. « Montre-toi, c'est toi qu'ils veulent voir ! » me dit-il en rigolant. Moi, je ne trouve pas ça drôle. Mais je fais des efforts. Je me lève. Je salue de la main. J'essaie de sourire, mais je suis crispé. C'est ce jour-là que je prends vraiment conscience de notre popularité et de tout ce que représentent les Verts. À Saint-Héand, je suis déconnecté. Je vis coupé du monde. Aujourd'hui, je constate à quel point nous sommes devenus importants pour beaucoup de gens. Mais tout de même, c'est trop. Ça ne rime à rien. Heureusement, la réception à l'Élysée se déroule dans une ambiance qui n'a rien à voir. Après ces moments de folie, je respire. Je ne partage pas du tout les idées de Valéry Giscard d'Estaing, mais c'est tout de même impressionnant d'être reçu à la présidence et de lui serrer la main. L'après-midi, enfin, c'est le retour en avion à Saint-Étienne. Et le soir, une grande fête est organisée au stade, pour notre public. Nous sommes loin de l'hystérie des Champs-Élysées. C'est comme une réunion de famille. Un hommage rendu à tous ces supporters qui nous ont toujours poussés vers l'avant, tout au long de cette saison. Nous sommes sur la pelouse, en veste et pantalon « pattes d'ef ». Je repense à ces soirées contre Split, Kiev ou Eindhoven. Je sais qu'ils ont joué un rôle essentiel. Ils y ont toujours cru, même quand la victoire paraissait impossible. Et cette fois, les rôles sont inversés. C'est nous qui l'applaudissons, ce public. Le lendemain, un dernier événement a lieu à Geoffroy-Guichard. Une émission de télé animée par Danièle Gilbert, avec des invités comme Marcel Amont ou Nicoletta. C'est sympathique et bon enfant. Mais maintenant, il va falloir penser à redescendre sur terre. La Coupe d'Europe est terminée, pas le Championnat de France. Samedi prochain, nous nous déplaçons à Sochaux. Nous sommes à un point du leader, Nice, avec trois matchs de retard. Le titre est jouable. Seulement, il faut arrêter de penser à cette finale de Glasgow. Sur le terrain, la vie continue. Pour moi, elle se met entre parenthèses : dans quelques jours, je me fais opérer. Le 10 juin, je retourne à Lyon voir le professeur Trillat. C'est lui qui m'avait soigné, il y a deux ans, après ma blessure contre l'Olympique lyonnais. Ma cuisse me fait toujours souffrir. Mes huit minutes de jeu contre le Bayern n'ont rien arrangé. L'opération est inévitable. Heureusement, elle se déroule bien. Et une semaine plus tard, je rentre à Étaules, en convalescence. Au calme. Chez moi. En attendant la reprise de l'entraînement, je vais essayer d'oublier les excès de ces derniers jours.

*

* *

Début juillet, on m'ôte le plâtre. Je peux reprendre une activité normale. Natation, ping-pong, vélo, bateau... Ça, c'est pour le corps. Pour l'esprit, lecture et musique, comme d'habitude. Je profite de ces journées pour mettre de l'ordre dans mon courrier. Cette année, j'ai reçu une quantité énorme de lettres. Des sacs postaux entiers. Comme je n'ai pas de secrétariat, elles s'entassent à Saint-Héand ou au siège du club. Je n'ai pas toujours le temps de les ouvrir. Et de les lire, encore moins. Alors, je me rattrape. Il y en a dans tous les styles. Des passionnées, des tendres, des naïves, des marrantes. Avec ou sans dessin. Avec ou sans photo. Des lettres de filles, beaucoup. Mais aussi de garçons, notamment en provenance d'Afrique. Les petits Africains me demandent toujours des choses incroyables. Certains de mes correspondants m'encouragent : « Chaque fois que je te regarde à la télévision, je frappe sur la table avec mes chaussures à crampons en criant : "Allez

Rocheteau !" » Il y a des demandes en tout genre. Beaucoup me réclament des maillots. «J'ai onze ans et je voudrais un maillot vert de douze ans pour vous laisser le temps qu'il arrive. » Il y a aussi tous ceux qui préparent leur avenir et me demandent conseil. «Je vous écris cette lettre pour vous demander si, pour être footballeur, il faut être instruit. À l'école, ça ne marche pas trop bien et je voudrais bien faire ce sport. » Et les innombrables lettres d'amoureuses en herbe, évidemment. «Je t'aime à la folie. Dans mes rêves, je ne pense qu'à toi. Malheureusement, je n'ai que douze ans. » Au moins, celle-ci est lucide... Toutes ces lettres sont touchantes, parfois amusantes, toujours sincères. Elles me font sourire. Ce n'est pas forcément le cas des sollicitations des adultes. Je ne comprends pas toujours les passions excessives qui nous entourent au quotidien. Bien sûr, c'est agréable d'être reconnu, de partager cette ferveur populaire, de recueillir ces témoignages d'affection et de solidarité. Mais certains jours, ça va trop loin. Quand j'y repense, la descente des Champs-Élysées d'il y a quelques semaines ne me laisse pas un bon souvenir. Je n'ai aucun goût pour l'idolâtrie. Je ne suis pas une icône. Je ne suis pas non plus un exemple pour la jeunesse, encore moins un maître à penser. Mes goûts, mes idées, mes sentiments ne regardent que moi. Je n'ai pas envie d'être placé sur un piédestal. Par moments, j'ai l'impression que les gens parlent de quelqu'un d'autre. Comme si le Dominique Rocheteau en photo dans les médias était une autre personne. Un peu comme si tout ça n'était finalement qu'un rêve. C'est une sensation étrange. Cette année, le chanteur Monty a écrit une chanson sur moi. Là, j'ai trouvé que c'était un peu trop. Je n'ai pas apprécié qu'il cherche à se faire de l'argent sur mon dos. Au moins, il aurait pu me demander ce que j'en pensais. Le disque est sorti, mais j'ai demandé à ce qu'il soit retiré de la vente. Les paroles étaient franchement ridicules : « Aaaah, qu'il est beau le p'tit Rocheteau / Quand elles le voient en maillot / Toutes les filles crient aussitôt / Wow-wow-wow-wow... » N'importe quoi ! Toute cette « Rocheteaumania », comme disent les journalistes, me dérange. Je suis juste un type qui joue au ballon et qui cherche à se faire plaisir. En même temps, je n'ai pas envie d'être coupé du public. Je ne veux surtout pas que des barrières soient dressées entre nous. Le foot, c'est un partage. Une expérience vécue en commun par les joueurs et les spectateurs. Nous ne sommes pas des vedettes du show business, enfermées dans leur tour d'ivoire et coupées de leurs admirateurs. Surtout pas. Et je n'ai pas du tout envie que les choses se passent comme ça. Simplement, je me méfie des réactions disproportionnées. Même si, parfois, ce n'est pas désagréable. Par exemple, l'autre jour, après la fête à Geoffroy-Guichard, un monde fou nous attendait à la sortie du stade. J'ai mis je ne sais combien de temps à retourner à ma voiture. Et quand je me suis installé au volant, une fille est montée à côté de moi. J'avais laissé la portière ouverte. « J'ai envie de te parler », m'a-t-elle dit. Rien de plus. Je ne l'avais jamais vue. Elle avait mon âge, à peine plus de vingt ans. J'ai laissé faire. Bon, c'est vrai, elle était plutôt jolie... Je l'ai emmenée chez moi, mais il ne s'est rien passé. Je n'ai pas cherché à profiter de la situation. Nous sommes allés à la Petite Auberge, où nous avons dîné avec des copains. Comment dire... Ça ne m'a pas agacé, ce n'est pas le mot, mais c'était bizarre. C'était la première fois que l'une d'elles montait dans ma voiture, sans me le demander. Et pourtant, il y en a régulièrement qui viennent après l'entraînement. Il y en a même qui font le voyage depuis Paris. Je ne suis pas le seul à être populaire auprès des filles. Oswaldo a beaucoup de succès lui aussi. Enfin, je reste tout de même assez discret. Je ne le crie pas sur les toits ni dans les vestiaires. Je me protège pour que les supporters n'empiètent pas trop sur ma vie privée.

*

* *

C'est reparti ! Une nouvelle saison commence. Pour les Verts, la dernière s'est bien terminée : nous sommes champions de France pour la troisième année consécutive. Nous avons fini avec trois points d'avance sur le deuxième, Nice. Bien sûr, il y a eu cette finale perdue à Glasgow. Mais désormais, c'est du passé. Nous allons la retrouver, cette Coupe d'Europe. Nous serons sans doute attendus au tournant. Tous les clubs auront envie de battre Saint-Étienne. Notre statut a changé : nous faisons partie des favoris de l'épreuve. Mais notre équipe est jeune. Nous pouvons encore progresser. Ce groupe, c'est du solide. Et cette année, personne n'a quitté l'effectif. Pour moi aussi, c'est reparti. J'ai repris l'entraînement fin juillet. Ma blessure n'est plus qu'un mauvais souvenir. Je me sens prêt à faire de grandes choses. Et d'abord, à confirmer ma saison précédente. Tout est allé tellement vite... À Étaules, pendant mes vacances forcées, j'ai repris des forces. J'ai fait le point sur les derniers mois, sur mon nouveau statut, sur cette popularité parfois délirante. Aujourd'hui, je me sens plus fort. J'imagine que les matchs seront plus difficiles. Maintenant, mes adversaires me connaissent bien. Mon jeu, mes dribbles, mes feintes, ils ont eu l'occasion de les analyser lors des rencontres télévisées. Cette saison va sûrement être plus dure. Je ne tire pas de plans sur la comète. J'improviserai. J'ai toujours joué ainsi. Je me suis toujours adapté au comportement de l'adversaire. Pourquoi changer de méthode ? Et puis, il y a l'équipe de France. Dans deux ans, c'est la Coupe du monde en Argentine. J'aimerais en être. Une nouvelle génération arrive chez les Tricolores. Il y a des trucs à tenter, là aussi. Après, on verra. Il paraît que le Real s'est intéressé à moi pendant l'intersaison. Je n'ai pas reçu de proposition officielle. À Saint-Étienne, personne ne m'en a parlé. C'est Robert Nataf, le journaliste de *Onze*, qui me l'a appris. C'est flatteur, mais prématuré. Pour l'instant, je suis encore sous contrat avec les Verts. Et il me reste pas mal de choses à prouver. Alors, pour l'étranger, il sera toujours temps d'en parler plus tard.

CHAPITRE 7

La vie en bleu

Je me souviens de ma première sélection. C'était il y a tout juste un an, au mois d'août 1975, contre le Real. Un an, déjà. Depuis, il s'en est passé, des choses. Ce soir, le 24 août 1976, l'équipe de France reçoit au Parc le club allemand de Mönchengladbach. Un match de gala organisé au profit de l'Union nationale des footballeurs professionnels, comme contre le Real. Et j'en suis, encore. Mais cette fois, tout a changé. Le sélectionneur, d'abord. Stefan Kovacs a laissé sa place à Michel Hidalgo. L'équipe, ensuite. Elle est en train de se renouveler complètement, avec une nouvelle génération de joueurs bien décidés à se qualifier pour la prochaine Coupe du monde en Argentine. Et moi, enfin. En douze mois, tout est allé très vite. Il y a eu ce parcours de folie avec les Verts en Coupe d'Europe. Et puis, je ne suis plus un débutant chez les Tricolores. Après le Real, Kovacs m'a sélectionné à plusieurs reprises. J'ai participé aux derniers matchs de qualification pour la Coupe d'Europe des nations. On ne peut pas dire que j'en garde un très bon souvenir : la France a été éliminée. Comme d'habitude, disent les mauvaises langues. Pour commencer, il y a eu l'Islande, en septembre dernier. Ma première vraie sélection. Je m'en souviens très bien, et pas seulement à cause du match. Pendant le stage de préparation, à La Baule, j'écoutais en boucle le dernier trente-trois tours d'America, l'un de mes groupes favoris. C'est aussi à de petits détails comme celui-ci que la mémoire s'accroche. La rencontre se jouait à Nantes, au stade Marcel-Saupin. Comme ce n'était pas très loin d'Étaules, mes parents et des copains avaient fait le déplacement. Mais je ne pensais pas trop à eux. J'étais surtout concentré sur le jeu. L'Islande, ce n'est pas vraiment un ténor du foot européen. N'empêche qu'à l'aller, à Reykjavík, nous avions dû nous contenter d'un score nul et vierge. Pas très glorieux. Ce jour-là, à Nantes, nous avons gagné. Trois à zéro. Jean-Marc Guillou avait été exceptionnel. C'est après que les choses se sont gâtées. D'abord, nous avons affronté l'Allemagne de l'Est, à Leipzig. Une catastrophe. Et un mois plus tard, à Paris, nous n'avons pas été capables de battre les Belges. Zéro à zéro. Rideau ! Voilà comment l'équipe de France s'est retrouvée éliminée de la Coupe d'Europe des nations. Heureusement qu'il y a eu notre parcours européen avec Saint-Étienne. Pendant cette saison, le contraste était flagrant. La sélection faisait du surplace alors que les Verts s'envolaient vers les sommets. Je vivais des moments exceptionnels en club, mais j'avais l'impression d'un naufrage collectif avec le maillot frappé du coq. D'une certaine manière, nous avons fait oublier les frustrations provoquées par la sélection. Dans le cœur des Français, l'équipe de France, c'était celle des Verts. Contre Mönchengladbach, nous passons une soirée tranquille. Nous l'emportons cinq à zéro. Je marque le dernier but. Dommage que certains spectateurs aient cru malin de me siffler. Ça me déçoit. C'est vrai que je n'ai pas encore retrouvé ma meilleure forme, mais le public pourrait se montrer un peu plus patient. Il ne faut pas oublier qu'il y a tout juste un mois, je reprenais l'entraînement après mon opération. Enfin, passons. C'est un détail. L'essentiel, c'est d'avoir joué ce soir.

*

* *

Il y a quelque chose de changé dans cette équipe tricolore. Quand on regarde de près l'effectif qui a battu Mönchengladbach, on s'aperçoit que pas moins de sept Stéphanois ont été retenus. C'est énorme. En défense, on retrouve Janvion, Lopez et Farison. Je suis content pour Gérard Farison. C'est la deuxième fois qu'il joue en bleu, après sa première sélection au mois d'avril, contre la Pologne. Il l'a vraiment mérité. Le milieu de terrain est celui de l'équipe type des Verts, avec Larqué, Bathenay et Synaeghel. Et moi à l'attaque, aux côtés de mon copain Didier Six et de Bernard Lacombe, le Lyonnais. En plus, Christian Sarramagna est sur le banc des remplaçants, prêt à entrer en jeu si besoin. Cela peut paraître surprenant, mais une équipe de France à ossature stéphanoise est une grande première. Bon nombre d'observateurs et de journalistes n'ont jamais compris pourquoi cette formation, qui triomphait sur tous les terrains d'Europe, n'avait pas été plus utilisée en sélection nationale. Ça, il faudrait le demander à l'ancien sélectionneur. Stefan Kovacs n'avait pas voulu s'appuyer sur Saint-Étienne. Il a toujours privilégié des individualités, plutôt qu'un groupe qui avait pourtant apporté la preuve de sa force collective. Malheureusement, la stratégie de Kovacs n'a pas fonctionné. Pourtant, il en a essayé, des joueurs, après sa nomination à la tête de la sélection en 1973. Mais il n'a jamais trouvé la potion magique du succès. Quand il est arrivé, après ses deux Coupes d'Europe remportées avec le grand Ajax, beaucoup croyaient qu'il allait accomplir des miracles. Et espéraient que l'équipe de France, régulièrement éliminée de la Coupe du monde et de la Coupe d'Europe des nations, allait enfin retrouver un rôle de premier plan. La dernière participation française à une Coupe du monde remontait à 1966, en Angleterre. Après, plus rien. Tout le monde a été déçu, forcément. Mais je pense qu'il ne faut pas le rendre responsable de tous les échecs de l'équipe. Un sélectionneur ne peut pas, à lui tout seul, changer les mentalités. Il ne dispose des joueurs que quelques jours par mois. Dans ces conditions, il est difficile de construire. Il a surtout tenté de nous mettre en confiance et de minimiser la pression qui pesait sur nous. Ce n'était pas facile.

Il y avait de très bons éléments dans cette équipe, mais la génération des années 1960 et 1970 n'a pas obtenu de résultats en sélection. Peut-être à cause d'un complexe d'infériorité face au football étranger. Les joueurs français étaient d'excellents techniciens, mais ils étaient souvent dominés physiquement. Contre l'Allemagne ou contre les formations des pays de l'Est, je me souviens qu'ils se faisaient toujours manger. À mon avis, c'était tout bêtement une question d'état d'esprit. Une sorte d'inhibition par rapport à la victoire. Kovacs a essayé de changer ces mentalités, mais il n'a pas réussi. De toute façon, ce travail doit venir avant tout des clubs, bien plus que de la sélection. Avec Saint-Étienne, grâce à nos performances en Coupe d'Europe, je crois que nous avons beaucoup apporté. Nous avons montré que les joueurs français n'avaient pas à faire de complexes. Que nous étions capables de nous dépasser, de renverser des situations désespérées et de jouer un football à la fois technique, créatif et physique. Stefan Kovacs est parti à la fin de l'année 1975. C'est Michel Hidalgo, son adjoint, qui l'a remplacé. Je le connais depuis l'équipe de France Juniors. Je me sens proche de ses idées et de sa conception du jeu. Et il sait trouver le ton qu'il faut pour parler aux joueurs. Au contraire de Kovacs, lui est bien décidé à s'appuyer sur les Verts. Ce soir, contre Mönchengladbach, il l'a prouvé. Et le résultat est plutôt encourageant. Avec Hidalgo, une nouvelle génération arrive en équipe de France. Pour sa première sortie à la tête des Tricolores, en mars dernier, la France a fait match nul contre la Tchécoslovaquie. C'était dix jours après notre victoire contre Kiev. Hidalgo avait laissé les Stéphanois au repos. Nous avions besoin de récupérer de nos efforts en Coupe d'Europe. Il n'y avait pas foule au Parc, ce soir-là. À peine vingt mille spectateurs, dont la moitié étaient des enfants des écoles invités. Les absents ont eu tort. S'ils avaient été là, ils auraient pu découvrir un débutant hors du commun. Ils auraient pu admirer la maîtrise technique, la vision du jeu et le culot d'un certain Michel Platini, de Nancy.

À la soixante-treizième minute du match, « Platoche », comme on ne va pas tarder à le surnommer, s'est approché d'Henri Michel qui s'apprêtait à tirer un coup franc. Il paraît qu'il lui a dit : « Donne-moi le ballon et je marque », ou quelque chose comme ça. Henri Michel lui a glissé le ballon, Platini a frappé. La balle a snobé le mur pour retomber dans le but de Viktor, le gardien tchèque. Très fort. Il a mon âge, à cinq mois près. Je vois bien que nous sommes au croisement de deux générations. D'un côté, celle des années 1970, avec des joueurs comme Jean-Noël Huck, Jean-Pierre Adams, Marco Molitor ou Georges Bereta. Ils viennent de disputer leur dernier match en bleu ou s'apprêtent à quitter la sélection. De l'autre, la génération montante qui fait ses premiers pas. Les Didier Six, Patrick Battiston, Maxime Bossis et Platini. Quant à moi, j'ai bien l'intention de gagner une place de titulaire dans l'attaque tricolore. L'Argentine, c'est dans deux ans. Autant dire demain, ou presque.

*

* *

Cinq sélections. En un an, de septembre 1976 à octobre 1977, je porte cinq fois le maillot bleu. Contre le Danemark, l'Irlande à deux reprises, la Suisse et l'URSS. Je marque même un but, contre les Suisses. J'ai aussi participé, avec un masque sur le nez à cause d'une fracture, au traditionnel match de gala de l'Union nationale des footballeurs professionnels, en août 1977, contre Hambourg. Maintenant, je fais partie du club France. Mais je ne suis pas pour autant un titulaire indiscutable. Je n'étais pas du voyage en Amérique du Sud, cet été. Dommage. J'aurais bien aimé, moi aussi, jouer contre le Brésil à Rio de Janeiro, dans ce stade mythique de Maracana. Je n'étais pas non plus à Sofia, le 9 octobre 1976, lors du tout premier match de qualification pour la Coupe du monde. Dans ce même stade où nous avions joué un mois plus tôt contre le CSKA. Ce jour-là, les Français ont arraché le nul contre les Bulgares. Un petit miracle. Ce match, tout le monde s'en souvient. L'arbitre s'appelait monsieur... Foote. C'est amusant. Ou plutôt cela aurait pu être amusant s'il n'avait pas oublié de siffler un penalty flagrant pour une faute sur Platini. S'il n'avait pas accordé un but aux Bulgares malgré un hors-jeu évident. Et s'il ne leur avait pas offert un penalty imaginaire à trois minutes de la fin. Heureusement, Bonev a envoyé le ballon à côté de la cage de notre gardien, Dominique Baratelli. Il y a une justice, tout de même. À la télévision, le commentateur Thierry Roland s'est tellement énervé qu'il a traité l'arbitre de « salaud ». En direct, devant des millions de téléspectateurs. Il y est allé un peu fort, l'ami Thierry... Ce voyage à Sofia nous reste en travers de la gorge. Ce soir, les Bulgares viennent au Parc pour le retour. Nous sommes le 16 novembre 1977. C'est un match important. Décisif, même. D'abord, nous avons une revanche à prendre. Surtout, notre billet pour l'Argentine en dépend. Une victoire, et nous voilà qualifiés pour la Coupe du monde de l'été 1978. Douze ans d'absence, ça commence à faire beaucoup. C'est le moment de mettre fin à cette longue période de vaches maigres. Le public français sent qu'il peut se passer quelque chose. Il se dit que la Coupe du monde n'est plus un objectif hors de portée de l'équipe de France. Les exploits de Saint-Étienne ont changé les mentalités. Les Français sont en train de perdre leur complexe d'infériorité. Le Parc est plein à craquer. Les supporters ont attendu une bonne partie de la nuit devant le siège de la Fédération française de football pour obtenir des billets, dix jours plus tôt. Il y a eu des mécontents, forcément. En tout cas, moi, je ne suis pas mécontent. Parce que ce France-Bulgarie, j'ai bien failli ne pas en être. Michel Hidalgo ne m'a retenu dans sa liste qu'au tout dernier moment. Il trouvait que je n'étais pas en grande forme. Ces derniers mois, c'est vrai, il m'est arrivé de ne pas être titulaire dans l'attaque des Verts. De quoi faire douter un sélectionneur au moment d'un rendez-vous déterminant pour l'avenir de son équipe. Heureusement, il y a eu ce match contre le PSG, voilà une semaine, dans ce même Parc des Princes. Nous avons été écrasés par les Parisiens. Quatre buts à un, dont trois marqués par Dahleb, leur meneur de jeu. Un vrai naufrage. Pourtant, je m'en suis bien tiré. J'ai multiplié les dribbles, les débordements, les actions dangereuses. Je dois dire que j'aime ce stade, cette pelouse, ce public. Je me sens bien au Parc. Je suis un peu chez moi. Coup de chance, Michel Hidalgo était là. Il a bien vu que j'étais revenu à mon meilleur niveau. Et voilà comment je me retrouve dans les vestiaires, en train d'enfiler le maillot bleu. Dans les tribunes, l'ambiance est chaude. Très chaude même, pour un mois de novembre. La presse n'arrête pas de parler de ce match depuis quelques jours. C'est nouveau, cet engouement pour l'équipe de France. Tant mieux. Ils ne sont pas loin de cinquante mille à avoir pris d'assaut l'arène de béton de la porte de Saint-Cloud, avec des rêves d'exploits plein la tête. Dehors, juste avant le coup d'envoi, le marché noir a fonctionné à plein. Sur les gradins, plusieurs générations de passionnés du ballon se mélangent. Il y a les anciens, ceux qui n'y croyaient plus à force de voir l'équipe de France accumuler les contre-performances depuis les années 1960. Ils se disent que ce soir, c'est peut-être la fin d'une époque de misère. Il y a les jeunes, nés au foot avec l'épopée stéphanoise. Eux, ils attendent de l'équipe de France qu'elle les fasse rêver. Qu'elle les emmène aussi loin que les Verts. Une nouvelle vague de supporters des Tricolores est en train de naître, tout comme une nouvelle génération de joueurs s'apprête à prendre le pouvoir. Dans les buts, André Rey, le gardien messin. À l'arrière, Janvion et Bossis, sur les côtés, l'infatigable Marius Trésor, et Rio en défense centrale. Au milieu de terrain, Guillou, Platini et Bathenay. À l'attaque, je retrouve Didier Six et Bernard Lacombe. Quatre d'entre nous – Bossis, Rio, Platini et Six – ont débuté en bleu lors du match contre les Tchèques, l'année passée. Je me sens plus à l'aise avec les choix tactiques de Michel Hidalgo. Il me laisse jouer à ma manière. Kovacs, lui, obligeait les ailiers à revenir sans cesse en arrière. J'étais frustré. Au moins, avec Hidalgo, je peux m'exprimer comme je le sens. Je suis très, très motivé. Après une demi-heure de jeu, à la suite d'un corner, Marius remet la balle dans le paquet. Je n'hésite pas une seconde quand elle passe à ma portée. Je frappe. Comme un sauvage. Avec une espèce de hargne, comme si je voulais voir le ballon transpercer les filets. Un à zéro. Jusqu'à présent, le match était difficile. Avec ce but, j'espère que nous allons nous libérer. Il faudra attendre la soixante-deuxième minute pour que Platini en ajoute un deuxième, d'une frappe tendue qui envoie le ballon juste sous la barre. Mais cinq minutes avant la fin, c'est la catastrophe. La Bulgarie marque. Stupeur dans les tribunes. À ce moment-là, le Parc tremble. Et si jamais ces diables de Bulgares revenaient au score ? Ce serait trop bête. Heureusement, à l'ultime seconde, Christian Dalger, qui m'a remplacé dix minutes plus tôt, met fin à notre angoisse. Après un superbe travail de Bernard Lacombe sur l'aile gauche, il hérite du ballon en pleine surface. Il se faufile comme une souris entre deux adversaires avant de crucifier le malheureux Goranov, le gardien bulgare, depuis la ligne des six mètres. Il peut lever les bras au ciel, Christian. Et le public avec lui. Cette fois, ça y est : la France a gagné son billet pour l'Argentine ! Elle jouera le prochain Mundial. Dans les tribunes, sur la pelouse, devant les écrans de télévision, c'est le bonheur. Un bonheur dont on avait presque oublié la saveur, après deux Coupes du monde sans participation tricolore. Quand M. Corver, l'arbitre, donne le coup de sifflet final, Michel Platini se précipite vers lui. Il lui réclame le ballon. Peine perdue. M. Corver ne veut rien entendre. Mais il ne peut pas comprendre tout ce que ce ballon représente pour nous. Il symbolise la fin des années noires. La promesse d'un nouvel horizon pour le football français et pour tout un pays. Michel Hidalgo est porté en triomphe par ses joueurs. Il a gardé la capuche de son K-way sur la tête pour se protéger de la pluie. Juché sur les épaules d'André Rey et de Bernard Lacombe, il a l'air d'un petit lutin bleu, notre entraîneur. Il est tellement heureux qu'il ne peut pas s'empêcher de verser quelques larmes. Il les essuie discrètement du revers de sa manche. Avec cette pluie qui mouille les yeux et embue les regards, on ne sait plus très bien, ce soir, si l'on pleure de joie ou à cause de la météo...

CHAPITRE 8

Liverpool, morne plaine

Arriver aux sommets, c'est une chose. S'y maintenir en est une autre. En général, c'est plus difficile. Pendant la saison 1975-1976, Saint-Étienne a réalisé un parcours exceptionnel. Mais la saison suivante, nous sentons tous qu'il sera difficile de faire aussi bien. En Championnat, nous piétinons. Le départ a été laborieux. Il a fallu attendre la sixième journée pour connaître notre première victoire. Après quatre nuls, une défaite contre l'OM et seulement deux buts marqués, nous gagnons enfin, contre Sochaux. Les matchs suivants, ça ne s'améliore pas. À part une belle victoire à la maison sur les Rennais, nous naviguons entre scores nuls et défaites. Et à la trêve, juste avant Noël, nous n'avons toujours pas gagné à l'extérieur. Il faut dire que « l'effet Glasgow » joue contre nous. Tous les clubs français se défoncent quand ils affrontent les Verts. Ils veulent tous tomber les héros malheureux du 12 mai 1976. En face, les gars jouent le match de leur saison. Pour le public, recevoir Saint-Étienne prend des allures d'événement. C'est le match de l'année, celui à ne pas manquer. Certains soirs, à l'extérieur, nous avons l'impression d'évoluer à domicile. Dans tous les stades de France, on nous acclame. On nous fête comme des héros. La France entière est tombée amoureuse des Verts. À la sortie des vestiaires, tout le monde veut nous voir et nous toucher, nous demander un autographe et se faire prendre en photo à nos côtés. Il n'y a pas de mauvaises vibrations, juste l'amour partagé du foot. L'envie de nous remercier pour ces moments de bonheur collectif de l'an dernier. C'est chaleureux et spontané. Je crois que Saint-Étienne est arrivé au bon moment. Après des années de grisaille, de défaites en Coupe d'Europe et de désert absolu avec l'équipe de France, les Verts ont redonné confiance au foot français. Maintenant, il reste à confirmer. Les supporters des équipes adverses veulent nous battre en Championnat. Mais ils rêvent de nous voir triompher sur tous les terrains d'Europe...

*

* *

15 septembre 1976. Ce match à Sofia, je ne suis pas près de l'oublier. C'est le premier tour de la Coupe d'Europe des clubs champions. Nous affrontons le champion de Bulgarie, le CSKA Sofia. Michel Hidalgo a fait le déplacement. Il est venu nous voir jouer au stade Vassil-Levski, parmi les soixante-dix mille spectateurs. Il fait doux, ce soir. Dans les tribunes, en tout cas. Sur le terrain, un peu moins. Là, l'ambiance est plutôt fraîche. Ils sont coriaces, ces Bulgares. « Durs sur l'homme », comme disent certains commentateurs. Ils attaquent, ils attaquent, mais nous résistons. Plutôt bien, même. Alors, forcément, ils s'énervent. Ils se mettent à faire faute sur faute. Au bout d'un moment, c'est agaçant. Mais ce qui m'agace, surtout, c'est que j'écope d'un avertissement, en début de seconde période. Pour une faute loin d'être évidente sur Mirtchev. C'est le tout premier carton que je reçois depuis que je joue au foot. Je me suis toujours efforcé de respecter l'adversaire. Même quand je suis victime d'une agression, même quand je me retrouve à terre pour la dixième ou quinzième fois depuis le début de la partie, je me refuse à tomber dans le piège de la violence. Pas question de commettre d'acte d'antijeu à mon tour. J'estime que la réponse à tous les mauvais gestes qui pourrissent le foot doit se donner balle au pied. Je me suis toujours relevé sans protester. Je suis toujours reparti à l'attaque. C'est dans ma nature. Ce n'est pas

de la faiblesse. Juste la volonté de ne pas céder à la provocation. De ne pas entrer dans un rapport de force stérile. Alors, recevoir un avertissement pour une faute que j'estime ne pas avoir commise, je n'apprécie pas. Le match se termine par un zéro-zéro qui fait bien nos affaires. À un moment, j'ai été à deux doigts de marquer. Je me suis retrouvé tout seul devant Filipov, le gardien bulgare, avant d'envoyer le ballon au ras du poteau. Au retour, Piazza nous qualifie sur un but à la... Piazza. Il s'est carrément jeté dans la cage de Filipov pour accompagner le ballon. On aurait dit qu'il allait transpercer les filets, Oswaldo ! Pourtant, personne n'est vraiment convaincu. Ce soir, il y a eu trop d'imprécisions, trop de déchets dans le jeu, trop de fébrilité. On n'a pas retrouvé les Verts de l'an dernier. Le public de Geoffroy-Guichard quitte le stade avec un goût d'inachevé. Au tour suivant, nous retrouvons nos vieux amis du PSV Eindhoven. Et une fois encore, c'est nous qui nous qualifions. Le pauvre Kees Rijvers ne doit pas comprendre ce qui arrive à son équipe... Le scénario est le même qu'au mois d'avril : victoire à Geoffroy-Guichard, match nul à Eindhoven. Un but marqué, aucun encaissé. Et c'est encore Oswaldo qui marque, d'un tir puissant qui crucifie le malheureux Van Beveren. C'est quand même fou : depuis le match retour contre Kiev, nous n'avons encaissé qu'un seul but en huit matchs européens. En sept cent cinquante minutes, Curko ne s'est baissé qu'une seule fois pour aller ramasser le ballon au fond de ses filets. De mon côté, tout va bien. Tout va très bien, même. Je sais que j'ai retrouvé mon niveau. Mes sensations de l'année passée sont revenues. À l'aller, les supporters stéphanois ont crié mon nom. Ça fait plaisir. Surtout après plusieurs mois de blessure, de doutes et d'incertitudes. Au prochain tour, nous affronterons les Anglais de Liverpool. En mars prochain, pour la troisième saison consécutive, nous jouerons les quarts de finale de la Coupe d'Europe. Pour le foot français, c'est un petit exploit.

*

* *

Je ne peux pas m'empêcher de frissonner en posant le pied sur la pelouse d'Anfield Road, ce 16 mars 1977. Anfield road, c'est le stade des Reds de Liverpool. Un lieu mythique. Un stade redouté par toutes les équipes. À cause du *Kop*, la tribune située derrière l'un des deux buts. C'est la terreur des joueurs adverses. Les supporters sont plus de vingt mille à s'y entasser. Ici, pas de grillages pour les séparer des joueurs. Ils sont là, tout près de nous, à trois mètres à peine de la pelouse. À leur poignet, ils ont noué l'écharpe de leur club fétiche. Debout, les uns contre les autres, ils chantent. Ils crient. Pendant quatre-vingt-dix minutes, sans jamais s'arrêter. Les écharpes tendues à bout de bras forment un mur rouge et blanc qui oscille au gré des mouvements de la foule. Quand un but est marqué, les supporters se jettent en avant pour se rapprocher du terrain. Là, c'est terrible. On croirait voir une marée humaine prête à déferler sur la pelouse pour engloutir les buts, les joueurs et l'arbitre avec. Et toujours ces chants, encore et encore, qui n'en finissent pas de monter et de descendre le long des tribunes. Ils résonnent à travers le vieux stade comme un chœur antique entonné par cinquante mille poitrines. C'est à la fois impressionnant et émouvant. Les huit mille supporters des Verts qui ont fait le déplacement semblent un peu perdus. Les spécialistes racontent que Liverpool marque plus de buts devant le *Kop* que de l'autre côté de la pelouse. Il paraît que les gardiens adverses craignent par-dessus tout les matchs à Anfield Road. En tout cas, ça m'étonnerait que Curko soit impressionné. Il en a vu d'autres. À l'aller, nous avons gagné. Un à zéro. Seulement. Un tout petit but d'avance, c'est peu. Il y a eu de bons moments, dans ce match. Comme le but de Bathenay, une superbe déviation de l'extérieur du pied gauche. De moins bons aussi. Ce tir d'Heighway sur le poteau, par exemple. Ou le carton jaune infligé à Piazza à cause d'un croche-pied sur Callaghan. Oswaldo n'a pas de chance avec l'arbitre, M. Palotai. Déjà, à Glasgow, ce même M. Palotai avait sifflé contre lui le fameux coup franc que Roth avait transformé en but. Il a beau le supplier à genoux, rien à faire. À Sofia, Oswaldo avait déjà reçu un avertissement. Avec ce nouveau carton, il est privé du voyage à Liverpool. Pour nous, c'est un coup dur. Surtout que Kevin Keegan, blessé à l'aller, effectue son grand retour. Keegan, c'est l'idole d'Anfield Road. Lui aussi, il porte le numéro sept. Lui aussi, il a les cheveux longs. À lui tout seul, il peut faire basculer le match. Alors, ce soir, méfiance. D'ailleurs, ça commence mal. La faute à Keegan, justement. Il balance la balle depuis l'aile gauche, de l'autre côté du *Kop*. Elle donne l'impression de flotter dans le ciel d'Anfield. Ce n'est pas possible, elle va sortir... Mais elle ne sort pas. La voilà qui retombe comme une feuille morte. Juste derrière le dos de Curkovic. Un lob superbe. Il a été surpris, Curko. Seulement deux minutes de jeu, et nous voilà à égalité sur les deux matchs. Alors nous repartons à l'attaque. Mais Ray Clemence, le gardien anglais, semble imbattable. Il y a des jours comme ça. Pourtant, ce n'est pas faute d'essayer. Sur l'une de mes frappes en pleine surface, le ballon file vers le but en vrillant. Tout le monde le voit déjà dedans. Moi le premier. Tout le monde, sauf Clemence. Il se détend. Un claquement sec, et voilà le ballon en corner. Et puis, cinq minutes après la reprise, il y a ce but incroyable de Bathenay. Une frappe terrible, lourde, puissante, à trente-cinq mètres du but de Clemence. Babatte lève les bras au ciel, tranquille. Sans même se mettre à courir. On dirait un gladiateur romain en train de saluer la foule. À un partout, avec le bénéfice du but marqué à l'extérieur, nous sommes qualifiés. Et Liverpool doit maintenant marquer deux fois pour nous éliminer. Seulement, il reste quarante minutes à tenir. C'est long, quarante minutes. Surtout à Anfield Road. La pelouse est couverte de mottes de terre retournée. Ce n'est plus un match de foot, c'est un combat. Une lutte acharnée entre vingt-deux hommes prêts à aller jusqu'au bout de leurs forces. Personne ne veut lâcher. Neuf minutes plus tard, les Anglais prennent l'avantage par un but de Kennedy. Et puis, sur une balle aérienne, la défense de Liverpool hésite, tergiverse, se met à flotter. J'en profite. Je me faufile entre Clemence et l'un de ses défenseurs. Je récupère la balle à la limite de la surface. Je vais filer vers le but, dans un face-à-face en solitaire avec le gardien. Que peut-il faire, le grand Clemence ? M'empêcher de passer, par exemple. Faire écran entre la balle et moi. Me gêner dans ma course. Il y a obstruction, là, monsieur l'arbitre... M. Corver ne réagit pas. Je me tourne vers lui en levant les bras. Franchement, je ne comprends pas qu'il ne siffle rien. Mais je n'insiste pas. La suite, tout le monde la connaît. Une longue balle depuis le rond central en direction de Fairclough, le rouquin. À Liverpool, on le surnomme « Supersub » – superremplaçant – parce qu'il a la réputation de marquer un but chaque fois qu'il entre en cours de jeu. Fairclough joue depuis dix minutes. Cette fois encore, il va justifier son surnom. Il s'élance, amortit le ballon de la poitrine, s'engage dans la surface et ajuste une frappe à ras de terre qui termine au fond du but de Curko. Christian Lopez l'a poursuivi tout au long de sa course folle, mais il n'a rien pu faire. Fairclough était trop rapide. Il aurait pu le faucher, pourtant. Il aurait pu commettre une faute et le déséquilibrer. Mais il ne l'a pas fait. Certains journalistes le lui reprocheront, après coup. Pas nous, les joueurs. Dans les vestiaires, il ne viendrait à l'idée de personne de dire à Jeannot : « Pourquoi tu ne l'as pas balancé, ce Fairclough ? » Question de mentalité, voilà tout. En tout cas, nous sommes éliminés. Nous avons sans doute joué l'un de nos meilleurs matchs de Coupe d'Europe, mais nous rentrons à la maison. Privés de demi-finale pour la première fois depuis trois ans. Nous ne le savons pas encore, mais la saga européenne des Verts vient de s'arrêter ce soir, à Anfield Road.

*

* *

Pourtant, il y aura encore d'autres moments forts pendant cette saison. Comme cette incroyable demi-finale de Coupe de France contre Nantes, trois mois plus tard. Une vraie soirée de Coupe d'Europe ! La Coupe, c'est tout ce qu'il nous reste pour sauver la saison. Le Championnat, ce n'est même plus la peine d'y compter : les Nantais font la course en tête. À l'aller, nous sommes balayés à Marcel-Saupin, comme l'an dernier. Trois à zéro. Le public s'est même mis à chanter « Les Verts, c'est fini »... Mais au retour, changement de programme. De la folie, ce match, de la pure folie ! Je fais ma rentrée pour l'occasion. Nous gagnons trois buts à zéro. Sur les deux rencontres, c'est l'égalité parfaite. Il faudra jouer la prolongation. Au bout de trois minutes de jeu, Henri Michel réduit le score sur coup franc. Trois à un : pour s'en sortir, on doit marquer deux fois. D'autres que nous auraient sans doute baissé les bras. Mais avec les Verts, rien n'est perdu, jamais. Et de toute façon, il n'est pas question d'attendre le coup de sifflet final sans rien tenter. Ça, le public de Geoffroy-Guichard ne nous le pardonnerait jamais. Quand nous marquons le quatrième but, l'espoir renaît. Et puis, à une minute de la fin, c'est le coup de théâtre. Sur un coup franc, Lopez envoie une longue balle dans le paquet. Hervé Revelli est en embuscade dans la surface, dos au but. Il la reprend de la tête au petit bonheur, sans trop savoir où elle va atterrir. Et le grand Bertrand-Demanes, le gardien nantais, s'en va la ramasser au fond de ses filets... Cinq à un après prolongation : on se croirait revenu au temps de Split ! Cette année-là, nous irons jusqu'à Paris. Et nous gagnerons la Coupe au Parc en battant le Stade de Reims, privé de son buteur Carlos Bianchi. C'est ma toute première finale de Coupe. Sur le papier, l'affiche a de quoi faire rêver les foules. Reims et Saint-Étienne, les deux seuls clubs français à avoir joué une finale de Coupe d'Europe, se rencontrent pour la première fois en finale de la Coupe de France. Sur le terrain, c'est une autre affaire. Ce ne sera pas une grande soirée. Masclaux, le capitaine rémois, passera une bonne partie de son match à m'empêcher par tous les moyens de jouer au foot. Encore une fois, les Verts se livreront à l'un de ces retournements de situation dont ils ont le secret. Et les malheureux Rémois, qui menaient un à zéro à sept minutes de la fin, rentreront chez eux avec deux buts dans leurs valises et des regrets en guise de souvenirs. En quatre minutes, tout est plié. Bathenay, sur penalty, puis Merchadier qui saute plus haut que tout le monde, et voilà. Notre saison ne sera pas complètement perdue. Et puis, une finale gagnée, c'est quelque chose ! La joie est plus intense qu'après une victoire en Championnat. Un titre de champion, c'est la reconnaissance d'une saison maîtrisée de bout en bout. Ça se fête, bien sûr. Mais pas comme une victoire en Coupe. Là, c'est une joie soudaine, explosive, presque enfantine. Elle se libère tout d'un coup quand l'arbitre siffle la fin du match. Le vainqueur va chercher la coupe dans la tribune présidentielle du Parc, il y a le tour d'honneur devant les supporters, une douce folie dans les vestiaires, et la fête qui dure une bonne partie de la nuit... Cette victoire contre Reims restera l'un des plus beaux souvenirs de ma carrière.

Photo André Lecoq

Mes parents
(au centre) et des amis
en supporters des Verts,
le jour de la finale
de Glasgow,
le 12 mai 1976.
Photo DR.

Avec mon père
à la cabane d'Orivol,
de retour
d'une virée en mer.
Photo DR.

Photo DR.

Photo DR.

Dès la fin de l'entraînement, je saute dans ma Coccinelle et je rentre à Saint-Héand, en pleine campagne, loin de l'agitation de Saint-Étienne.

Photo L'Équipe.

Au bataillon de Joinville en 1973, avec Didier Six (accroupi, 3e en partant de la droite), Rust, Laposte, Hiard, Rabier... J'ai dû troquer les cheveux longs contre la moustache. *Photo DR.*

Séance d'entraînement avec le PSG. *Photo DR.*

Les copains de l'équipe de France, en 1983 : Lemoult, Platini, Couriol et Fernandez. *Photo L'Équipe.*

Les défenseurs adverses aiment essuyer leurs crampons sur mes tibias.
J'en ai marre de prendre des coups... *Photo DR.*

1. France-Hambourg, août 1977. Battiston part à gauche, moi je file à droite. C'est le début de la saison et déjà, un nez cassé ! *Photo L'Équipe.*

2. Avec les policiers de Glasgow, à la veille de la finale de 1976. *Photo L'Équipe.*

3. Finale de Coupe victorieuse du PSG contre Nantes, en 1983, avec Francis Borelli, un président chaleureux, toujours présent dans les coups durs. *Photo L'Équipe.*

1

2

3

1

2

1. À mon jubilé, en 1990, ma fille Lou et mon fils Tom jouent les footballeurs en herbe. *Photo DR.*

2. Avec Marie et Tom, notre fils aîné. *Photo Carole Bellaiche.*

3. Mes deux plus jeunes garçons : Pablo et Roméo. *Photo DR.*

3

CHAPITRE 9

Dernier tango à Buenos Aires

Y aller ou pas ? Boycotter ou non ? Être à la Coupe du monde ou ne pas y être ? Graves questions. Dans les mois qui suivent notre qualification, la participation de l'équipe nationale au Mundial 1978 agite les esprits. Faut-il cautionner la dictature argentine au pouvoir en acceptant de disputer « sa » Coupe du monde ? Ou rester en France pour manifester notre désapprobation à l'égard d'un régime politique dictatorial ? Depuis deux ans, les Argentins sont dirigés par le sinistre général Videla. En mars 1976, Videla a pris la tête d'une junte militaire pour renverser le gouvernement d'Isabel, la troisième femme de Perón, disparu en 1974. Opposants de gauche, syndicalistes et militants des droits de l'homme sont systématiquement arrêtés, emprisonnés, torturés. Quand ils ne sont pas purement et simplement liquidés. Les disparitions inexpliquées se multiplient dans le pays. Des milices armées font régner la terreur dans les rues. Et c'est dans ce contexte-là que l'équipe de France irait jouer au ballon ? Alors que, à quelques centaines de mètres des stades, des gens se font torturer et tuer tous les jours ? Pour beaucoup, ce serait choquant. Moi le premier. Cette perspective ne me laisse pas indifférent. Tout en savourant ma sélection dans la liste des vingt-deux, je me pose beaucoup de questions. En France, les opposants à notre voyage sont nombreux. Un comité se crée pour sensibiliser les amateurs de foot à la situation politique de l'Argentine. Je me sens très concerné. Je ne m'imagine pas aller là-bas sans avoir pris position, d'une manière ou d'une autre, sur les événements tragiques que connaît le pays depuis deux ans. Dans les interviews, je suis très clair sur mes opinions. D'ailleurs, les journalistes me connaissent bien. Ils savent que je m'intéresse de près à la politique. Certains deviendront des amis, comme Denis Chaumier. Tous les deux, nous avons des idées assez proches. Il travaille à *Rouge*, le quotidien de la Ligue communiste révolutionnaire. Pour bon nombre de journalistes engagés à gauche, le sport professionnel est une sorte d'opium du peuple qui détourne les classes populaires de leur seule et unique mission, la révolution. Denis ne voit pas les choses tout à fait ainsi. Lui, il aime vraiment le foot. À *Rouge*, il a même monté une équipe. Des membres du bureau politique et du comité central de la Ligue viennent taper dans le ballon tous les samedis au parc de Sceaux... Il est venu me voir à Saint-Étienne, au mois de février. Il n'a même pas pris rendez-vous avec le club. Il y est allé au culot. Comme il n'a ni voiture ni permis de conduire, il s'est fait déposer à la Petite Auberge. J'étais en train de déjeuner avec mes parents. Je l'ai emmené chez moi. En entrant, il est tombé sur un bouquin d'Alain Krivine, *Questions sur la révolution*, posé sur une table. Ça crée des liens... On s'est mis à discuter. On a parlé de militantisme et d'engagement. On a abordé le grand débat du moment, c'est-à-dire la participation de l'équipe de France au Mundial. Je lui ai fait part de mes doutes. En rentrant à Paris, Denis a écrit une série d'articles sur l'Argentine. À *Rouge*, on n'avait encore jamais donné autant d'importance au football. Mais là, je crois que ça en valait la peine. Je n'ai pas l'intention de rester les bras croisés. Et je n'ai pas non plus l'intention de me laisser faire. L'année dernière, Michel Durafour, le maire de Saint-Étienne, a utilisé mon image dans une brochure publiée juste avant les élections municipales. Durafour est un homme de droite. Tout le monde sait que je vote à gauche. Évidemment, il ne m'a pas demandé mon autorisation.

Il sait très bien que je ne partage pas ses opinions. Je m'en suis aperçu trop tard, après la publication. Mais j'ai fait savoir que je n'avais pas apprécié. Le président Rocher me l'a reproché. Ça m'est égal. Je ne vois pas pourquoi les footballeurs ne donneraient pas leur avis. Malheureusement, dans le milieu du foot, ce n'est pas si fréquent. Je me sens un peu isolé. Entre nous, les joueurs, le sujet est tabou. C'est comme les questions d'argent : nous n'en parlons pas. De manière générale, les footballeurs ne sont pas trop politisés. Et ceux qui s'intéressent à la politique votent plutôt à droite. Moi, je n'ai jamais fait mystère de mes opinions. Ma sympathie pour l'anarchie et certains groupuscules d'extrême gauche est bien connue. Alors, la presse me tend le micro dès que l'occasion se présente. Certains tentent de m'enrôler à leurs côtés. Ils aimeraient bien que j'appelle au boycott, moi aussi. Si un footballeur prenait position en sa faveur, il pèserait forcément d'un grand poids dans le débat. Seulement, je ne suis pas du tout favorable au boycott. Je suis convaincu de la nécessité d'agir, d'une manière ou d'une autre, pour déclencher une prise de conscience collective. Mais ne pas participer à la compétition serait, à mon avis, une grave erreur. D'abord, cela ne soulagerait en rien les souffrances des opposants au régime. Au contraire, aller là-bas permettrait d'attirer l'attention de l'opinion mondiale sur la vie quotidienne en Argentine. La Coupe du monde de foot est un événement d'une portée planétaire. C'est une caisse de résonance idéale pour faire entendre notre voix. Et puis, je ne suis pas tout seul. Je fais partie d'un groupe. Il n'est pas question de jouer les francs-tireurs et de casser la solidarité de ce groupe. Si nous menons une action, elle doit être collective. J'aurais bien aimé que la presse sportive aborde le sujet. Malheureusement, elle n'en parle pas. On dirait que seul l'aspect sportif l'intéresse, alors qu'elle pourrait informer ses lecteurs de la situation quotidienne en Argentine. À mon sens, les deux vont de pair. On ne peut pas séparer le sport des enjeux sociaux et politiques du moment. Il est forcément le reflet des grands débats de société. Je suis déçu. Je trouve que les journaux sportifs ne remplissent pas correctement leur rôle d'organe d'information. L'idéal, ce serait d'entreprendre quelque chose sur place, au moment où le monde entier aura les yeux braqués sur l'Argentine. Sous quelle forme ? Je ne le sais pas encore. En tout cas, chaque fois que j'en ai la possibilité, je parle de la politique argentine dans mes interviews. Et tant pis si ce n'est pas du goût de tout le monde. Je sais que Roger Rocher, par exemple, n'a pas du tout apprécié mes déclarations, même s'il ne m'a jamais rien dit. Mais on m'a rapporté ses propos. De même, certains joueurs argentins installés en France ne sont pas d'accord avec moi. Ils me l'ont fait savoir lors des matchs de Championnat. Pas tous, heureusement. Oswaldo Piazza, lui, trouve que j'ai raison. Il n'est pas le seul, à en juger par les lettres de soutien que je reçois. Au moment de nous envoler pour Buenos Aires, aucune action concrète n'a été décidée. On verra bien là-bas.

*

* *

Enfin, ça y est. Nous voilà en Argentine. Pendant quelques semaines, j'ai douté de ma sélection. D'abord, au début de l'année, une entorse au genou m'a immobilisé pendant un mois. Ensuite, je n'ai pas cessé d'être critiqué par certains journalistes. À les entendre, je n'avais pas ma place dans cette équipe de France. Mes performances, disaient-ils, étaient en baisse. Je n'étais plus le Dominique Rocheteau d'il y a deux ans, du temps de la folle saison 1975-1976. D'autres attaquants, comme le Monégasque Christian Dalger, méritaient plus que moi d'être alignés en attaque. J'ai été mis au rencart aussi vite que j'avais été encensé. Dans les deux cas, c'était excessif. Mais c'est le petit jeu des médias. J'essaie de ne pas trop y prêter attention. Mais c'est vrai que, à force, on finit par se poser des questions. Surtout moi. Il n'en faut pas beaucoup pour que je me mette à douter et à gamberger... Ces derniers mois, j'ai continué à croire en moi. Pourtant, les Verts n'étaient pas en grande forme. Ce n'est plus le Saint-Étienne des années précédentes. Mais je savais que j'avais retrouvé toutes mes sensations. Je savais aussi que Michel Hidalgo continuait à me faire confiance. À mes yeux, c'était le plus important. Avant de nous envoler pour Buenos Aires, nous avons tous participé à un stage au Touquet. Nous avons aussi disputé quelques matchs de préparation. Je n'en ai joué qu'un seul, à Toulouse, contre l'Iran. Nous avons gagné deux à un. En deuxième période, j'ai laissé ma place à Didier Six. Il a marqué le but de la victoire six minutes après son entrée en jeu. Depuis France-Bulgarie, c'est ma seule et unique sélection en équipe de France. Je n'ai pas participé à la victoire contre le Brésil, au Parc, ni à notre déplacement en Italie. Un match, c'est peu. Je compte bien me rattraper en Argentine. Là-bas, nous prenons nos quartiers à l'Hindu Country Club, dans la banlieue de Buenos Aires. L'endroit n'est pas désagréable. Situé dans la petite bourgade de Don Torcuato, l'Hindu Club se trouve à une trentaine de kilomètres de la capitale. Depuis les chambres, on a une vue dégagée sur le parc et la campagne environnante. À l'intérieur, une salle de cinéma, un bowling et un gymnase. De quoi s'occuper pendant quelques semaines. Mais les conditions de notre séjour ne seront pas idéales. Ça, nous nous en apercevrons au fil des jours. Coïncidence, nous sommes logés avec l'équipe d'Italie. C'est une drôle d'idée. L'Italie sera notre premier adversaire. Je ne suis pas sûr qu'il soit très bon de partager la même résidence et de s'entraîner sur les mêmes terrains. En tout cas, les Italiens ont une bonne expérience des grands tournois et de l'organisation. Ils ont planifié leur séjour avec soin. Ce n'est pas comme nous. Pas question pour la presse et les supporters de venir les déranger à n'importe quel moment. Nous, c'est l'inverse. À l'Hindu Club, nous ne réussirons jamais à être tranquilles. D'abord, notre délégation comporte pas mal de monde. Ensuite, la presse française est installée dans le même hôtel que nous. C'est tout sauf une bonne idée. Impossible de se préparer correctement avec les journalistes qui nous tournent autour et nous abordent à tout moment. Je me refuse à donner des interviews tous les jours. Sinon on n'en sort plus. Ma décision n'est pas dirigée contre eux. Je cherche juste à préserver ma tranquillité pour me préparer le mieux possible. On voit bien que la France n'a pas l'habitude d'une Coupe du monde. Nous sommes arrivés la fleur au fusil. Tout contents de participer à l'événement, mais avec un brin de naïveté. Une compétition de cette importance ne se prépare pas seulement sur le terrain. Il faut aussi prendre en considération tous les aspects extrasportifs. Il est indispensable de tenir compte des exigences d'une vie commune pendant près d'un mois. Les petits problèmes ne manquent pas. Si nous nous qualifions à nouveau dans quatre ans, il faudra penser à tout ça. En tout cas, pour moi, la cohabitation se passe très bien. Je partage ma chambre avec Patrick Battiston. Comme tous les joueurs, nous sommes logés sous les toits, au dernier étage de l'hôtel. Les chambres sont toutes petites. Le confort est rudimentaire. Deux lits, deux chaises, une armoire pour ranger nos affaires, une salle de bains. Ce n'est pas le grand luxe. C'est fonctionnel, sans plus. Mais ça ne me dérange pas du tout. Patrick a vingt et un ans, il vient de Metz et joue arrière droit. Il est la « doublure » de Gérard Janvion, lui aussi de l'aventure. Nous nous sentons sur la même longueur d'onde tous les deux. Il est calme et réservé. Il aime la musique, lui aussi. Important, ça ! De ce côté-là, j'ai tout prévu : j'ai apporté une chaîne hi-fi avec casque stéréo. Je n'imaginais pas rester trois semaines sans écouter les Eagles, Fleetwood Mac ou America... Quelques bouquins aussi. Bernard Pivot, le présentateur d'« Apostrophes », a pensé à nous. Il a préparé une sélection de livres pour les joueurs. Avant de partir, je me suis documenté sur l'Argentine. J'ai très envie de discuter avec des Argentins, de mieux connaître leur culture et leurs conditions d'existence. De temps en temps, nous allons faire un tour en ville. Les autorités ont tout fait pour qu'on ne ressente pas de manière trop pesante l'atmosphère militaire de Buenos Aires. Mais les signes extérieurs de la dictature sont vraiment trop visibles. Il y a des militaires à tous les coins de rue. Nous discutons avec de jeunes Argentins. Des étudiants, le plus souvent. Ils parlent un peu le français. Ils nous racontent leurs problèmes, leur vie au quotidien. Il faut être prudent pour ne pas mettre leur sécurité en danger. On sent bien qu'ils font attention à ce qu'ils nous disent. Pendant notre séjour, je fais la connaissance de Bernard-Henri Lévy. Je viens tout juste de découvrir ses livres. J'ai beaucoup aimé *La Barbarie à visage humain*. Je le rencontre à l'ambassade de France de Buenos Aires. Nous en profitons pour parler d'une action à mener afin de sensibiliser l'opinion à la situation politique. Quelques jours plus tard, il nous rend visite à l'Hindu Club. Il voudrait organiser une rencontre avec l'ensemble des joueurs. Malheureusement, nous ne sommes pas très nombreux. Il y a Battiston, Guillou, Baratelli et moi. Sur vingt-deux, c'est peu... Michel Hidalgo est venu lui aussi. Je suis sûr que d'autres joueurs se sentaient concernés et auraient aimé participer. En tout cas, ils ne sont pas présents. Ils n'ont peut-être pas envie de s'engager. Toute cette histoire est en train de tomber à l'eau. À cause d'un manque de communication peut-être. C'est dommage. Du coup, nous ne savons pas trop quoi faire. Quelqu'un a suggéré de porter un brassard noir à l'occasion du premier match pour manifester notre désapprobation à l'égard du régime. Pourquoi pas ? En même temps, nous ne sommes pas des naïfs. Nous savons très bien que nous n'allons pas changer le cours de la situation à nous tout seuls. Nous avons juste envie de faire entendre notre voix, rien de plus. Même si c'est difficile.

*

* *

L'Argentine, l'Italie, la Hongrie. Pour le premier tour, le tirage au sort ne nous a pas vraiment gâtés. L'Argentine joue chez elle, devant son public, pour sa Coupe du monde. Sous le regard, aussi, du général Videla et de ses tristes sires. Une victoire des coéquipiers de Mario Kempes, le buteur argentin, serait du meilleur effet pour faire oublier au peuple ses difficiles conditions de vie quotidiennes. Cette équipe ne sera pas facile à battre. L'Italie, ce n'est pas non plus du gâteau. Avec Dino Zoff dans les buts, Gentile et Scirea en défense, les Italiens sont de sérieux clients. Et en attaque, il y a Bettega et Paolo Rossi. Du beau monde là aussi. En février dernier, à Naples, l'équipe de France est allée chercher le match nul. Elle a montré que les Italiens sont prenables. Deux buts partout, dont un superbe coup franc de Platoche. La presse italienne est tombée amoureuse de lui. Mais ce 2 juin, à Mar del Plata, ce n'est pas un match amical. C'est la Coupe du monde. Et ce sera sans moi. Michel Hidalgo ne m'a pas retenu dans l'attaque tricolore. Il estime que je suis à court de compétition parce que je n'ai pas participé aux précédents matchs de préparation. Bien sûr, je suis déçu. Cette Coupe du monde, j'y pense depuis des mois et des mois. Je me suis entraîné d'arrache-pied pour y participer. Je vais devoir me contenter de suivre le match parmi les supporters. En plus, notre idée de porter un brassard a été abandonnée. Des quatre joueurs décidés à se mobiliser, seul Jean-Marc Guillou est sur le terrain. Les trois autres sont sur le banc de touche ou dans les tribunes. En un mot, c'est raté. Ce genre d'action n'a d'intérêt que si elle est collective. Bref, ce n'est pas la joie. Christian Dalger joue en attaque avec Six et Lacombe. Et, surprise, la France ouvre le score dès la première minute. C'est Bernard Lacombe qui marque, après un débordement et un centre de Didier. Les joueurs sont sur la pelouse depuis quarante-deux secondes, et la France mène déjà un à zéro. Les Italiens n'en reviennent pas. Le malheureux Zoff reste assis dans l'herbe, la main posée sur la cuisse, à se demander ce qui vient de lui arriver. Ce n'était pas prévu au scénario, ça. À Naples, les Italiens avaient marqué avant d'être rejoints. Là, c'est l'inverse. Paolo Rossi égalise après une incroyable succession de rebonds du ballon. Comme dans une partie de billard grandeur nature, il effectue quelques allers-retours entre la barre transversale et quatre joueurs. Zaccarelli aggrave le score en deuxième période par une frappe qui surprend notre gardien, Bertrand-Demanes. Fin du rêve. C'était justement le match à ne pas perdre. Pour son grand retour en Coupe du monde, l'équipe de France n'a pas vraiment réussi son entrée. Nos chances de qualification ne sont pas nulles, après cette défaite, mais elles sont sérieusement diminuées. Pour tout arranger, la presse grince des dents. Elle tombe à bras raccourcis sur les Tricolores. Ce n'est pas de nature à nous encourager. À l'entendre, nous serions incapables de répondre présents pour les grands rendez-vous internationaux. Et puis, il y a cette histoire de primes qui vient empoisonner le climat. « L'affaire des chaussures », comme disent les journaux. En vérité, il n'y a pas de quoi fouetter un chat. Si nous avions gagné, on peut être sûr que personne n'en aurait parlé. Mais voilà, nous avons perdu. C'est tout bête, cette histoire de chaussures. Notre sponsor, la marque Adidas, attribue à chaque joueur une prime de mille cinq cents francs par sélection. À charge pour lui de passer à la peinture blanche, avant le match, les trois bandes distinctives de la marque pour qu'elles soient bien visibles depuis les tribunes et sur les écrans de télévision. À la veille de jouer contre l'Italie, nous avons demandé à renégocier les conditions de ce contrat. Nous estimions, à juste titre, que la marque pouvait faire un effort à l'occasion de la Coupe du monde. Les gens d'Adidas ont refusé. Nous avons eu la désagréable impression qu'ils nous prenaient pour des cons. Des gentils cons, mais des cons tout de même. Sur le mode « Sois beau et tais-toi. » Ou plutôt « Sois bon et tais-toi. » Autrement dit : « Continuez à taper dans le ballon et à marquer des buts, mais ne vous mêlez pas des questions d'argent, ça ne vous regarde pas. » Justement, si, ça nous regarde. Nous voulons bien jouer les hommes-sandwichs de luxe, mais pas les dindons de la farce. Alors, pour bien marquer notre mécontentement, nous n'avons pas fait les bandes, comme on dit dans notre jargon de footballeur. Certains ont même carrément passé de la peinture noire sur les trois bandes pour qu'elles se voient le moins possible. Normalement, cette histoire n'aurait pas dû sortir du cadre des vestiaires. Quelqu'un en a parlé, et elle s'est retrouvée sur la place publique. Elle a pris des proportions démesurées, aggravées par la défaite. Certains journalistes ont profité de l'occasion pour nous enfoncer encore plus. Je n'ai pas disputé le match, mais j'étais solidaire de mes coéquipiers. J'étais juste en désaccord avec le moment choisi. Mais sur le fond, je suis d'accord à cent pour cent. Certains, en France, se sont émus de cette affaire. C'est un peu hypocrite. Il serait temps de regarder la situation en face : nous sommes des professionnels. Le football est notre métier. Des intérêts financiers de plus en plus importants sont en jeu. Pourquoi des marques devraient-elles gagner de l'argent sur le dos des joueurs alors qu'ils sont directement à l'origine de leurs bénéfices ? Je n'ai pas l'intention de me faire avoir. C'est la moindre des choses. Et de toute façon, soyons sérieux : voir dans cette petite histoire la cause de notre défaite contre l'Italie, c'est ridicule. Il ne faut pas se voiler la face. Si nous avons perdu, c'est parce que les Italiens sont meilleurs, point final. Ils ont été plus réalistes. Ils ont fait preuve d'une plus grande expérience internationale. Le reste, ce n'est que du bavardage.

*

* *

Quelle ambiance, mais quelle ambiance ! De toute ma carrière, je n'ai jamais connu ça. Même à Geoffroy-Guichard, aux grandes heures de la Coupe d'Europe. Même à Liverpool, l'année dernière, avec ces chants qui montaient des tribunes et donnaient l'impression de faire chavirer Anfield Road. Déjà, tout à l'heure, sur la route qui nous menait au stade de River Plate, dans la banlieue de Buenos Aires, j'ai senti que ce match contre l'Argentine ne serait pas comme les autres. Les gens étaient partout, tout le long du parcours. Ils agitaient des drapeaux bleu et blanc, ils criaient, ils chantaient. Ils nous faisaient signe et nous parlaient à travers les vitres du car. Sans haine ni agressivité. On sentait que ce match, comme tous les autres de ce Mundial, serait pour eux une fête. Un événement qui va sans doute bien au-delà d'une simple partie de football. Le peuple argentin désirait plus que tout cette Coupe du monde. Le priver de ce qu'il attendait depuis si longtemps aurait été trop cruel. Je repense à tous ceux qui se disaient favorables au boycott. Ce mardi 6 juin, je me rends compte à quel point cela aurait été une erreur. Bien sûr, nous ne sommes pas dupes. L'épreuve sert autant le pouvoir en place qu'elle comble les attentes de la population. Les Argentins veulent gagner par amour du foot et par amour de leur pays. Mais aussi pour tenter d'oublier, le temps de trois petites semaines, leurs difficultés du moment. Pourtant, je crois que personne n'avait le droit de leur ôter ce plaisir, même si Videla y trouve lui aussi son compte. La Coupe du monde leur offre la possibilité de descendre dans les rues. Elle leur donne le droit de crier, de danser, de chanter. De se laisser aller à des débordements de joie et à des manifestations d'exubérance qui leur sont interdits en temps normal. Rien que pour ça, pour tous ces cris de bonheur qui nous accompagnent, je suis heureux d'être là. Et je n'ai encore rien vu. Au moment où nous entrons sur la pelouse, je suis saisi par le délire collectif qui s'est emparé du stade. Cette passion me prend à la gorge. Comme on ne s'est pas échauffé sur le terrain, on ne pouvait pas deviner ce qui nous attendait. Quand l'arbitre est venu nous chercher, nous avons d'abord emprunté un étroit couloir. Puis grimpé un petit escalier. Nous avons débouché directement sur la pelouse, cinq minutes avant le coup d'envoi. Et là, le choc. Ils sont près de quatre-vingt mille à nous attendre. Ça fait du bruit, quatre-vingt mille poitrines qui crient : *« Ar-gen-ti-na ! Ar-gen-ti-na ! »* Beaucoup de bruit. Des milliers et des milliers de petits papiers blancs, les *papelitos*, tombent du haut des tribunes. Doucement, ils viennent mourir sur l'herbe avant de la recouvrir peu à peu. On jurerait qu'elle est couverte de neige. Le public est noyé au milieu des drapeaux, des banderoles et des serpentins de papier qui dévalent les gradins en se déroulant et en tournoyant sur eux-mêmes. C'est beau. On sent la présence de tout un peuple derrière ses joueurs. Ce match, c'est notre dernière chance. Après notre défaite face à l'Italie, il nous faut absolument gagner. L'Argentine a remporté son premier match, contre la Hongrie. Une victoire la qualifierait d'office pour le second tour. Cette fois, je joue. J'ai vu, à la télé, la rencontre entre l'Argentine et la Hongrie. Elle ne m'a pas rendu très optimiste. Quand nous entrons sur le terrain, je me dis que ce n'est pas gagné. J'ai bien peur que les Argentins se baladent contre nous. Je les ai trouvés très impressionnants contre les Hongrois. Leur défense est solide. Peut-être trop, d'ailleurs. L'arbitre a fait preuve d'une compréhension, à mon avis excessive, à l'égard des fautes commises par leurs défenseurs. Pourtant, au fur et à mesure du match, ils finissent par reculer. D'abord assez sûrs d'eux en début de partie, ils deviennent de plus en plus inquiets. Ils sont fébriles même. Nous, c'est le contraire. Petit à petit, nous posons notre jeu. Nous prenons des risques. Nous devenons de plus en plus entreprenants. Sur le banc de touche argentin, l'entraîneur Luis Cesar Menotti se pose des questions. Sanglé dans son imper bleu marine impeccable, boutonné jusqu'au col, Menotti reste imperturbable. Une sorte d'Herbin argentin, aussi impassible que notre Robby national. Seulement, il fume, Luis Cesar. Il fume comme quatre. Il n'arrête pas de tirer sur sa cigarette. Forcément, il est un peu inquiet lui aussi. Malheureusement, contre le cours du jeu, les Argentins ouvrent le score à la suite d'un penalty sifflé par l'arbitre suisse. En taclant Luque, le moustachu aux allures de gaucho sorti tout droit de la pampa, Marius Trésor est retombé au sol. Et là, le ballon est venu heurter sa main droite. La faute à pas de chance, mais sûrement pas à Marius. Il n'a pas fait exprès de toucher le ballon. N'empêche, M. Dubach hésite. Les joueurs argentins se regroupent autour de lui. Ils le pressent de faire usage de son sifflet. « Mais si, monsieur l'arbitre, vous avez bien vu qu'il a fait exprès de toucher le ballon de la main ! » semblent-ils lui dire avec un brin de mauvaise foi. Le public réclame un penalty, lui aussi. Dans les tribunes, c'est la *bronca.* Les nuits d'été sont chaudes à Buenos Aires. M. Dubach s'en va au bord du terrain demander conseil à son juge de touche. Finalement, il décide de siffler. Penalty, donc. Passarella, le capitaine argentin, ne ressemble pas à M. Dubach. Il n'hésite pas, lui. Il expédie la balle au fond de la cage de Jean-Paul Bertrand-Demanes. Un à zéro, juste avant la mi-temps. C'est un coup dur. Ce n'est jamais très bon pour le moral d'encaisser un but avant de rentrer aux vestiaires. Le plus rageant, c'est que l'arbitre reconnaîtra plus tard qu'il s'est trompé et que le geste de Trésor, involontaire, ne justifiait pas un penalty... En deuxième période, Platini égalise en reprenant une balle lobée de Lacombe venue s'échouer sur la barre transversale de Fillol, le gardien argentin. À un but partout, tous les espoirs semblent permis. Surtout quand Platini, encore lui, remonte le terrain avant de servir Didier Six, seul devant Fillol. Hélas ! le ballon de Didier filera le long du poteau gauche. Dommage, Fillol était battu. Dix minutes plus tard, Luque décoche un tir puissant qui vient mourir au fond de nos filets. C'est fini. Il reste un peu moins de vingt minutes à jouer, mais nous ne reviendrons pas. Avec deux défaites, nous sommes éliminés. C'est frustrant. Deux petits matchs, et nous voilà déjà obligés de rentrer à la maison. Enfin, pas tout à fait. Il nous reste encore à revenir à Mar del Plata pour rencontrer la Hongrie. Pour l'honneur, comme on dit. Mais rien de plus.

*

* *

Le gag ! Le gag total. Il n'y a pas d'autre mot. Pendant l'échauffement, une heure avant France-Hongrie, Henri Michel s'approche d'un joueur hongrois. Il a remarqué le maillot blanc qui dépasse du col de son survêtement. Après une discussion dans un franco-hongrois approximatif, le joueur magyar confirme : oui, ce soir, son équipe joue bien en blanc. C'est bizarre, l'équipe de France aussi. Quelques mois plus tôt, les responsables de la Fédération française ont reçu un fax de la FIFA, la Fédération internationale de football, leur demandant de prévoir pour ce match un maillot blanc. Léger malaise sur la pelouse. Petit moment de flottement. On prévient les responsables des deux équipes. On s'interroge. On se gratte la tête. Pas de doute : la France s'est bel et bien trompée. Elle aurait dû tenir compte d'un deuxième fax, arrivé quelques semaines plus tôt. Il annulait le premier et précisait que les Français, finalement, joueraient en bleu. Le fax s'est perdu, égaré quelque part dans les couloirs de la Fédération. Et bien sûr, personne n'a pensé à prendre un jeu de maillots de rechange avant de partir pour Mar del Plata. Henri Patrelle, l'intendant de l'équipe de France, s'est un peu emmêlé les pinceaux sur ce coup-là. Que faire ? Pendant ce temps, l'heure tourne. Le coup d'envoi approche. Dans l'urgence, on dépêche une escouade de motards de la police locale. Sa mission : mettre la main sur un jeu de maillots pour l'équipe de France. N'importe lesquels, pourvu qu'ils aient deux manches et soient à peu près propres. Finalement, les motards trouvent. Les Tricolores sont sauvés. Ou plutôt les Bicolores : avec une demi-heure de retard, nous entrons sur le terrain vêtus d'un maillot à rayures vertes et blanches du plus bel effet. Ce maillot, c'est celui d'une sympathique équipe de banlieue de Mar del Plata, le Kimberley Football-Club. Un club de pêcheurs amateurs qui ne s'attendaient pas à ce que leurs couleurs aient droit aux honneurs d'un match de Coupe du monde en mondovision. Pour tout arranger, les numéros des maillots ne correspondent pas à ceux des shorts. Je porte le numéro sept dans le dos, mais le numéro dix-huit sur mon short bleu... Tout ça est franchement ridicule. Enfin, mieux vaut en rire. Et tâcher de se rattraper sur le terrain. Nous l'emportons trois buts à un. Pour ce dernier match, Michel Hidalgo a tenu à faire jouer tous les remplaçants. Comme ça, tout le monde aura participé à l'aventure argentine. Christian Lopez ouvre le score d'un tir puissant. Marc Berdoll marque le deuxième but. Et moi le troisième, en reprenant du pied gauche une balle qui traînait dans la surface, au point de penalty. Ce n'est pas le plus beau but de ma carrière, mais tant pis. Le ballon s'est glissé entre quatre joueurs. Ensuite, il a mis un temps fou avant d'aller s'échouer au fond des filets, juste au ras du poteau. Au moins, nous terminons ce Mundial sur une victoire. L'Argentine et l'Italie joueront le deuxième tour. Et c'est l'Argentine qui ira jusqu'en finale. Elle s'imposera contre les Pays-Bas à River Plate, là où elle nous a battus quelques jours plus tôt. Comme en 1974, les coéquipiers de Neeskens échoueront en finale de la Coupe du monde. Après le match, ils décideront d'ailleurs de rester aux vestiaires. Ils refuseront d'aller chercher la médaille des finalistes, pour ne pas avoir à serrer la main du général Videla.

*

* *

¡Adios, Argentina! Le rêve n'aura pas duré longtemps. Pourtant, nous pensions vraiment pouvoir réaliser quelque chose. Contre l'Argentine, en deuxième période, nous ne sommes pas passés loin de la victoire. C'est sûr, nous sommes tous déçus. Mais il ne faut pas avoir de regret. Malgré notre élimination, cette Coupe du monde aura été une belle aventure. Je suis content d'y avoir participé, même si j'étais un peu à court de compétition. Je n'avais pas retrouvé toute ma confiance en moi. J'espère que le foot français va en profiter pour progresser. Pour ça, il y a encore du chemin à parcourir. À l'Hindu Club, l'organisation n'a pas été très

professionnelle, c'est le moins que l'on puisse dire. Par moments, c'était même du n'importe quoi. Déjà, se retrouver dans la même résidence que les Italiens, ce n'était pas l'idéal. Et puis, il y avait beaucoup trop de monde autour de nous. Trop de sollicitations. Trop de journalistes. Trop d'amateurisme, en un mot. Et cette histoire de maillots à rayures, franchement... Si nous voulons rivaliser avec les meilleures nations, il faut s'en donner les moyens. C'est le bon moment. En Argentine, il y a eu un véritable passage de témoin entre deux époques de l'équipe de France. Contre l'Italie, Jean-Marc Guillou a joué son dernier match. Même chose pour Jean-Paul Bertrand-Demanes contre l'Argentine et pour Claude Papi contre la Hongrie. La jeune génération est là, prête à prendre la relève. Elle a montré qu'elle avait des qualités. Ce Mundial argentin, c'était un galop d'essai pour des joueurs comme Platini, Battiston ou Six. Michel Hidalgo a aussi prouvé que sa conception du football est bonne. Certains lui ont reproché son goût d'un football généreux et tourné vers l'attaque. D'autres n'apprécient pas qu'il se mette à l'écoute de ses joueurs plutôt que de jouer les adjudants-chefs et de prôner le silence dans les rangs. C'est stupide, évidemment. Comme si l'ouverture d'esprit, la tolérance et l'écoute étaient des défauts. Depuis deux ans, Hidalgo redonne confiance au football tricolore. L'Argentine, ce n'était qu'une étape. Maintenant, il faut confirmer. J'espère aussi que le public français aura vraiment compris et accepté les contraintes de notre sport. Nous sommes de vrais professionnels, pas des footballeurs du dimanche. Et le foot pro, aujourd'hui, est en train de changer. On l'a bien vu avec cette affaire des chaussures. L'argent et la publicité vont prendre de plus en plus d'importance. Il n'y a aucune raison pour que nous, les joueurs, restions à l'écart des intérêts en jeu. Après tout, si nous n'étions pas là, il n'y aurait pas de matchs. Une carrière de footballeur professionnel ne dure pas très longtemps. Il faut penser à l'avenir. L'avenir, pour l'équipe de France, c'est aussi le public et les supporters. Le soir de France-

Bulgarie, le pays tout entier était derrière nous. C'est peut-être le signe qu'un public de plus en plus nombreux va nous soutenir. Ce serait bien. La prochaine Coupe du monde, c'est dans quatre ans, en Espagne. Cette fois, je suis sûr que nous irons plus loin qu'en Argentine.

CHAPITRE 10

Adieu les Verts

Il y a quelque chose de cassé à Saint-Étienne. Au retour d'Argentine, au moment de démarrer la saison 1978-1979, je me dis que les Verts ne sont plus tout à fait les Verts. Dominique Bathenay vient de signer au PSG. Les frères Revelli, Alain Merchadier et Christian Synaeghel quittent le club, eux aussi. Chez les jeunes, Lacuesta et Vésir sont transférés. Même le docteur Poty s'en va. Déjà, l'an dernier, Jean-Michel Larqué est parti. Ses relations avec Herbin avaient toujours été correctes, sans plus. Mais au fil des mois, leurs rapports s'étaient dégradés. Jean-Michel n'avait pas apprécié d'être laissé sur le banc pour le match contre Sochaux, en quarts de finale de Coupe. Il n'était pas de la finale contre Reims. Robby le jugeait moins efficace que par le passé. Il lui reprochait un manque de rythme et une présence défensive insuffisante. Alors, pendant l'été 1977, Jean-Michel est allé entraîner le Paris Saint-Germain. Son absence a laissé un grand vide. Tous ces départs, c'est un peu la fin d'une époque, celle de l'équipe mythique des Verts. À partir de la saison 1973-1974, celle où Saint-Étienne a retrouvé son titre de champion de France, l'équipe a constitué un véritable bloc. L'effectif n'a quasiment pas bougé. Il y a juste eu deux transferts, ceux de Bereta et de Tintin. Dès l'année suivante, Robby a trouvé la formule idéale. Curko dans les buts, Farison, Lopez, Piazza et Janvion en défense. Au milieu, Larqué, Bathenay et Synaeghel. En attaque, les deux frères Revelli, Sarramagna et moi. Jusqu'à la finale contre Reims, cette ossature est restée la même. Nous avons vraiment formé un groupe d'une saison sur l'autre. C'est grâce à cette stabilité, grâce à nos automatismes de jeu, grâce à la parfaite connaissance que nous avions les uns des autres que nous avons accompli notre parcours. Pour assurer des résultats sur la durée, on ne peut pas se permettre de chambouler un effectif tous les quatre matins. Au contraire, il faut privilégier la continuité. Laisser du temps au temps. Permettre à chacun de trouver ses repères, de se caler sur le jeu de ses coéquipiers. C'est comme ça que nous sommes peu à peu montés en puissance au fil des années. Jamais les dirigeants du club n'ont eu l'intention de faire table rase à chaque début de saison. Leur confiance nous a toujours été renouvelée. Et puis, cette équipe des Verts était le produit d'une politique de formation novatrice et judicieuse. L'ASSE ne s'est jamais lancée dans la course aux vedettes, comme a pu le faire l'Olympique de Marseille. Nous avons toujours privilégié les jeunes talents, formés au club et plongés dans le grand bain dès qu'ils étaient prêts. Mais peu à peu, cette politique a évolué. L'an dernier, pendant l'intersaison, nous avons recruté plusieurs joueurs. De jeunes espoirs, comme Laurent Roussey, mais aussi des professionnels évoluant en première division. L'idée, c'était de renforcer le secteur offensif, jugé en perte de vitesse pendant la saison 1976-1977. Les dirigeants ont fait venir Jacques Zimako et André Barthélémy. Zimako, originaire de Nouvelle-Calédonie, arrivait de Bastia. C'est un ailier, comme moi. Il est rapide et incisif. Barthélémy jouait à Angers. Il venait de marquer dix-huit buts pour sa première saison au plus haut niveau. L'année précédente, il évoluait encore chez les amateurs. Au club, certains ont grincé des dents. Robby n'était pas vraiment favorable à ces arrivées. Il pensait qu'il fallait continuer à privilégier la formation, plutôt que de se laisser séduire par les sirènes des recrutements à grands frais. Il n'a jamais cru à la politique des vedettes. En plus, il n'était pas sûr de la capacité des nouveaux à s'adapter à notre jeu. À ses yeux, il ne suffit pas de briller sur un terrain pour trouver sa place chez les Verts. Un joueur peut très bien posséder de réelles qualités individuelles sans pour autant se mettre au service d'un collectif. Un attaquant doit aussi savoir défendre. Il doit assurer un strict marquage individuel sur son adversaire direct. Et il lui faut oublier son ego afin de se rendre disponible pour ses coéquipiers. Mais Robby n'était pas le seul à donner son avis sur la politique du club. Le président Rocher pesait d'un grand poids au moment de la décision. Cette saison 1977-1978 ne restera pas dans les mémoires. En Championnat, nous avons terminé à la septième place. En Coupe de France, nous sommes sortis dès les seizièmes de finale. Pas très glorieux. Et en Coupe d'Europe, nous avons encore été éliminés par un club anglais, Manchester United. Dès le deuxième tour, en plus. Un très mauvais souvenir. À cause de notre élimination, mais aussi à cause des violences provoquées par les *hooligans* anglais à Geoffroy-Guichard, à l'aller. Pour ce match, Robby m'a laissé sur le banc de touche. J'ai beau être entré sur le terrain au bout d'une heure de jeu, je ne l'ai pas très bien pris. Alors, forcément, je m'interroge. Même si je sais bien que je n'ai pas fait une très grande saison. Ça fait déjà quelques mois que je me pose pas mal de questions sur ma place dans l'attaque stéphanoise.

*

* *

Je me sens bien à Saint-Étienne. J'aime cette région. J'apprécie la simplicité des habitants de la ville et les rapports chaleureux qu'ils entretiennent avec nous. Même si je retourne à Étaules pour les vacances, ma vie est ici. Je me suis fait construire un chalet à La Gimond, près de Saint-Héand. En pleine nature. Juste en face de l'école du village. Un vrai chalet en bois, comme à la montagne, avec une vue superbe sur les monts vallonnés du Lyonnais. C'est à une dizaine de kilomètres de Saint-Étienne. Pour y accéder, il faut passer par des petites routes qui n'en finissent pas de grimper et de tourner. Avec ma vieille Coccinelle noire décapotable, j'en ai pour une demi-heure. Là-bas, je suis peinard. J'ai mis ma batterie dans le grand salon. Je peux taper sur les caisses autant que je veux, je ne risque pas de déranger les voisins. À l'autre bout de la pièce, j'ai installé ma chaîne stéréo, avec l'ampli et les deux énormes baffles. Pour le volume, je ne me gêne pas là non plus. J'y vais à fond. Personne ne risque de sonner à la porte pour me demander de baisser le son ! Et quand j'ai besoin d'évacuer la pression des matchs, je vais faire un tour de moto dans les collines. Je me sens bien à Saint-Étienne, mais je gamberge pas mal sur mon rôle dans l'équipe. À force de jouer ailier, et seulement ailier, j'ai l'impression d'être enfermé. J'étouffe un peu. Quand j'ai commencé le foot, j'étais avant-centre. J'aimais ce poste, cette quête incessante du but, cette liberté devant les défenseurs adverses. Après, à mon arrivée chez les Verts, Robert Philippe m'a demandé de passer à l'aile droite. C'était nouveau pour moi. Je me suis bien plu sur ce côté du terrain. C'est comme ailier que j'ai éclaté dans l'attaque stéphanoise. Mais maintenant, j'ai envie de changer. La saison dernière, je n'ai marqué que cinq buts. La saison précédente, trois. C'est peu. Je me demande si je suis le plus utile à ce poste. Robby en est persuadé. Pas moi. Il aimerait que je redevienne l'ailier droit que j'étais il y a trois ans, au temps de notre épopée européenne. Il voudrait me voir jouer plus collectif. Au fond, je ne me suis jamais considéré comme un pur ailier. J'ai plutôt envie de me balader à l'avant. De retrouver cette liberté qui était la mienne quand je jouais avant-centre, voilà quelques années. Il n'y a pas si longtemps, en fait. Et puis, le contexte a changé. D'abord, les schémas tactiques ont évolué. Aujourd'hui, les équipes ne pratiquent plus tellement le 4-3-3, avec une attaque composée d'un avant-centre et de deux joueurs excentrés sur les ailes. Elles évoluent plutôt en 4-4-2, avec seulement deux attaquants de pointe. Ensuite, l'arrivée d'autres attaquants a modifié la donne. Je me sens un peu mis en cause par ces transferts. L'an dernier, c'était Barthélémy et Zimako. Cette année, c'est au tour de Bernard Lacombe, l'avant-centre de l'Olympique lyonnais, le club voisin et rival de Saint-Étienne. Jean-Marie Élie, le Lensois, vient renforcer notre milieu de terrain. Jean-François Larios, un jeune du centre de formation qui avait été prêté à Bastia, revient au club. Je me demande à quoi va ressembler cette prochaine saison. Surtout, je me demande si je vais avoir ma place dans cette équipe.

*

* *

J'avais tort de m'inquiéter. Ça faisait longtemps que je ne m'étais pas trouvé aussi à l'aise sur un terrain. Cette saison 1978-1979 est la meilleure que j'ai disputée depuis l'année 1976. L'arrivée de Bernard Lacombe y est pour beaucoup. Jouer avec lui, c'est un bonheur. C'est un avant-centre, un vrai. Un pur attaquant de pointe doublé d'un authentique chasseur de buts. À la fin de sa carrière, il restera dans les annales comme le meilleur buteur français de l'histoire du Championnat de France. Mais il ne garde pas le ballon pour lui. Non seulement il marque, mais en plus il sait jouer collectif. Il crée des brèches dans la défense adverse. Ses partenaires en profitent. Moi le premier. D'abord, je m'enferme moins dans un rôle d'ailier pur et dur. Grâce à ma complicité avec Lacombe, je bouge sur toute la largeur de l'attaque. Je me sens un peu plus libre de mes mouvements. À l'entraînement, je tente des combinaisons nouvelles que je mets en pratique pendant les matchs. J'ai l'impression de revivre. De redécouvrir le plaisir du foot. Et puis, surtout, je me remets à marquer. Il était temps. Je commençais à me poser des questions... À la fin de la saison, je termine meilleur buteur du club avec vingt-quatre buts. En Championnat, j'en marque vingt et un et je ne manque qu'un seul match. Le meilleur buteur, l'Argentin du PSG Carlos Bianchi, en met vingt-sept. Je suis plutôt satisfait. Et rassuré surtout. Je me dis que ce n'est pas trop mal pour un joueur qui doutait de lui et qui ne marquait plus qu'au compte-gouttes. Bernard Lacombe arrive juste derrière, avec seize buts. Cette équipe des Verts a vraiment changé. La défense n'a pas bougé, mais le reste de l'équipe a été pas mal chamboulé. Il y a les nouveaux venus, mais aussi tous ces petits jeunes du centre de formation qui commencent à pointer le bout de leur nez, comme Roussey ou Paganelli. J'ai presque l'impression d'évoluer dans un nouveau club. Au milieu, il ne reste que Jacques Santini de la grande période des Verts. En attaque, avec Christian Sarramagna, nous sommes les deux seuls survivants. Et encore, cette saison, il sera le plus souvent remplaçant. Heureusement, l'ambiance est toujours excellente. En Coupe de France, nous sortons dès les huitièmes de finale, éliminés par Gueugnon. Mais nous terminons troisième du Championnat, notre meilleur classement depuis deux ans. La saison prochaine, nous pourrons rejouer en Coupe d'Europe. Pas la grande, celle des clubs champions, mais la Coupe de l'UEFA, la troisième compétition européenne. C'est déjà ça. Du coup, comme tout se passe bien à nouveau, je décide de rester. Les dirigeants m'ont proposé un contrat de deux ans. Pourtant, les choses auraient pu mal tourner. Quelques jours plus tôt, ils n'ont pas été très corrects avec moi. Tout ça à cause d'une banale histoire de contrat publicitaire. Une marque d'articles de sport de la région, Duarig, m'avait contacté. Ils voulaient utiliser mon nom pour leur publicité. Après tout, pourquoi pas ? Ils ont créé un ballon et une collection de chaussures estampillés Rocheteau. Ils ont fait un peu de pub, notamment dans des magazines spécialisés comme *Onze*. Je n'avais pas l'intention de les porter pendant les matchs. Mais je pensais que j'avais le droit de signer ce genre de contrat et de me servir librement de mon nom. J'ignorais qu'une clause du règlement intérieur de Saint-Étienne l'interdisait. Les joueurs n'ont pas le droit de s'engager avec d'autres marques que celles choisies par leur club. Si j'avais été mieux conseillé, l'incident ne se serait pas produit. Mais franchement, il n'y avait pas de quoi en faire une montagne. Sans me prévenir, les dirigeants nous ont intenté un procès, à Duarig et à moi. J'ai même été condamné, par la cour d'appel de Lyon, à verser une somme de dix mille francs au club. Ils seraient venus m'en parler, tout se serait arrangé. Pour moi, ce n'était pas très important. Mais avec le recul, je me dis que j'aurais pu aller jusqu'au bout. Je suis sûr que j'aurais été autorisé par la justice à négocier un contrat individuel. Finalement, tout s'est réglé à l'amiable quand j'ai resigné pour deux ans. Tout ce que je retiendrai de cette histoire, c'est qu'un joueur doit s'entourer de spécialistes du droit pour défendre ses intérêts. Même si ce n'est pas vraiment dans les mœurs du foot. Ce n'est pas parce qu'il est lié par contrat à son club qu'il ne peut pas disposer de son image. Sinon, les sportifs de haut niveau seraient à la merci de leurs dirigeants. Et ça, ce n'est pas acceptable.

*

* *

Heureusement, cette histoire de procès n'a pas laissé de traces. Au moment du bilan, je préfère me souvenir de ma forme retrouvée, de mes buts marqués ou de notre tournée au Gabon et en Côte-d'Ivoire, pendant l'hiver 1979. C'était un grand moment. Ce n'était pas notre premier voyage en Afrique. Déjà, en 1976, nous étions partis au Cameroun au moment des fêtes de Noël. C'était quelques mois avant la finale de Glasgow. Comme chaque année, le Championnat faisait relâche. Alors, pour nous maintenir en forme pendant la trêve, et plutôt que de s'entraîner sur des terrains gelés, nous partions jouer contre des clubs africains. C'est comme ça, grâce au foot, que j'ai découvert l'Afrique. Là-bas, les

Verts sont de vraies stars ! Tous nos matchs de Coupe d'Europe sont diffusés sur les chaînes de télé locales. Quand nous étions arrivés au Cameroun, il y a trois ans, l'accueil avait été délirant. Les Camerounais adorent le foot. On avait joué à Douala contre l'équipe nationale. On était arrivé en bus sur la piste d'athlétisme qui entoure la pelouse. Tout le monde nous acclamait. C'était très chaleureux. Cette année, quand nous sommes descendus du gros Boeing 747 d'Air Gabon, c'était la même chose : une foule incroyable nous attendait. Les gens se sont précipités vers nous pour nous voir de près, nous toucher, nous demander des autographes. On se serait presque cru sur les Champs-Élysées après notre finale contre le Bayern. Mais là, heureusement, c'était plutôt bon enfant. Nous avons d'abord joué à Libreville, contre le club du FC 105, le champion du Gabon. Ce premier match, en fin d'après-midi, était un vrai calvaire. Toute la semaine précédente, on s'était entraîné par moins dix degrés à Saint-Étienne. Et tout d'un coup, on se retrouvait à courir par une température de trente-deux degrés ! Au bout d'une demi-heure, nous étions déjà asphyxiés. Ensuite, nous avons affronté une sélection de Libreville avant de partir pour Abidjan disputer la première édition du Tournoi de la Paix. Ce tournoi, ce n'était pas vraiment des vacances. Entre la chaleur suffocante, la grosse motivation de nos adversaires et la fatigue du voyage, nous n'étions pas dans les meilleures conditions pour jouer des matchs de foot. Nous avons d'abord éliminé les Guinéens du Hafia Conakry, avant de retrouver en finale le CSKA Sofia et de l'emporter aux penaltys. J'ai beaucoup aimé ces voyages en Afrique. Même si certains aspects m'ont déplu, comme le spectacle de ces gamins qui voulaient entrer dans le stade pour assister au match et qui se faisaient taper dessus par la police. Quand on vient seulement en touriste, on ne voit pas ce genre de chose. Là, nous avons pu nous faire une idée des conditions de vie de la population. Les gens nous accueillent plus facilement parce que nous sommes footballeurs.

Cela permet d'avoir une relation plus authentique avec les habitants. Et parfois, on peut avoir de bonnes surprises. Pendant notre voyage au Gabon, Bob Marley était en tournée avec ses musiciens. Il était logé dans le même hôtel que nous. Malheureusement, je ne l'ai pas croisé. Il était très protégé par son entourage. Mais pendant l'un de nos matchs, il donnait un concert en plein air, tout près du stade. On jouait au foot et on entendait en même temps la musique de Marley qui arrivait jusqu'à nous ! Ça donnait envie de courir au rythme du reggae et de faire avancer le ballon sur le même tempo que les guitares...

*

* *

Décidément, les saisons se suivent mais ne se ressemblent pas. L'an dernier, tout allait bien. J'étais à nouveau heureux dans cette équipe des Verts. Je marquais des buts. J'avais tout pour moi : la forme, le moral et l'envie de jouer. Cette saison 1979-1980, rien ne va plus. Le seul point commun avec l'année dernière, c'est que l'effectif a encore été bousculé. Je ne comprends pas trop ce qui se passe. Ou plutôt si, je comprends trop bien : Saint-Étienne joue à fond la carte du vedettariat. Au détriment de la formation et de la recherche de nouveaux talents. Et donc de tout ce qui a fait notre force. Pas sûr que ce soit une bonne idée. Pendant l'été, le club a encore perdu plusieurs joueurs. Christian Sarramagna est parti. Oswaldo Piazza est retourné en Argentine. Sa femme a la nostalgie du pays. Tous les supporters le regrettent déjà. Et les supportrices, peut-être encore plus... En défense, Jacques Santini va prendre sa place. Bernard Lacombe quitte le club, lui aussi. Il rejoint les Girondins de Bordeaux. Pour Bernard, tout s'est passé très vite. Il avait pourtant participé aux matchs de préparation, en début de saison, quand les dirigeants sont venus nous annoncer son départ. Je n'ai pas très bien compris les raisons de cette décision. Tout ce que je sais, c'est qu'il va beaucoup me manquer en attaque. Je m'entendais parfaitement avec lui. Je m'appuyais beaucoup sur son jeu et sur ses déviations. J'avais l'impression que nous étions vraiment complémentaires, tous les deux. Maintenant, il va falloir mettre au point une nouvelle organisation. Ça ne va pas forcément être évident. En tout cas, l'équipe va jouer d'une manière différente, forcément. D'autant que le club a recruté deux gros calibres : Michel Platini et Johnny Rep. Platoche, ça faisait longtemps que tout le monde en parlait du côté de Saint-Étienne. Il a éclaté avec son club de Nancy, mais il était évident qu'il n'allait pas y rester éternellement. Des formations étrangères lui font les yeux doux depuis pas mal de temps. Alors, avant de tenter l'aventure, il vient s'endurcir chez les Verts. Je suis content qu'il vienne chez nous. Je le connais bien, c'est un copain. En équipe de France, nous sommes très proches l'un de l'autre. Notre virée en Argentine, l'an dernier, est encore dans tous les esprits. Quant à Rep, il a été finaliste des deux dernières Coupes du monde avec l'équipe des Pays-Bas. Et c'est un ancien de l'Ajax des années 1970, le club qui me faisait rêver quand j'étais môme. Un grand monsieur du football. Une star, tout simplement. C'est aussi un homme simple et généreux. Belle gueule, en plus. Les admiratrices des Verts regrettent peut-être Oswaldo, mais pour le physique elles n'ont pas perdu au change. En attendant, tout notre plan de jeu est modifié. En attaque, Rep prend la place de Lacombe. Nous jouons à trois attaquants avec Jacques Zimako. Et je ne me sens pas très à l'aise, à nouveau. Je me retrouve enfermé dans un rôle d'ailier traditionnel. J'en ai parlé avec Robby, pourtant. Mais il ne veut rien entendre. C'est lui le patron de l'équipe. Alors je me plie à ses consignes. Mais j'ai l'impression de revenir deux ans en arrière, quand je déprimais à moitié parce que je me sentais à l'étroit, tout là-bas sur mon aile. Et là, voilà que ça recommence. Pour ne rien arranger, l'équipe n'a pas retrouvé son niveau de l'an dernier. Et en attaque, nous ne sommes pas vraiment convaincants. Johnny

Rep est un type super, mais sur le terrain il se donne à fond seulement quand il en a envie. S'il le veut bien, il est capable d'accomplir des miracles. Comme contre les Polonais de Lodz, en trente-deuxièmes de finale de la Coupe d'Europe. Au retour, à Geoffroy-Guichard, il marque à lui tout seul les trois buts de la rencontre. Le reste du temps, ça dépend de son humeur et de sa motivation. De mon côté, je me blesse au mois de novembre, en Championnat, contre Angers. Entorse du genou. Verdict : deux mois d'immobilisation. Je vais louper les deux matchs de Coupe d'Europe contre nos vieux amis du PSV Eindhoven. Je ne serai pas là quand les Verts étrilleront le PSV par six buts à zéro à Geoffroy-Guichard. Dommage. J'aurais bien aimé faire partie de la fête. Je ne participe pas non plus à la qualification contre Salonique, au tour suivant. C'est rageant : je suis absent au moment où l'équipe tourne bien. En janvier 1980, je suis de retour. Deux mois plus tard, pour les quarts de finale de la Coupe de l'UEFA, c'est la catastrophe. Le naufrage collectif des Verts. Et cette fois, je suis sur la pelouse.

*
* *

On n'a jamais vu ça à Geoffroy-Guichard, jamais ! Le match a démarré depuis une grosse demi-heure, et nous sommes déjà menés quatre à zéro par Mönchengladbach. Quatre à zéro... En Coupe d'Europe, sur notre propre pelouse, devant nos supporters. Dans les tribunes, François Mitterrand et Georges Marchais ne comprennent pas ce qui se passe. Ils ne sont pas les seuls. Les quarante mille spectateurs croient vivre un cauchemar. Et nous, sur le terrain, nous sommes complètement déboussolés. Les Allemands nous marchent dessus. Ils vont à deux cents à l'heure. Ils sont partout à la fois. On croirait voir ces jouets mécaniques qui se mettent à courir dans tous les sens quand on les a remontés. C'est dingue. Pour tout dire, c'est même bizarre. Il y a de quoi se poser des questions. En tout cas, moi, je m'en pose en les regardant jouer. Ces types sont des extraterrestres, ou quoi ? Ou alors ils sont dopés. Ce n'est pas possible autrement. À la mi-temps, Robby me fait sortir pour me remplacer par Laurent Roussey. Zimako prend la place de Johnny Rep. Michel Platini réduit le score sur penalty, mais ça ne change pas grand-chose à la situation : au coup de sifflet final, nous rentrons au vestiaire avec quatre buts dans les valises. Sous les sifflets du public, pour tout arranger. Il est déçu, ce public, et je le comprends. Jamais, à Geoffroy-Guichard, les Verts ne sont passés à côté d'un match comme ce soir. Jamais nous n'avons été humiliés de cette manière. En Coupe d'Europe, Saint-Étienne n'avait pas perdu à domicile depuis onze ans. C'était contre le Legia de Varsovie, à la fin de l'année 1969. Nous nous sommes fait manger par Mönchengladbach. Quant à moi, je suis complètement abattu. J'ai l'impression d'avoir servi de bouc émissaire avec Johnny. Surtout, la réaction des supporters m'a fait très mal. Ils ne m'ont pas épargné. Ça, c'est difficile à avaler. J'ai le moral tout au fond des chaussettes. Au retour, nous prenons encore deux buts sans en rendre un seul. Adieu, la Coupe d'Europe. Et je me demande si, pour moi, ça ne va pas être « Adieu, Saint-Étienne ». Déjà, avant ma blessure, j'avais l'impression que ma présence dans l'équipe n'était pas jugée indispensable. Je ne me sens plus en confiance. Et sans confiance, je ne peux pas donner le meilleur de moi-même. Alors, forcément, les choses ne s'arrangent pas sur le terrain. Je touche le fond contre Montpellier, en quarts de finale retour de la Coupe de France. Après avoir fait zéro à zéro à l'extérieur, nous sommes incapables de l'emporter à domicile. Je me sens mal à l'aise. Je loupe deux occasions de but. C'est assez pour que certains cherchent à me faire porter le chapeau de l'élimination. Pourtant, l'ambiance dans l'équipe est bonne. Le mélange entre les anciens et les nouvelles recrues se passe bien. Et sur le papier, Saint-Étienne dispose d'une équipe solide. Mais au fond de moi, je crois que j'en ai marre. Inconsciemment, j'ai décidé de partir. Voilà neuf ans que je suis à Saint-Étienne. C'est long, neuf ans. Peut-être trop. Je crois qu'il est temps de changer d'air. Ce club m'a tout donné. C'est grâce à lui si je suis arrivé là où je suis aujourd'hui. Mais si je veux progresser, pratiquer un football différent et m'épanouir autrement au poste d'attaquant, je dois changer d'air. Quand je rencontre le président Rocher pour en discuter avec lui, je n'ai pas l'impression qu'il tient absolument à me voir rester. Je passe alors un coup de fil à Robby pour l'informer de ma décision. Il tente de me retenir, me propose d'en parler à Roger Rocher, mais c'est trop tard. Mon choix est fait. Les dirigeants du Paris Saint-Germain m'ont contacté. Ils ont envie de m'avoir dans leur équipe. C'est tentant. Le PSG est un club jeune et ambitieux. Et la vie à Paris, même si elle m'effraie un peu, offre assez d'attraits pour m'inciter à tenter l'expérience. Je commence à en avoir marre de vivre dans mon chalet, à l'écart de tout. Je me sens un peu à l'étroit à Saint-Étienne. J'ai envie de découvrir d'autres horizons. C'est maintenant ou jamais. Alors, je pars. C'est mieux pour tout le monde.

CHAPITRE 11

À nous deux, Paris !

Saint-Étienne, c'est terminé. Cette fois, j'ai tourné la page. J'ai passé un coup de fil à mon copain Denis Chaumier, de *Rouge*, pour lui annoncer la nouvelle. Du coup, il a publié l'info dans le quotidien *Le Matin*, où il place des piges de temps en temps. C'est un vrai scoop... Il a grillé tout le monde, de *L'Équipe* à *France Football*. J'ai vendu mon chalet de La Gimond à des copains. J'ai dit au revoir aux Barou et à la Petite Auberge. À mes années de jeunesse aussi. J'ai vingt-cinq ans, et déjà une bonne partie de ma carrière derrière moi. Heureusement, les bons souvenirs l'emportent sur les mauvais moments. Quand je fais le bilan de mes années stéphanoises, je me dis que le club m'a tout apporté. Les titres, la reconnaissance, un statut dans le monde du foot professionnel, les sélections en équipe de France... Bien sûr, ça n'a pas toujours été rose. Et ces dernières années, j'ai parfois vécu des moments difficiles. La période de grâce de la saison 1975-1976 n'a duré qu'un temps. Mais je pars sans regret ni rancune. Je n'en veux à personne, même si j'aurais préféré achever ma carrière chez les Verts dans d'autres conditions. Tout va tellement vite dans le foot... Un jour, on vous encense. Le lendemain, vous êtes bon à jeter aux chiens. J'ai l'impression que les joueurs sont considérés comme de simples marchandises. Les dirigeants nous achètent et nous vendent sans état d'âme, au gré des intérêts de leur club. Je regrette cet individualisme et cette absence de conscience collective qui dominent chez les pros. Chacun pour soi. Mais c'est comme ça. Depuis le temps, je m'y suis habitué. Et puis, je me sens soulagé. Ces derniers mois ont été pénibles, vraiment. Je finissais par m'épuiser et par tourner en rond. J'ai peut-être fait une saison de trop avec Saint-Étienne. Là, je me sens gonflé à bloc. Je suis prêt à attaquer ma nouvelle carrière. Il faut dire aussi que je rentre tout juste de vacances. Je viens de réaliser un vieux rêve : pour la première fois de ma vie, je suis allé aux États-Unis. Depuis toujours, j'avais envie de découvrir la Californie. Pour la musique, bien sûr, mais aussi pour une certaine douceur de vivre. La Californie, c'est l'aventure. Le mélange des cultures et des idées. Je suis parti là-bas avec Bérengère, ma petite amie. Nous avons d'abord passé quelques jours avec les Platini aux Antilles, puis à Disneyworld, en Floride. Je vois toujours Platini en dehors du foot. Michel n'est pas seulement un footballeur exceptionnel. C'est aussi un très bon ami. Ce que j'aime chez lui, c'est qu'il a su garder la fraîcheur et l'enthousiasme de ses débuts. Et puis, il est fidèle en amitié, ce qui est une qualité essentielle à mes yeux. Bérengère, je l'ai rencontrée il y a deux ans. Un ami commun nous avait présentés. C'est une Lyonnaise. De temps en temps, elle allait même voir jouer l'Olympique lyonnais à Gerland, avec son frère. Son idole s'appelait Bernard Lacombe, mon ancien coéquipier chez les Verts. Nous avons vécu tous les deux dans mon chalet, pendant ma dernière année chez les Verts. Comme moi, elle aime le rock de la *West Coast.* Nous avons vu pas mal de concerts : Jefferson Airplane, Jorma Kaukonen et Jack Casady, America, les Eagles... J'ai adoré San Francisco et Los Angeles. En Californie, la vie paraît facile et sans contrainte. Tous ces gens essaient d'inventer de nouvelles manières de vivre. Pour un Français qui débarque là-bas avec l'envie d'autre chose, c'est un vrai choc culturel. J'aimerais m'installer sur la côte ouest après ma carrière. J'en ai retenu une impression de liberté incroyable, loin de la sensation d'étouffement que je ressens parfois dans la vie quotidienne en France. Mais il a bien fallu rentrer. Pour l'instant, ma vie est ici, à Paris. Nous sommes en juillet 1980. La nouvelle saison va bientôt démarrer. Le PSG me fait confiance, et je ne tiens pas à décevoir mon nouveau club.

*
* *

« Tu devrais demander à Bernard Genestar de te conseiller pour ton transfert », m'a dit Michel Platini au moment de mon départ au Paris Saint-Germain, au mois de mai dernier. Bernard Genestar, c'est l'agent de Michel. Un agent, pourquoi pas ? Ils ne sont pas très nombreux dans le foot français. À l'étranger, ils sont déjà entrés dans les mœurs. Mais chez nous, les joueurs se débrouillent comme ils peuvent. Parfois, ils font appel à un avocat. Certains se font aider par des proches. Mais ça ne va pas plus loin. Je me suis dit que ça valait peut-être la peine. De toute façon, je ne m'imaginais pas en train de discuter tout seul des conditions de mon arrivée au PSG. Je ne me sens pas très à l'aise dès qu'il s'agit de parler d'argent. Ce n'est vraiment pas ma principale motivation au moment de signer un contrat. En même temps, je n'ai pas envie de me faire rouler dans la farine ! Le gentil Rocheteau, rêveur et un peu fleur bleue, c'est terminé. Aujourd'hui, il y a trop d'intérêts financiers en jeu dans le football. Je n'ai pas oublié l'affaire des bandes Adidas pendant la Coupe du monde en Argentine. Certains sont prêts à profiter des joueurs et à gagner de l'argent sur leur dos. Alors, je me méfie. Je sais bien que le foot est en train de changer de manière radicale. Je ne vois pas pourquoi nous, les joueurs, devrions rester à l'écart du mouvement. Même s'il est un peu déplaisant de se dire que nous avons une valeur marchande, nous aussi, et que nous nous situons sur un marché de l'offre et de la demande. Bernard Genestar connaît bien le monde du football professionnel. Heureusement qu'il était là pour m'aider. Les discussions ont été rudes entre les représentants de Saint-Étienne et ceux du PSG. Les premiers ne voulaient rien lâcher. Ils ont réclamé une indemnité de formation et un dédommagement pour l'année de contrat qui me restait à accomplir chez eux. J'ai participé à certaines réunions. Je tenais à donner mon avis. Pas question de me laisser faire. « Vous n'êtes peut-être pas un homme d'argent, mais vous êtes dur en négociation ! » m'a dit Francis Borelli, le président du PSG. Dans les couloirs du club, il ne passe pas inaperçu avec ses longs cheveux argentés qui encadrent un visage au sourire facile. Il trimballe toujours une petite sacoche en cuir accrochée à son poignet, dans laquelle il range tous ses papiers. Il a le côté chaleureux des pieds-noirs. Et c'est quelqu'un de très généreux. Il a succédé au couturier Daniel Hechter. Voilà deux ans, Hechter a dû passer la main à cause d'une affaire de double billetterie. Les joueurs l'adoraient. Pour son dernier match au Parc, ils l'ont porté en triomphe sur leurs épaules. Francis Borelli connaît bien la maison. Il a vu naître ce club. Il l'a accompagné pour ses premiers pas dans le foot pro. Il y est très attaché. Avec lui, le PSG n'a pas de souci à se faire. En tout cas, grâce à l'intervention de Genestar, j'ai obtenu des conditions satisfaisantes. Je signe un contrat de deux ans. Mon salaire augmente. À Saint-Étienne, je gagnais entre trente et quarante mille francs par mois. Là, je passe d'un coup à cent mille francs. Je m'installe dans une maison à Crespières avec Bérengère, après avoir vécu quelques semaines dans un hôtel de Saint-Germain-en-Laye. C'est un petit village tranquille des Yvelines, entouré de forêts. En pleine nature, comme le chalet de La Gimond. Georges Brassens s'était acheté une maison ici, dans les années 1950. L'endroit est calme. La pièce principale est immense : je vais pouvoir monter ma batterie et ma chaîne stéréo. Je pourrai écouter du rock à fond, me défouler en tapant sur mes fûts ou faire de la moto sans déranger les voisins. En plus, c'est pratique : je suis tout près des terrains d'entraînement du PSG. En même temps, je ne suis pas trop loin de Paris. Je suis content de me rapprocher de la capitale. Je vais enfin pouvoir me balader sans que l'on m'arrête à tous les coins de rue. À Saint-Étienne, je n'arrivais plus depuis longtemps à être tranquille. Ici, je me sens anonyme, à l'abri de la pression. J'aurais pu choisir d'emménager à Paris. Pour les sorties, ce serait l'idéal : tous mes copains y habitent. Comme Luc, mon ami d'enfance, ou Jean-Luc, mon copain stéphanois qui m'avait embarqué dans la politique. J'ai même un peu hésité. Mais finalement, j'ai préféré rester à l'écart de la ville. D'abord, je suis venu pour exercer mon métier. Et mon métier, c'est de jouer au foot, pas de passer mon temps dans les concerts. Une petite sortie de temps en temps, après un match, d'accord. Mais pas question de faire la fête tous les soirs. Sinon, je risque de le payer cher sur le terrain. Et puis, il n'y a pas que ça. Je le reconnais, cette ville me fait un peu peur. Je me sens partagé entre l'excitation et une certaine appréhension. Paris, c'est aussi le bruit, le monde, le stress... Tout ça, je n'aime pas trop. Même si je rêvais de quitter mon chalet parce que j'en avais marre de vivre à l'écart, je ne me vois pas pour autant perdu dans la foule. J'arrive de la campagne, je n'ai jamais vécu dans une grande ville... Pour l'instant, je préfère m'acclimater tranquillement. J'ai besoin de trouver mes marques. Au calme. Loin de l'agitation parisienne.

*

* *

Décidément, Paris n'est pas Saint-Étienne. Je m'en aperçois dès les premiers jours. Ici, tout est à construire. C'est normal, le club est encore jeune. Après tout, il n'a qu'une dizaine d'années d'existence derrière lui. Il est remonté en première division il y a seulement six ans, à la fin de la saison 1973-1974. D'ailleurs, quand on y pense, c'est incroyable : avant la création du PSG, en 1970, la capitale ne comportait plus aucun club de premier plan. Et aujourd'hui, un seul évolue en première division. Dans toutes les autres capitales, plusieurs formations se disputent les premiers rôles. À Milan, il y a le Milan AC et l'Inter. À Madrid, le Real et l'Atletico. À Londres, on ne les compte même plus. À Paris, les clubs de légende comme le Racing ou le Red Star ne jouent plus les premiers rôles. Tout repose sur le PSG. Jusqu'à présent, il n'a décroché aucun titre. En Coupe de France, il a parfois réussi un joli parcours. Comme lors de la saison 1974-1975, où il s'est fait éliminer en demi-finale par Lens. En Championnat, c'est plutôt les montagnes russes. Sur le papier, l'équipe est séduisante. Sur le terrain, c'est une autre affaire. Les résultats sont irréguliers. À chaque début de saison, le PSG promet beaucoup. Mais il ne tient pas toujours ses promesses. L'équipe peut être brillante pendant un match avant de sombrer la semaine suivante. À la longue, c'est agaçant. Du coup, le club piétine souvent en milieu de classement. Lors de la saison 1979-1980, le PSG a terminé septième. Les deux saisons précédentes, onzième. Bilan : peut mieux faire... Pourtant, les dirigeants sont ambitieux. Heureusement, car il y a du travail, et pas seulement sur le plan sportif. En matière d'organisation et d'infrastructures, le club doit encore progresser. Chez les Verts, nous étions à la pointe du professionnalisme. Rien n'était laissé au hasard. Saint-Étienne était très en avance sur son temps. À Saint-Germain, quand je vois nos terrains d'entraînement du Camp des Loges et les locaux réservés aux professionnels, je me dis que c'est loin d'être gagné. En signant au PSG, j'ai changé d'univers. Mais c'est ça, justement, qui m'a motivé. Et puis, la perspective de me retrouver tous les quinze jours au Parc des Princes ne me laisse pas indifférent. J'adore ce stade. Jouer au Parc, c'est un vrai plaisir. On se sent isolé du monde extérieur, comme s'il n'y avait plus que le match qui comptait. Les cris du public résonnent et courent le long des tribunes, tout autour de nous. Je trouve ça impressionnant. J'aime le public parisien aussi, même s'il n'a rien à voir avec celui de

Saint-Étienne. J'ai toujours été bien accueilli quand je suis venu jouer contre le PSG. Grâce à l'épopée des Verts, j'ai la cote. À moi de ne pas le décevoir. À Paris, les gens viennent encore pour le spectacle. Ils veulent avant tout voir du beau football. Parfois, ils vont au Parc pour voir jouer l'équipe adverse... À Saint-Étienne, c'est un vrai public populaire. Un public de supporters. Là-bas, le foot est à peu près la seule distraction. Les Verts, c'est la fierté locale. Quand on sortait dans les rues, les gens nous reconnaissaient et venaient nous parler. Toute la ville était derrière nous. On sentait une passion collective qui n'existe pas à Paris. Ici, c'est autre chose. Le football n'est qu'une distraction parmi d'autres. Alors, forcément, les gens sont plus exigeants. C'est une question de mentalité aussi. Beaucoup de Parisiens se moquent du foot. Je me demande même si tous savent qu'il existe un club à Paris... Le supporter du PSG est encore une denrée rare. À chaque match, il faut le reconquérir. En tout cas, l'équipe est motivée. Entre les joueurs, l'ambiance est excellente. Je ne débarque pas en terrain inconnu : je rejoins mon copain Dominique Bathenay. Depuis les sélections de jeunes, nos destins se sont toujours croisés. Et aujourd'hui, je vais continuer ma carrière à ses côtés. Je retrouve aussi Dominique Baratelli, avec qui j'ai déjà joué en équipe de France. Il y a de grands noms dans cette formation parisienne. Mustapha Dahleb, le Brésilien Abel, Toko, Boubacar... Des jeunes pleins de talent aussi, comme Pilorget ou Fernandez. Bref, de quoi construire un club et obtenir des résultats. Enfin, sur le papier, encore une fois. En espérant que cette année la réussite sera au rendez-vous. Et pourquoi pas, le tout premier titre du club. Si je viens à Paris, c'est aussi pour gagner. J'en ai pris l'habitude avec les Verts. J'aimerais bien que ça continue.

*

* *

C'est la saison de tous les changements. Nouveau club, nouvelle ville, nouvelle vie... Et nouveau numéro au dos de mon maillot. Je dis adieu au numéro sept, celui de mes années d'ailier droit avec les Verts. Désormais, je porte le chiffre neuf. Le chiffre magique. Le numéro fétiche des avants-centres. Depuis le temps que j'avais envie de retrouver le poste de mes débuts... J'en ai beaucoup parlé avec Georges Peyroche, l'entraîneur du PSG, avant de signer mon contrat. Il a très bien compris ce que je désire. Il est d'accord pour tenter l'expérience. Il prend un risque. Il ne sait pas trop ce que je peux donner au centre de l'attaque. Le Rocheteau ailier, tout le monde connaît. Le Rocheteau avant-centre, c'est le grand saut dans l'inconnu. D'autant plus que je n'aspire pas à jouer de manière classique. Je ne suis pas un vrai chasseur de buts. Pas le genre à me faire oublier pendant le match pour mieux marquer au moment où on ne m'attend pas. Je n'ai pas le profil des grands buteurs, comme Carlos Bianchi ou Dellio Onnis. Bianchi, justement, c'était l'avant-centre du PSG il n'y a encore pas si longtemps. Un vrai renard, celui-là. Un type matois, doté d'un instinct incroyable. Pas forcément très élégant balle au pied. Jusqu'à ce qu'il récupère un ballon qui traîne dans la surface et l'expédie, on ne sait trop comment, au fond des filets. J'ai plutôt envie de me balader devant le but adverse. J'aimerais retrouver ma liberté. Cette liberté que j'éprouvais quand je jouais avant-centre chez les jeunes et en amateur. Même si je suis persuadé que je suis fait pour ce style de jeu, c'est un vrai pari. Je ne sais pas si le public va m'accepter à ce poste. Beaucoup de gens voudraient que je continue sur l'aile. Ils ont toujours en tête le Rocheteau des grandes années stéphanoises. Pour eux, je suis condamné à rester un ailier de débordement, à enchaîner les dribbles avant de centrer pour mes partenaires. Mais moi, j'en ai assez. Marre de ce jeu stéréotypé. Marre de prendre des coups aussi. Les défenseurs adverses ne me font aucun cadeau. À force, je fatigue un peu. Je ne suis pas certain non plus que les journalistes de la presse sportive comprennent bien mes intentions. Mais bon, tant pis. Au moins, il faut tenter l'expérience. Les tout premiers matchs de la saison m'ont encouragé dans cette voie. Après un stage aux Pays-Bas, nous avons disputé quelques rencontres amicales. Au tournoi de Troyes, contre les Bohemians de Prague, j'ai joué avant-centre. J'ai marqué à deux reprises. Les deux buts de la victoire. J'étais heureux. Je me suis senti libre, enfin. Deux jours après, nous avons rencontré... les Verts. Et nous avons gagné là encore. C'était encourageant pour la suite des événements. Mais c'était en matchs amicaux. Là, depuis la reprise du Championnat, il faut bien reconnaître que le PSG piétine. À Angers, pour la première journée, j'ai plutôt raté mon entrée. Je me suis même retrouvé par terre, assommé par le coup de tête d'un adversaire ! Pour la journée suivante, j'ai fait mes grands débuts officiels au Parc, contre Strasbourg. Là non plus, ce n'était pas ça. J'ai eu un mal de chien à terminer le match. Trop court physiquement. Je n'étais pas encore habitué aux grandes dimensions de la pelouse du Parc. Petit à petit, heureusement, je finis par trouver mes marques. Enfin, presque : en six matchs, je n'ai toujours pas marqué un seul but. Pour un avant-centre, ça fait désordre. Dans l'esprit du public, je suis tout de même censé mettre la balle au fond. Je le comprends d'ailleurs. Un numéro neuf est là pour marquer. Le reste, c'est de la littérature. Même si je sais bien que ce n'est pas la priorité de ma nouvelle manière de jouer. Désormais, je privilégie les déviations, les appels de balle et les remises en pivot pour les autres attaquants. Les supporters m'ont accueilli avec bienveillance, mais leur patience risque d'avoir des limites. Pourtant, moi qui ai facilement tendance à gamberger, je ne me mets pas trop la pression. Georges Peyroche me répète qu'il a confiance en moi. Mes coéquipiers m'encouragent et me donnent de bons ballons. À force de travail, à force de patience, je sais bien que ça va finir par rentrer. Déjà, la forme est revenue. C'est l'essentiel. Je ne peux pas donner le meilleur de moi-même si je suis à la traîne physiquement. Au fil des matchs, je me sens de mieux en mieux. Et au mois d'août, pour la septième journée, je marque contre Metz. Enfin ! Et de la tête en plus. Ce n'est pas le but de l'année, d'accord. C'est même ce qu'on peut appeler un but de raccroc. Mais c'est un but, et c'est tout ce qui compte. Quelques semaines plus tard, le PSG reçoit les Verts. Le Parc est bondé. J'ai envie de faire quelque chose de grand contre mes anciens coéquipiers. Ce jour-là, je suis comme en état de grâce. Je tente des trucs, et ça marche. Tout me réussit. Je me sens complètement libéré. Cette fois, mon début de saison un peu poussif est oublié. Définitivement. Contre Lille, en décembre, je marque même à trois reprises. C'est un événement : mon tout premier coup du chapeau – *hat trick*, comme disent les Anglais. Cette année-là, le club se classe cinquième du Championnat. Avec cinq points d'avance sur Lyon, mais à onze points des Verts, sacrés champions pour la dixième fois de leur histoire. Le PSG n'en est pas encore là... En Coupe de France, nous avons été éliminés par Nantes en seizièmes de finale. Mais quel match ! Défaite deux à zéro à Marcel-Saupin, victoire cinq à trois au Parc. Avec trois buts du PSG en une demi-heure... Mais Nantes se qualifie au bénéfice des buts marqués à l'extérieur. Rageant ! Au moment de dresser le bilan, en juin 1981, je suis satisfait. Je termine meilleur buteur de l'équipe avec seize réalisations. Le démarrage a été laborieux, mais j'ai fini par trouver le rythme. Décidément, j'ai fait le bon choix en signant à Paris. Maintenant, il reste à confirmer. La prochaine saison est capitale. Pour le club, qui doit progresser, mais aussi pour moi. Au bout, il y a la Coupe du monde en Espagne. Et j'ai très envie de faire oublier l'Argentine.

*
* *

« J'ai deux amours, mon pays et Paris », dit la chanson. Moi, c'est pareil. J'ai deux amours, l'équipe de France et le PSG. Je suis content de ma première saison parisienne. J'ai réussi mon adaptation. Pourtant, ce n'était pas évident. Ce changement de poste, c'était presque un nouveau départ. Mais je me suis bien installé dans ce rôle d'avant-centre. Peyroche me fait entièrement confiance. Du coup, je joue en me sentant libéré. Je suis plus collectif. Je cherche moins à passer l'adversaire en tentant l'exploit individuel à travers le dribble. Le public du Parc a bien compris cette nouvelle manière de jouer. Il m'a adopté lui aussi. Avec mes coéquipiers, l'entente est parfaite. Et j'ai de très bons copains dans cette équipe. Bathenay, bien sûr, mais aussi Dominique Baratelli, notre gardien. Pour cette nouvelle saison, le Yougoslave Surjak a été transféré au PSG. C'est une vieille connaissance : il faisait partie de l'équipe de Split venue à Saint-Étienne se faire battre cinq à un. C'était en novembre 1974. Je me souviens encore de ce match incroyable. Ce soir-là, j'étais dans les gradins de Geoffroy-Guichard. C'était le début de la légende des Verts. C'est un peu loin, tout ça. Luis Fernandez a intégré les rangs des pros. Je l'aime bien, Luis. Un peu « grande gueule », parfois... Mais je sais que l'on peut compter sur lui dans les moments difficiles, et c'est le plus important. Michel N'Gom, Sanchez et Raymond Domenech nous ont rejoints eux aussi. Domenech jouait dans l'équipe de Lyon le jour où je m'étais blessé, en avril 1974. Ce jour-là, j'ai bien cru que le foot était terminé pour moi... Heureusement, ce n'est plus qu'un mauvais souvenir. Que demander de plus ? Un titre, par exemple. Ce serait bien pour le club, qui progresse d'année en année. Le PSG n'avait jamais fait aussi bien que cette cinquième place en Championnat. Maintenant, il faut continuer. Apprendre à devenir plus régulier surtout. La constance dans les résultats, c'est ce qui a toujours manqué à Paris. À chaque saison, l'équipe démarre bien avant de s'écrouler à l'approche de l'hiver. Les spectateurs sont de plus en plus nombreux au Parc des Princes. Le nombre d'abonnés augmente. Bien sûr, nous jouons encore certains matchs devant dix ou quinze mille personnes. Dans un stade de près de cinquante mille places, ça fait un vide dans les tribunes. Mais on sent bien que tout le monde commence à y croire. Le public, les dirigeants, les politiques... Et nous, les joueurs, évidemment. Moi le premier. Pourtant, au moment d'entamer la saison 1981-1982, je ne suis pas au mieux de ma forme. Au mois de mai, une inflammation au tendon d'Achille du pied gauche m'a perturbé. Je me suis reposé tout l'été pour éviter la tendinite. Mais à la reprise, j'avais toujours aussi mal. Le diagnostic a été brutal : déchirure du tendon. Ça faisait longtemps que je n'avais pas été freiné par une blessure. Les médecins ont parlé de m'opérer. À les écouter, il fallait absolument que je passe sur le billard. Mais je n'étais pas très chaud. Trop de risques. Ce genre d'opération est encore aléatoire. Je n'ai pas envie d'être obligé de mettre un terme à ma carrière. Je ne savais pas trop quoi faire quand on m'a parlé d'un certain Pierre Faucher. Un kiné de formation, devenu grand spécialiste des lésions ligamentaires. Il accomplit des miracles, m'avait-on dit. Je ne crois pas trop aux miracles, mais je suis quand même allé le voir. J'ai bien fait : en trois semaines, il m'a remis sur pied. Son approche est complètement différente de celle des médecins. Lui, il s'intéresse à l'état général de ses patients. En tout cas, grâce à lui, j'ai pu reprendre ma place dans l'attaque parisienne au mois d'octobre. Je n'ai retrouvé la forme que petit à petit. Mais l'essentiel, c'était de jouer. Pour ne pas perdre confiance, d'abord. Pour ne pas s'installer trop longtemps sur le banc de touche, aussi. Dans le foot, tout va très vite. Et mon contrat se termine au mois de juin. Juste avant le Mundial espagnol. Ce n'est pas le moment de me faire oublier. Ni par les dirigeants du club, ni par le sélectionneur.

*

* *

Paris aime la Coupe. La Coupe aime Paris. Depuis sa création, le club s'est souvent illustré en Coupe de France. Ce soir, on aimerait bien que cette histoire d'amour aille encore plus loin. Moi le premier : j'ai toujours adoré cette épreuve. Le public aussi. C'est la compétition la plus populaire du foot français. Sur une seule rencontre, tout peut arriver. On a vu des pros aguerris se faire balader par des amateurs survoltés qui jouaient là le match de leur vie. Quand un club amateur élimine une équipe professionnelle, le foot prend des allures de conte de fées. C'est toujours sympathique de voir des gars travaillant tous les jours et s'entraînant le soir, après le boulot, faire mordre la poussière à des vedettes pour qui le football est un métier. Enfin, sauf quand ça vous arrive, évidemment. Les Français ont toujours aimé les petits qui triomphent des grands. Il y a un côté David contre Goliath dans ces affrontements. La Coupe, je l'ai déjà gagnée avec les Verts. C'était en 1977, contre Reims. Un grand souvenir. En une seule soirée, on peut connaître plus d'émotions que pendant toute une saison. L'angoisse et le bonheur. Le stress et la tristesse. Tout ça concentré en l'espace de quatre-vingt-dix minutes. Toute la France du football est devant sa télé, le président dans les tribunes, la famille et les copains dans les gradins. La Coupe, c'est une fête. Comme le foot, quoi. Ce soir, le PSG joue la finale. Sa finale. La première de sa jeune histoire. Nous sommes le 15 mai 1982. C'est aussi le cinq centième match officiel du club. En face, ce n'est pas une équipe ordinaire : c'est Saint-Étienne. L'épopée européenne date d'il y a six ans, mais les Verts sont encore dans le cœur de tous les Français. Alors, le Parc est partagé. Moitié vert, moitié bleu et rouge, les couleurs du PSG. En Championnat, nous avons terminé à la septième place. Moins bien que la saison passée. J'ai marqué dix buts. Six de moins que l'année précédente, peut-être, mais je n'ai joué que vingt-trois matchs à cause de ma blessure. Pour sauver notre saison, il ne nous reste qu'une seule chose à faire : gagner. Et, en même temps, nous ouvrir les portes de l'Europe. Ce serait la toute première participation du Paris Saint-Germain à une épreuve européenne. Et la première fois depuis 1949 qu'un club parisien remporterait la Coupe de France, depuis la victoire du mythique Racing Club de

Paris contre Lille, à Colombes. Trente-trois ans sans rapporter un titre dans la capitale, c'est beaucoup. Mais il faut d'abord battre ces Verts-là, ce qui n'est pas rien. Même si nous les avons toujours vaincus au Parc. Cette année, ils ont encore terminé deuxième du Championnat, à un point de Monaco. Je vais retrouver quelques-uns de mes anciens coéquipiers. De la grande équipe des Verts qui avait disputé la finale de Glasgow, il ne reste que Lopez et Janvion sur le terrain. Robert Herbin et Roger Rocher sont encore là. Il y a aussi un certain Michel Platini. Pour lui, c'est un jour important. C'est son dernier match sous les couleurs de Saint-Étienne. Son dernier match en France. Il part en Italie, à la Juventus de Turin. Il va renouer avec ses racines italiennes, mais surtout se frotter à l'un des meilleurs Championnats du monde. Il veut laisser de beaux souvenirs au public français. Dans quelques instants, l'arbitre, M. Vautrot, va siffler le coup d'envoi. Mais d'abord, c'est *La Marseillaise*, suivie de la présentation des deux équipes au président de la République. Petit moment solennel avant de nous lâcher sur la pelouse. Emmené par Francis Borelli, François Mitterrand salue chacun des vingt-deux joueurs. « Bonjour ! » me dit le président en me serrant la main avant de se tourner vers Surjak. Soudain, il revient sur ses pas. « Vous êtes Charentais comme moi, hein ? » me dit-il tout d'un coup en pointant le doigt dans ma direction. Je ne m'attendais pas à ce qu'il m'adresse la parole. Alors, pris de court, je lui réponds un peu bêtement, sans trop savoir quoi lui dire : « Oui, c'est ça. Charentais... maritime. »

*
* *

Ce soir, je n'ai pas joué mon meilleur match de l'année. J'ai souvent eu le plus grand mal à passer balle au pied. Je me suis battu pourtant. J'ai même eu la première occasion de la rencontre, une tête sur un coup franc tiré par Mustapha Dahleb. Mais rien à faire. Quelle importance ? Nous avons gagné, et c'est là l'essentiel. Le PSG a enfin remporté son premier titre. Et de quelle manière ! La partie a été longue à se décider. Rien de marqué à la mi-temps. Un but partout à la fin du match. Deux à deux à l'issue de la prolongation. Il y a eu des buts, du spectacle, du suspense et de l'ambiance. Des retournements de situation aussi. Le public est content. Le président a passé une belle soirée. Platini a marqué à deux reprises. Il n'a pas gagné la Coupe, mais, pour ses adieux au foot français, il n'a pas loupé sa sortie. Son deuxième but est une vraie merveille. Sur une longue transversale de Zanon, Michel a récupéré le ballon dans la surface au milieu de trois Parisiens. Contrôle, frappe instantanée du droit, et la balle qui file au ras du poteau. Un pur chef-d'œuvre. C'était au début de la prolongation. Les Verts menaient deux à un. Après, plus les minutes passaient, plus je me disais que c'était fini pour nous. Mais nous n'avons pas baissé les bras. Et à la dernière minute, à la dernière seconde, j'ai arraché l'égalisation. Surjak s'est enfoncé dans la défense stéphanoise avant de balancer la balle devant le but. J'étais seul, juste devant la ligne des six mètres. J'ai vu le ballon arriver, j'ai frappé d'instinct. À cette distance, le malheureux Castaneda ne pouvait rien. Je n'ai peut-être pas fait un grand match, mais j'ai marqué le but décisif. Celui qu'il fallait marquer. Des moments de grâce comme celui-là, on en vit rarement dans une carrière. Ce but ressemble un peu à celui contre Kiev. Il est même plus beau : contre le Dynamo, j'avais repris la balle à ras de terre. Ici, c'était une demi-volée, encore plus spectaculaire. Pendant quelques secondes, j'ai été le plus heureux des hommes. À deux partout, tout était à refaire. Et là, il s'est passé un truc hallucinant. Toujours avec sa petite sacoche en cuir accrochée au poignet, Francis Borelli s'est levé de son banc avant de se jeter à plat ventre pour embrasser la pelouse, devant cinquante mille personnes incrédules... Il est fou, ce Borelli ! Sincère et passionné. Attentionné et très proche de ses joueurs. Quand j'ai eu des pépins de santé, il m'a toujours témoigné sa sympathie et ne m'a jamais laissé tomber. Il est très différent de Roger Rocher. Rocher était un excellent président lui aussi. Mais Borelli, c'est presque un copain. Et ce n'est pas une attitude affectée, ni du paternalisme. Il éprouve une véritable affection pour l'équipe et n'hésite pas à la manifester. La suite, on la connaît. Le public qui envahit le terrain, les haut-parleurs qui appellent au calme, le président Mitterrand qui attend, impassible. Et cette séance de tirs au but interminable, usante pour les nerfs, qui fait entrer le match dans la légende de la Coupe. Cinq tirs réussis par les Stéphanois. Cinq réussis par le PSG. Tout s'est joué à la sixième tentative. Christian Lopez qui voit sa frappe détournée par Baratelli, Pilorget qui réussit la sienne... Et voilà, c'est fini. Pour Saint-Étienne, c'est la fin d'une époque. Pour le PSG, c'est une soirée historique. La saison prochaine, pour la première fois, le club disputera une Coupe d'Europe. Pour moi, c'est une deuxième Coupe de France au palmarès. Dans quelques jours, je pars à Font-Romeu, dans les Pyrénées, pour le stage de préparation à la Coupe du monde. Avant de partir, j'ai prolongé mon contrat. Cette fois, j'ai signé pour trois nouvelles années. Je me suis fait assister par un avocat, mais j'ai tenu à être présent lors des négociations. Même si je déteste ça. Les discussions ont été longues. Le président Borelli a parfois essayé de faire traîner les choses et de m'embobiner un peu. Mais j'ai tenu bon. Je savais ce que je voulais. Et je peux être têtu quand c'est nécessaire... Si j'avais voulu, j'aurais pu partir. Des clubs français ont fait des propositions au PSG. Bordeaux s'est montré intéressé. Des clubs étrangers aussi, je crois. Comme je n'ai pas d'agent, je n'en ai jamais rien su. Mais j'ai préféré rester à Paris. Je suis bien ici. Je me suis habitué à la vie parisienne. J'ai quelques copains dans le foot, comme Mimiche – Michel N'Gom, mon coéquipier au PSG. J'en ai aussi plusieurs qui n'ont rien à voir avec le football. Ils viennent de tous les horizons. Certains d'entre eux ne sont pas vraiment des passionnés de foot, même s'ils sont devenus des habitués du Parc à force de venir me voir jouer.

Comme Chiroubles, le boucher de la rue Tiquetonne, près des Halles. Un phénomène, le Chiroubles... Un matin, il n'a rien trouvé de mieux à faire que d'accrocher une carcasse de viande sous ma voiture. Et un sacré morceau, en plus ! Un os de rumsteck gros comme le bras, qu'il a coincé avec une corde sous ma Golf. Quand je suis monté, je n'ai rien vu. Et une fois que j'ai démarré, je n'ai rien entendu à cause de la musique de l'autoradio... J'ai roulé quelques kilomètres en trimballant ce truc jusqu'à ce qu'un flic m'arrête, du côté de la place de la Concorde. « Vous savez que vous êtes en train de traîner une carcasse de viande derrière votre voiture ? » m'a-t-il demandé d'un ton vaguement suspicieux. J'avais l'air malin, avec ma pièce de rumsteck... Chiroubles, je l'ai connu grâce à mon copain Moulinot. Un peu journaliste – il pige pour *L'Écho des savanes* et pour *Rock & Folk* –, un peu homme de télé, un peu musicien, Moulinot joue de la batterie avec son groupe, Bulldozer. Son truc, c'est plutôt le rock sudiste, la country et le blues. Tout ce que j'aime, quoi. De temps en temps, je vais le voir au Bus Palladium, rue Fontaine, à Pigalle. Il a démarré au Bus en vendant des bonbons et des sandwichs. Un jour, il a commencé à s'occuper de concerts. Nous sommes devenus copains. Nous avons même organisé un match de foot, tous les deux. Nous étions allés jouer contre les vignerons de Ladoix-Serrigny, en Bourgogne. Nous avions passé deux jours sur place à boire du vin et à taper dans le ballon. Chiroubles était dans les buts, Yannick Noah jouait dans notre équipe et on avait pris Maxime Le Forestier comme entraîneur. Entre nous, ce match est resté fameux sous le nom de « match de Bouzinga ». En patois charentais, une *bouzinga* est une bouse de vache... Tous ensemble, on se voit régulièrement après les matchs, pour des restos ou des concerts. On se retrouve souvent dans le petit tex-mex du Café de la Gare. Le dimanche soir, on peut écouter des groupes de blues et de rock. La musique joue un grand rôle dans nos relations. Et puis, il y a mes copains d'enfance ou d'adolescence, comme Luc. Je ne les ai jamais perdus de vue.

En amitié, je suis plutôt du genre fidèle. Je ne cherche pas à rameuter trop de monde autour de moi. Je n'ai pas besoin d'avoir une espèce de petite cour ou de changer régulièrement de copains. Ma bande de potes suffit à mon bonheur. Avec eux, je me sens protégé. Et je m'aperçois que j'ai gardé les mêmes amis depuis trente ans. Côté foot, tout se passe plutôt bien. Le club est en progrès, je me suis épanoui dans mon nouveau rôle d'avant-centre, j'ai la confiance de l'entraîneur et du président... Dans un mois, c'est le Mundial espagnol. Michel Hidalgo m'a retenu dans sa liste. Je crois bien que j'ai tout pour être heureux.

CHAPITRE 12

Voir Séville et mourir

En arrivant au stage de l'équipe de France à Font-Romeu, dans les Pyrénées-Orientales, je me fais chambrer par mes copains stéphanois. Tout ça à cause de la finale de Coupe de France et de mon but à la dernière seconde. En attendant, c'est le PSG qui a gagné la Coupe, pas les Verts... Platoche l'a un peu mauvaise. Il a beau dire, il n'a pas digéré de terminer son dernier match en France sur une défaite. En tout et pour tout, j'aurai pris dix jours de vacances. Pas énorme, mais on fera avec. L'essentiel, c'est de faire partie de la liste des vingt-deux joueurs retenus par Michel Hidalgo pour disputer la Coupe du monde en Espagne. Ce stage à Font-Romeu, c'est une première. Jusqu'à présent, jamais une sélection française ne s'était réunie pour préparer une grande compétition internationale. Quand on repense à notre amateurisme lors de l'expédition argentine, on se dit que nous avons vraiment franchi une étape. L'objectif, c'est de passer trois semaines en altitude pour s'habituer au manque d'oxygène. À mille huit cents mètres, ça devrait aller. Après, logiquement, nos performances seront meilleures. En Espagne, il va faire chaud. Nous avons intérêt à nous familiariser tout de suite avec des conditions difficiles. Nous connaissons bien l'endroit : nous avons déjà séjourné une semaine ici l'hiver dernier, pendant la trêve du Championnat de France. Aux côtés d'Hidalgo, il y a tout un encadrement technique avec son adjoint Marc Bourrier, le préparateur physique, Alain de Martigny, et un certain... Yvan Curkovic. Notre Curko des années de gloire des Verts, engagé pour s'occuper des gardiens après avoir arrêté sa carrière. Pendant ces trois semaines, on bosse dur. Le matin, exercices d'endurance et tests de résistance physique. L'après-midi, entraînement technique. À dix-sept heures, pour s'habituer aux horaires espagnols. Là-bas, on vit plutôt en fin de journée. Autant s'y faire dès maintenant. Et en prime, trois matchs de préparation. Deux contre Andorre, un face au Pays de Galles. Pas question de se croire en vacances. En même temps, il faut faire attention à ne pas terminer complètement « cramé ». Le but du jeu n'est pas d'arriver sur les rotules en Espagne. L'équilibre à trouver est délicat. Mais je me sens bien. Je reste sur une bonne saison, je joue en confiance, mes petits soucis de santé sont oubliés. Je ne pense qu'à une seule chose : la Coupe du monde. Avec une envie grosse comme ça de tirer une croix définitive sur le fiasco argentin. En 1978, nous étions trop tendres. Trop inexpérimentés. Trop naïfs aussi. L'équipe naviguait entre deux générations. Là, rien à voir. Le groupe est soudé. Nous nous connaissons tous par cœur. Voilà quatre ans que nous partageons la même aventure en bleu. En quatre ans, nous avons accumulé une solide expérience internationale. Nous ne sommes plus des bleus, si l'on peut dire. Dix d'entre nous étaient déjà en Argentine. La Coupe du monde ne nous impressionne plus. Participer à l'événement, c'est bien. Mais ce n'est pas, ce n'est plus une fin en soi. Nous avons tous envie de prouver quelque chose.

*

* *

Douze sélections. Depuis l'Argentine, je n'ai joué que douze matchs avec l'équipe de France. Trois par an en moyenne. Ce n'est pas beaucoup. J'ai marqué un seul et unique but, en décembre

1981 contre Chypre. Maigre bilan. C'est vrai, j'attendais mieux. Mais il y a eu les blessures et les retours difficiles. Les périodes de petite forme et les moments de doute. Et puis, j'ai changé de poste. Ailier à Saint-Étienne, je me suis retrouvé avant-centre à Paris. Sur l'aile, je n'avais pas de vraie concurrence. Six à gauche, Rocheteau à droite, Lacombe au milieu : à une époque, c'était le trio offensif idéal. Là, en plein cœur de l'attaque, c'est autre chose. D'autant plus que je ne prétends pas jouer les avants-centres classiques, comme peut l'être un Bernard Lacombe. Ma sélection en bleu n'a donc rien évident. Et avec l'évolution des schémas tactiques, il y a moins de postes disponibles en attaque. Les places sont chères. D'accord, je m'entends bien avec Michel Hidalgo. Je suis sensible à son discours. J'apprécie autant sa manière de parler du foot que son côté humaniste et sa générosité. Je sais qu'il m'aime bien lui aussi. Mais ce n'est pas pour ça qu'il va me retenir en équipe de France. Ce serait trop simple. À moi de faire mes preuves. L'ennui, c'est qu'il n'est pas toujours convaincu par mon nouveau statut d'avant-centre. Il hésite. Il me fait faire des essais. Une fois sur l'aile, la suivante en position centrale. Du coup, je me sens déstabilisé. Je gamberge encore. Je me dis qu'il ne me fait pas entièrement confiance. Ma première sélection comme avant-centre, c'était contre l'Allemagne de l'Ouest à Hanovre, en novembre 1980. Un vrai naufrage. Les Allemands nous avaient laminés : quatre buts à un. Hidalgo m'avait remplacé par Olivier Rouyer à une demi-heure de la fin. Je n'avais pas l'impression d'avoir joué un mauvais match, pourtant. Forcément, je m'étais senti frustré. Ensuite, je n'ai pas participé à toutes les rencontres de qualification pour le Mundial. Notre groupe n'était pas le plus facile : nous sommes tombés sur l'Eire, la Belgique, les Pays-Bas et Chypre. À l'exception de cette dernière, que des grosses équipes. D'ailleurs, il s'en est fallu de peu que cette Coupe du monde nous file sous le nez. Après trois défaites, à Bruxelles, à Dublin et à Rotterdam, la situation était devenue critique. Tout s'est joué le 18 novembre dernier, au Parc, contre les Diables orange des Pays-Bas. Comme un *remake* de France-Bulgarie, quatre ans plus tôt. Là encore, il fallait gagner à tout prix pour obtenir notre ticket en Coupe du monde. J'étais confiant. Quelques mois plus tôt, au Parc, je venais de jouer l'un de mes meilleurs matchs en bleu contre la Belgique. Hidalgo m'avait enfin confié le poste d'avant-centre. Et là encore, contre les Pays-Bas, nous avons gagné. Platini a ouvert le score sur un de ses coups francs incroyables, avant d'aller se mettre à genoux au milieu du Parc devant un public au bord de l'hystérie. Et à huit minutes de la fin, je me suis échappé sur l'aile droite, comme au bon vieux temps. En face de moi, il y avait Krol, le capitaine. Une légende à lui tout seul. Un survivant de l'Ajax de la grande époque et de l'équipe des Pays-Bas finaliste des deux dernières Coupes du monde. Mais je n'ai pas tremblé quand je me suis retrouvé face à lui. Je l'ai passé une première fois, puis une deuxième, avant de centrer. C'est Didier Six qui a repris le ballon. À deux à zéro à huit minutes de la fin, nous avions les deux pieds en Espagne, ou presque. Il ne restait plus qu'à battre Chypre. Ce que nous avons fait sans difficulté quelques semaines plus tard, toujours au Parc. C'est même moi qui ai ouvert le score. Et sur coup franc, en plus, ce qui ne m'arrive pas très souvent. Il fallait vraiment que je me sente bien dans mes crampons pour accepter de tirer un coup franc... Cette fois, c'était sûr et certain : l'équipe de France disputerait une nouvelle phase finale de Coupe du monde.

*

* *

C'est beau, l'Espagne. C'est beau, mais c'est chaud. Beaucoup trop chaud. À Bilbao, ce 16 juin 1982, l'atmosphère est irrespirable. Pourtant, nous sommes en fin d'après-midi. Il est dix-sept heures, mais le soleil ne s'est toujours pas décidé à se calmer. Il va falloir courir pendant quatre-vingt-dix minutes dans une véritable fournaise. Dans quelques instants, nous allons disputer notre premier match de Coupe du monde contre l'Angleterre, au stade San Mames. Ici, on l'appelle « la cathédrale ». D'habitude, dans une cathédrale, il fait frais. Là, on se croirait plutôt dans une étuve. Je trouve que ce Mundial commence mal. Nous sommes logés à Torsedillas, à trente kilomètres de Valladolid, dans la résidence d'El Montico. L'endroit est superbe, avec ses jardins ombragés et ses allées bordées de pins maritimes. Pour ça, rien à redire. On sent bien que la Fédération a fait de gros efforts. Nous disposons même de nos propres cuisiniers pour notre confort personnel. Le problème, c'est l'organisation. J'ai l'impression que nous retombons dans les travers de notre séjour argentin. À l'hôtel, il y a un monde fou. On ne peut pas faire un pas sans croiser des supporters ou des journalistes. Impossible d'être tranquille. Pour la sérénité, c'est loupé. Pourtant, tout le monde s'était juré de tirer les enseignements de 1978. Apparemment, il y a eu des ratés. Et puis, nous sommes fatigués. Le stage à Font-Romeu nous a épuisés. Nous n'avons pas encore récupéré de nos efforts. Le décalage entre l'altitude et la plaine fait des ravages. Pour tout arranger, ça râle et ça grogne à l'intérieur de la sélection. Les décisions de Michel Hidalgo font grincer des dents. Certains lui reprochent d'avoir titularisé Jean-Luc Ettori dans les buts, à la place de Castaneda ou de Baratelli. Son organisation tactique en 4-4-2 ne fait pas l'unanimité, elle non plus. La défense est plutôt classique, avec Battiston, Trésor, Lopez et Bossis. Au milieu sont alignés Girard, Larios et Giresse. Je joue sur l'aile avec Gérard Soler. Platini, lui, est avant-centre. Contre l'Angleterre, tête de série de notre groupe, ça ne va pas être facile. Tout le monde s'attend à un match physique, très engagé. Comme toujours avec les Anglais. Ils se sont qualifiés de justesse, ils n'ont pas convaincu grand monde pendant leurs matchs de préparation, mais attention tout de même. Ils restent dangereux. La preuve : à peine une minute après que la partie a débuté, ils ont déjà ouvert le score avec Robson, tout seul au point de penalty. Au bout de vingt-sept petites secondes... Envolé, le record du but le plus rapide en Coupe du monde ! C'est Bernard Lacombe qui le détenait depuis le France-Italie de Mar del Plata. Il n'aura pas tenu bien longtemps. Gérard Soler a beau égaliser à la vingt-cinquième minute, rien n'y fait. En deuxième période, les Anglais ajoutent deux nouveaux buts. Et nous, nous les regardons courir. Physiquement, nous sommes cuits. Nos jambes sont lourdes, lourdes... Aussi lourdes que ce maudit soleil de Bilbao qui n'en finit pas de nous tomber sur la tête. Bilan : une défaite, trois buts encaissés, un seul marqué. Des erreurs de marquage dramatiques. Toute une organisation de jeu à revoir. Pas brillant, tout ça. La veille de la rencontre, je me sentais bien. Au bout de quatre-vingt-dix minutes, je suis comme les autres : vidé. Je ne me fais aucune illusion. Je sais bien que j'ai raté mon match. Je suis passé complètement à côté. Hidalgo va sûrement chambouler cette équipe. Et moi, je ne suis pas sûr de garder ma place. Décidément, elle commence mal, cette Coupe du monde.

*
* *

Il fallait réagir, nous avons réagi. Nous avons décidé de nous mettre à l'abri de la presse et des curieux. Désormais, les journalistes auront droit à une demi-heure quotidienne d'entretien avec les joueurs, pas une minute de plus. C'est terminé, cette espèce de cohabitation permanente entre la presse et l'équipe. Nous avons besoin de nous retrouver entre nous. Loin des regards et des influences extérieures. Pour parler. Pour faire le bilan et tenter de trouver des solutions. Il faut faire vite. Dans ce genre de situation, la plus grande vigilance s'impose. L'ambiance peut se dégrader très rapidement. Un groupe de vingt-deux joueurs est une petite communauté fragile. Déjà, des clans commencent à se former au sein de la sélection. Certains critiquent Platini. Ils l'accusent de jouer un rôle trop important au moment de décider de la composition de l'équipe. Il était temps de mettre les choses au point. En tout cas, comme je m'y attendais, je ne suis plus titulaire. C'est Lacombe qui me remplace. À ce moment-là, je me dis que la Coupe du monde, pour moi, c'est terminé. Je regarde les matchs contre le Koweït et la Tchécoslovaquie, nos deux autres adversaires, depuis le banc de touche. Comme tout le monde, je suis éberlué par la tragi-comédie de France-Koweït. Quel cirque ! Après le quatrième but, marqué par Alain Giresse à dix minutes de la fin, les Koweitiens refusent d'engager. Dans les tribunes, un homme leur adresse de grands signes de la main. Il leur donne l'ordre de rentrer aux vestiaires. Cet homme, c'est le cheik Fahad. Il a le bras long, le cheik. Non seulement il dirige la fédération de son pays, mais c'est aussi le frère du chef de l'État. Alors, les Koweitiens s'exécutent. Les voilà qui commencent à quitter le terrain. Mais ce n'est pas fini : le cheik décide de descendre sur la pelouse, l'œil aussi noir que sa moustache. Il s'en va expliquer à l'arbitre soviétique, M. Stupar, qu'il a entendu un coup de sifflet partir des tribunes juste avant le tir de Giresse. Forcément, ses joueurs ont été perturbés. Donc, il faut annuler le but. Le cheik est très fâché. La discussion dure cinq bonnes minutes. Et finalement, M. Stupar se rend à ses arguments. Il annule le but. Stupeur générale. On n'a jamais vu ça ! Sur la pelouse, ça commence à chauffer. Genghini se frotte avec des Koweitiens. Marius Trésor intervient pour calmer tout le monde. Le cheik, lui, est content. Le voilà qui quitte le terrain en tapant dans ses mains, comme s'il s'applaudissait. C'est grotesque. Hidalgo est furieux. Il entre à son tour sur la pelouse. Lui aussi, il veut parler à l'arbitre. Mais les policiers espagnols le renvoient sans ménagement. Puisque c'est comme ça, il s'en va aux vestiaires. Heureusement, à la dernière minute, tout rentrera dans l'ordre avec un quatrième but marqué par Maxime Bossis. Et tout ça n'empêchera pas Giresse d'échanger son maillot avec un adversaire... Même si je n'ai pas joué, même si je n'ai pas trop le moral, je suis content. Aujourd'hui, l'équipe de France a montré un tout autre visage. D'accord, les Koweitiens ne sont pas les Anglais, mais tout de même. Maintenant, il reste à prendre un point contre les Tchèques pour nous qualifier. Un tout petit point. Ce qui sera fait trois jours plus tard. Après pas mal de frissons, un penalty encaissé à la quatre-vingt-cinquième minute et un sauvetage miraculeux d'Amoros sur la ligne à quelques secondes du coup de sifflet final. Ouf ! C'était juste, mais nous terminons deuxième de notre groupe. La France est qualifiée pour le deuxième tour. Le tirage au sort n'a pas été trop sévère : nous rencontrerons l'Autriche et l'Irlande du Nord. Il ne faut pas se plaindre. Nous aurions pu tomber sur des favoris comme l'Italie, l'Allemagne et le Brésil. Ou encore sur le pays organisateur, toujours difficile à battre à domicile. Là, nous avons peut-être une chance de nous qualifier pour les demi-finales. En tout cas, nous avons fait mieux qu'il y a quatre ans.

*

* *

« Dominique, tu entres ! » Ça, je ne m'y attendais pas. Notre premier match du deuxième tour, contre l'Autriche, vient de commencer. Les deux équipes jouent depuis un quart d'heure. Et moi, je suis toujours sur le banc de touche. Spectateur, mais pas acteur. Je n'ai pas tellement le moral. À l'entraînement, j'ai continué à donner le maximum, au cas où. On ne sait jamais. Physiquement, je me sens bien. Mais je n'ai joué ni contre le Koweït ni contre la Tchécoslovaquie. C'est frustrant. J'ai passé une semaine assez pénible. Et là, Bernard Lacombe vient de se blesser. Il demande à sortir. C'est vers moi que Michel Hidalgo se tourne. À vrai dire, je n'y croyais plus. Le foot tient vraiment à peu de choses. Bernard avait pris ma place après France-Angleterre. Cette fois, c'est moi qui le remplace. S'il ne s'était pas fait mal, je n'aurais sans doute jamais rejoué pendant ce Mundial. J'ai très envie de prouver quelque chose. Je veux montrer que je suis en forme et que l'équipe peut compter sur moi. Pourtant, au moment d'entrer sur le terrain, je ressens une sorte de panique. C'est une sensation fugitive, mais j'ai l'impression d'avoir oublié comment jouer au football. Je reste sur le souvenir de ce match loupé contre l'Angleterre. Pour tout dire, j'ai un peu peur. Heureusement, ça ne dure pas longtemps. Je suis tout de suite dans le bain. Très vite, je retrouve mes sensations habituelles. Tout va bien, je sais toujours comment jouer au foot... Au bout de vingt-cinq minutes, j'obtiens un coup franc. Genghini le transforme d'un superbe tir brossé qui vient mourir en plein dans la lucarne. Un à zéro : le score ne bougera plus jusqu'à la fin. Aujourd'hui, nous avons vraiment bien joué. Cette équipe de France est en train de monter en puissance. Et moi, j'ai le sentiment d'avoir disputé un très bon match. Je suis rassuré, Hidalgo aussi. Je crois bien que j'ai regagné ma place en attaque. J'en ai la confirmation quelques jours plus tard, quand il annonce la composition de l'équipe qui rencontrera l'Irlande du Nord. Cette fois, je suis titulaire d'entrée de jeu. Platini revient lui aussi. Contre l'Autriche, il avait préféré laisser sa place pour mieux soigner une légère blessure. Cette confrontation avec les Irlandais est cruciale. Un match nul suffit à nous qualifier. Par chance, leurs quatre-vingt-dix minutes contre les Autrichiens les ont épuisés. Ils ont joué sous une chaleur insupportable. À nous d'en profiter. À la pause, nous menons un à zéro. C'est « Gigi », Alain Giresse, qui a ouvert le score. Et celui-là, au moins, il ne sera pas annulé par l'arbitre... Deux minutes après la reprise, Marius me lance le ballon d'une petite pichenette de l'extérieur du pied droit, sur le côté gauche. Je suis à soixante mètres du but de Pat Jennings, le gardien irlandais. Je décide de partir tout seul. Me voilà en train de remonter tout le terrain. Je laisse un premier adversaire sur place. Un rapide coup d'œil pour voir si l'un de mes coéquipiers est démarqué, et je poursuis ma course. À l'approche des dix-huit mètres, j'ai deux Irlandais sur le dos. Un petit décalage sur la gauche, une frappe dans la foulée, et, hop ! voilà la balle au fond des filets. Pourtant, l'angle était plutôt fermé. C'est mon deuxième but en Coupe du monde. Le premier, c'était quatre ans plus tôt, contre la Hongrie. Vingt minutes après, j'en ajoute un deuxième. Juste à l'entrée de la surface, je récupère le ballon. Devant moi, il y a du monde. Aucune importance. Je suis sûr qu'il y a un truc à tenter. Crochet à gauche, et c'est déjà un Irlandais de passé. Crochet à droite, petit pont, en voilà un deuxième dans le vent. Deux autres arrivent sur moi. Il n'y a pas à hésiter : je frappe. Le ballon se faufile à travers une forêt de jambes. Dans la mêlée, je me retrouve à terre. Jennings est battu, encore. Décidément, je suis dans un bon jour. Mais en me relevant, je grimace. Je me tiens le genou. Au moment où j'ai frappé, un Irlandais a attrapé ma jambe d'appui. J'ai mal... J'espère ne pas m'être blessé. Par sécurité, je sors pour laisser ma place à Alain Couriol. À dix minutes de la fin, Giresse ajoutera un quatrième but. Les Irlandais s'inclinent par quatre à un. Cette fois, ça y est. Nous sommes en demi-finale. Pour la première fois depuis la Coupe du monde de 1958, en Suède, et l'épopée glorieuse de Kopa, Fontaine et les autres. Pour le football français, c'est un jour historique.

*

* *

Donc, ce sera l'Allemagne. Autrement dit, pas n'importe qui. Notre futur adversaire en demi-finale aligne un sacré palmarès. Déjà vainqueur de la Coupe du monde en 1974, l'Allemagne de l'Ouest vient de remporter deux ans plus tôt la Coupe d'Europe des nations. Les partenaires de Rummenigge se sont débarrassés des Anglais et des Espagnols. Pourtant, ils ne semblent pas au mieux de leur forme. Au premier tour, ils se sont qualifiés de justesse. Battus par l'Algérie, ils n'ont dû leur salut qu'à leur différence de buts. Nous, au contraire, ça tourne. L'équipe est en train de monter en puissance. Nos débuts dans ce Mundial ont été un peu poussifs, c'est vrai. Mais là, nous avons trouvé le bon rythme. Nous sommes heureux de jouer ensemble. Heureux et libérés. Les petites tensions du début ont disparu. Tous les joueurs cherchent avant tout à se faire plaisir. Alors, forcément, nous pratiquons un football agréable à regarder. Un football tourné vers le but adverse, soucieux du beau geste et pas seulement d'efficacité. Et puis, il y a cette ambiance dans les stades, cet accueil du public, tous ces supporters français qui ont fait le déplacement... En un mot, la fête. Ça me rappelle l'Argentine. En Espagne aussi, le foot déclenche une incroyable passion chez les gens. La perspective de jouer une demi-finale, c'est vraiment la cerise sur le gâteau. Les deux matchs auront lieu à Séville, une ville baignée de ferveur populaire. En arriver là, c'est la plus belle récompense que l'on pouvait imaginer. Enfin, presque. La plus belle, évidemment, ce serait d'aller en finale. Et de gagner... Et pourquoi pas, après tout ? Nous finissons par y croire. Le seul petit truc qui me chagrine, c'est cette douleur depuis France-Irlande. Je me suis fait une entorse au genou droit. Il ne manquerait plus qu'elle m'empêche de participer à la demi-finale. En même temps, je ne m'imagine pas déclarant forfait. Je suis revenu à mon meilleur niveau, j'ai une envie énorme... Non, vraiment, ce France-Allemagne, je le jouerai. C'est curieux, j'ai l'impression de revenir six ans en arrière, à l'époque de la finale de Glasgow. Là aussi, j'étais blessé et incertain. Là aussi, c'était à la veille de rencontrer une équipe allemande. Mais cette fois, il ne reste que trois jours avant le match. C'est peu. Pendant ces trois jours, je ne m'entraîne pas. Le médecin de l'équipe de France, le docteur Vrillac, s'occupe de moi. Le matin de la rencontre, je décide de jouer. Je tiendrai ma place. J'irai à Séville, avec les autres. J'entrerai sur la pelouse avec un énorme bandage sur la jambe, mais je serai là. Vrillac m'a fait une piqûre pour tenir le coup. Il ne m'a même pas dit ce qu'il y avait dans la seringue. Si ça se trouve, c'est juste un placebo. En 1976, j'avais eu droit à une injection de novocaïne pour endormir la douleur. Cette fois, le médecin a refusé. Interdit par le règlement. En cas de contrôle antidopage, je serais déclaré positif. Alors, il va falloir souffrir. Eh bien, je souffrirai s'il le faut. Je suis prêt. Pour une demi-finale de Coupe du monde, on peut tout de même accepter quelques sacrifices.

*
* *

8 juillet 1982. Il est bientôt vingt et une heures. France-Allemagne est là, tout près de nous. Dans une poignée de minutes. C'est drôle, nous sommes jeudi. Quand j'étais môme, j'attendais le jeudi avec impatience. C'était jour de foot, donc jour de fête. Je partais avec les copains jouer dans la rue ou dans les marais. Aujourd'hui, je suis aussi avec des copains. Ce ne sont plus les mêmes, mais c'est le même jeu. Le même bonheur. Seul le décor a changé. Pour le reste, c'est toujours un ballon qui roule et qu'il faut pousser jusque dans le but d'en face. La différence, c'est que nous allons jouer contre les Allemands. L'Allemagne, c'est un véritable mythe du football. Pourtant, on les dit fatigués. On raconte qu'ils sont diminués. On murmure que ce ne serait plus la grande Allemagne d'antan. On dit aussi que l'équipe de France joue comme les Brésiliens, que nous pouvons aller très loin si nous le voulons vraiment. On dit tellement de choses... Mais nous ne sommes pas tranquilles. Chacun de nous le sait bien au fond de lui : la logique veut que l'Allemagne l'emporte. D'accord, la logique et le football, ça fait deux, parfois. Mais seulement parfois. Il fait chaud, à Séville, dans le stade Ramon Sanchez Pizjuan. Heureusement, dans les vestiaires, l'ambiance est un peu plus fraîche. Dans ceux attribués aux Allemands, les murs sont décorés d'images pieuses, de christs bienveillants et de vierges protectrices. Dans les nôtres, rien. Rien que des murs d'une blancheur immaculée. Tout à l'heure, Hidalgo

nous a réunis. Il ne nous a pas dit qu'il fallait gagner à tout prix. Il n'a pas parlé d'obligation de résultat. Il a parlé de beauté du jeu. De gestes techniques. De plaisir collectif. Il n'a pas voulu faire peser sur nous cette pression de la victoire par n'importe quel moyen. Il dit qu'il nous suffit de bien jouer pour gagner. Sans même y penser. Maintenant, c'est à nous. Il faut y aller. Au bout d'un long couloir étroit, un petit escalier coincé entre deux murs blancs grimpe jusque sur la pelouse. Le stade est plein. Ils sont soixante mille à nous attendre, dans la chaleur étouffante d'une nuit d'été à Séville. Le public est là. Les acteurs sont en place. La pièce peut commencer.

*
* *

Ça ne pouvait pas démarrer plus mal. Au bout de dix-huit minutes, nous prenons un but. Déjà. En même temps, je me dis que ce match ne pouvait débuter de meilleure manière. Car ce but nous a libérés. Il nous a ôté cette inhibition qui nous paralysait depuis le coup d'envoi, cette appréhension qui nous empêchait d'affirmer notre jeu. Autant l'avouer, les Allemands nous faisaient peur. Leur palmarès, leur réputation, leurs vedettes... Mon adversaire direct, Briegel, est un colosse de près de deux mètres de haut. Et moi, à cause de ma blessure, je joue sur une seule jambe, ou presque. Nous nous sentions écrasés, nous les petits Français arrivés en demi-finale sans faire de bruit, presque comme des voleurs. Maintenant, c'est fini. Qu'avons-nous à perdre ? Rien. Et c'est là que tout change. C'est là que nous décidons de révéler notre vrai visage, de jouer notre football et de montrer de quoi nous sommes capables. Petit à petit, nous faisons jeu égal avec notre adversaire. Dix minutes après avoir encaissé ce premier but, je suis bousculé dans la surface. Penalty. Platoche le transforme en prenant Harald Schumacher, le gardien allemand, à contre-pied.

Un partout. Cette fois, le match commence pour de bon. Ce qui commence aussi, c'est le festival de Schumacher. Drôle de festival, à vrai dire. Derrière son calme et sa nonchalance apparente, il fait preuve d'une agressivité surprenante. On le sent complètement excité. À se demander s'il est vraiment dans son état normal. Après avoir récupéré le ballon, il se jette la tête en avant dans les jambes de Platini alors que celui-ci, le dos tourné, repart vers le centre du terrain. À un autre moment, il donne un violent coup d'épaule à Manu Amoros. Puis il se laisse tomber de tout son poids sur Didier Six. Pour faire mal, uniquement pour faire mal. Et dans la foulée, il le repousse de la main. Des gestes violents, injustifiés, destinés à impressionner méchamment l'adversaire. Ou, pire encore, à le blesser. Je m'approche de lui. J'essaie de le raisonner. Platini lui demande de se calmer. Mais rien à faire. Il va continuer ses actes d'antijeu jusqu'à la soixantième minute. Cette maudite soixantième minute... Lancé par Michel Platini, qui lui adresse un long ballon depuis le milieu du terrain, Battiston s'engouffre en profondeur. Il file vers le but de Schumacher. Un espace s'ouvre devant lui. Les défenseurs allemands lui courent après. Trop tard. À la limite de la surface, Battiston, entré en jeu dix minutes plus tôt, reprend le ballon du pied gauche en demi-volée. Face à lui, Schumacher déboule à pleine vitesse. Il se jette sur Patrick, le corps en avant. Celui-ci n'a pas le temps de se protéger. Juste après la frappe de Battiston, Schumacher a marqué un léger temps d'arrêt. Une fraction de seconde, presque imperceptible. Puis il a pris son élan pour mieux se propulser dans les airs et le heurter de toute sa force. Le choc est d'une violence extrême. Patrick reste au sol, inanimé. Le ballon continue de rouler. Il s'en va frôler le but adverse. Mais plus personne ne prête attention à lui. Tous les regards se tournent vers l'homme à terre, dont le corps immobile est secoué de spasmes. Seul Schumacher s'intéresse au sort de la balle. Comme tous les autres, je me précipite vers Patrick. Je me penche au-dessus de lui. Il ne bouge plus. Un vent de panique souffle dans les rangs tricolores. Didier Six adresse de grands signes de la main en direction du banc de touche pour alerter le médecin. On emporte le blessé sur une civière. Platini l'accompagne en lui tenant la main. Le sort du match devient soudain dérisoire à nos yeux. « Il y a un blessé, là-bas ! La Coupe du monde, on s'en fout ! » crie Gérard Janvion à l'arbitre. L'arbitre, justement, que dit-il ? Rien. Le Néerlandais Charles Corver n'a pas sifflé. Ni avertissement, ni expulsion, ni penalty. Schumacher, lui, reste imperturbable. Les mains sur les hanches, il regarde ailleurs. Il s'amuse à jongler avec le ballon. Comme s'il ne s'était rien passé. Comme si toute cette agitation ne le concernait pas. Il n'a pas un seul regard pour sa victime. Il ne s'inquiète même pas de son sort, indifférent au drame qui vient de se jouer. Après quelques minutes, la partie reprend sous les sifflets du public. Plus rien ne sera comme avant. Le match va entrer dans une nouvelle dimension. Pour nous, il va basculer dans le bonheur. Il s'achèvera dans la tragédie.

*

* *

Et dire que tout aurait pu s'arrêter là... Tout aurait pu s'arrêter à la dernière minute du temps réglementaire, quand Manu Amoros a envoyé le ballon sur la barre transversale de Schumacher. Nous aurions été qualifiés pour la finale. Nous aurions peut-être, qui sait, écrit la plus belle page de l'histoire du football français. Mais ce match de Séville ne serait pas entré dans la légende. Nous n'aurions pas vécu ces instants de folie, ces retournements de situation insensés, ces moments de joie intense et de profond désespoir. Après la blessure de Patrick, nous avons pris le match en main. Nous avons joué, tout simplement. Sans crainte ni calcul. Sans arrière-pensées ni retenue. Nous avons laissé parler notre football. Tout s'est enchaîné, comme par magie. Tout nous était devenu facile. Cette fois, c'était au tour des Allemands d'entrevoir le spectre de la défaite. Je crois bien que, ce soir-là, nous avons disputé le match de notre vie. Nous étions bien. Comme dans une sorte d'euphorie collective et individuelle. Quand est venue l'heure de la prolongation, cet état de grâce ne s'est pas envolé, bien au contraire. Marius a marqué le premier, d'une splendide reprise de volée au point de penalty. J'étais à côté de lui quand il a frappé. Il a tendu sa jambe droite. Il a expédié le ballon juste sous la barre de Schumacher avant de s'écrouler, emporté par son élan. Un geste superbe. Puis Giresse a aggravé le score. À l'approche des dix-huit mètres allemands, j'avais passé le ballon à Platini qui a décalé Six, sur la gauche. Didier est entré dans la surface. Il a fixé deux défenseurs adverses avant de remettre en retrait pour Giresse. En pleine course, Gigi a repris la balle de l'extérieur du pied droit pour lui donner de l'effet. Elle est passée hors de portée de Schumacher, a frappé son poteau droit et est entrée dans la cage. Trois à un. Nous menons trois buts à un devant la grande Allemagne, à vingt minutes de la fin d'une demi-finale de Coupe du monde. Le rêve... Le rêve, puis le cauchemar. Rummenigge qui réduit le score, d'abord. Fisher qui égalise, ensuite. Tout est à recommencer. Les Allemands ont repris l'ascendant sur nous. Notre joie de jouer a disparu. Maintenant, c'est à notre tour de douter. Ce ballon qui, tout à l'heure encore, était comme un jouet entre nos pieds, semble se dérober sans cesse. À trois à un, il suffisait pourtant de pas grand-chose. D'un peu de rigueur défensive, tout simplement. D'une pincée de ce fameux réalisme à l'italienne qui nous aurait permis de tenir et de nous accrocher à nos deux buts d'avance. Certains nous l'ont reproché après le match. Après coup, c'est toujours plus facile. Mais nous, nous avons continué à jouer. Michel Hidalgo ne nous a d'ailleurs pas demandé le contraire. Il ne nous a donné aucune consigne défensive. Fermer le jeu, ce n'était pas dans nos habitudes. Ce n'était pas notre culture du foot. La question ne s'est même pas posée. Nous n'étions pas du genre à calculer, à nous regrouper frileusement en défense en attendant le coup de sifflet final. Cette manière de jouer, cette volonté de préserver la beauté du geste, c'est aussi ce qui a fait la magie de cette équipe de France. Ensuite, il y a eu l'épreuve terrible des tirs au but. Décider du sort d'un match de cette manière, c'est déjà dur en temps normal, mais ce soir, après ce que nous venions de vivre, c'était cruel. Je me suis chargé du troisième. D'une petite foulée rapide, je me suis avancé avant d'envoyer le ballon au fond des filets, à gauche de Schumacher. Après... Stielike et Six ratent chacun le leur, Maxime Bossis manque le dernier tir. Voilà, c'est la fin. Il ne reste plus qu'à quitter le terrain. La tête basse, le regard trouble et le cœur gros. Jean Tigana pleure, réconforté par Gérard Janvion. Nous sommes tous abattus. Dans les vestiaires, c'est la tristesse absolue. Nous savons que nous venons de passer à côté d'un truc fabuleux, d'un exploit comme jamais une équipe française n'en a accompli. En même temps, nous n'avons rien à nous reprocher. Nous avons tout donné, tout tenté. Deux jours plus tard, nous jouerons et perdrons contre la Pologne le match pour la troisième place. Je n'y participerai pas. Le lendemain, les Allemands s'inclineront contre les Italiens. De toute façon, je crois que si nous avions disputé cette finale, nous aurions perdu. Nous avions laissé trop de forces dans la bataille de Séville.

CHAPITRE 13

La vie parisienne

La vraie vie, pour un footballeur, c'est le terrain. Les matchs. Les entraînements. Le plaisir de courir avec le ballon. Pour moi, tout ça attendra. J'aurais bien aimé attaquer à fond cette nouvelle saison. Juste avec l'envie de jouer et de marquer. Mais je suis blessé. Encore. J'allais dire : comme d'habitude. Mon entorse au genou n'est pas vraiment guérie. Ce Mundial a laissé des traces. J'en ai marre de ces blessures à répétition. Marre de me prendre des coups et de servir de cible aux défenseurs adverses. Pour décompresser, je décide de partir. J'ai besoin de récupérer. Je quitte la France avec Bérengère pour quelques jours, direction l'île Maurice. Un truc de fous, quand on y réfléchit ! S'absenter du club pendant deux semaines sans rien dire à mes coéquipiers, alors que je devrais rester pour me faire suivre par le médecin de l'équipe... Mais Peyroche est d'accord. Avec lui, je fais un peu ce que je veux. Il m'a à la bonne. Alors, j'en profite. Je ne pense pas que les autres joueurs soient au courant. Sinon, certains râleraient. Et ils auraient raison. Tout de même, c'est rageant. Juste au moment où le PSG va jouer la Coupe d'Europe pour la première fois de son histoire, je suis sur la touche. Je n'ai eu que le temps de participer au premier match dans le stade du Lokomotiv Sofia, où nous avons perdu un à zéro. Heureusement, au retour, le PSG se qualifiera. Et de belle manière, en passant cinq buts aux Bulgares.

D'accord, ce n'est pas la Coupe d'Europe des clubs champions, mais tout de même. C'est la Coupe des vainqueurs de coupe, la deuxième compétition européenne des clubs. Moi qui n'avais qu'une envie, celle de retrouver l'excitation des grandes soirées européennes, c'est raté. Et c'est d'autant plus agaçant que, en Championnat, le PSG ne marche pas très fort en ce début de saison 1982-1983. Toujours le même refrain : un coup on gagne, un coup on perd. Le club retrouve ses vieux démons. L'inconstance, le manque de régularité, l'absence de rigueur... Heureusement, nous passons les deux premiers tours européens. Et je fais ma rentrée au début de l'hiver contre Metz, pour la quinzième journée de Championnat. Je marque même un but. J'ai une grosse envie de jouer et de marquer. Je me sens frustré par ces deux mois d'inactivité forcée. Je veux absolument être prêt pour les quarts de finale contre les Belges de Waterschei. *A priori*, ce ne sont pas les plus dangereux. On aurait pu tomber sur de gros clients comme le Bayern, l'Inter de Milan ou Barcelone. Mais les *« a priori »*, au football, il faut s'en méfier. Surtout en Coupe d'Europe. À l'aller, nous l'emportons deux à zéro. Tout reste possible. En plus, nous avons une sacrée équipe. Safet Susic vient tout juste de nous rejoindre. La fédération yougoslave l'a enfin autorisé à partir. Ce type a un talent étonnant pour taquiner le ballon. Il devrait faire mal chez nos adversaires. En attaque, je joue avec le Hollandais Kist. Avec lui, je ne m'entends pas plus que ça. C'est un avant-centre au jeu traditionnel. Il reste scotché devant le but en attendant qu'on veuille bien lui donner le ballon. Je préfère les attaquants plus mobiles. Mais finalement, je ne vais pas jouer. Georges Peyroche me laisse sur le banc pour le match retour en Belgique. Il y a trois jours encore, il m'avait demandé de me ménager pour être en forme. Et là, juste à la veille de la rencontre, il m'annonce que je ne serai pas sur le terrain. Il a choisi d'aligner Toko. Il pense qu'il sera plus capable que moi de jouer un jeu défensif. Pourtant, je me sens en pleine forme. Peyroche me fera tout de même entrer au bout d'une heure de jeu. Mais le PSG reviendra à la maison avec trois buts dans les valises et ses yeux pour pleurer. C'était bien la peine d'adopter une tactique défensive pour se prendre trois buts... C'est vraiment dommage. Pour nous, c'est une énorme déception. Notre manque d'expérience européenne s'est fait sentir. Après le bon résultat de l'aller, nous pensions tous que la qualification était en vue. Mais c'est fini. Le rêve européen n'aura pas duré bien longtemps. Nous terminons la saison en gagnant la Coupe de France contre Nantes, champion cette saison. Deux Coupes en deux ans de suite : pas mal pour un jeune club qui n'avait rien gagné jusque-là. Cette finale restera un beau souvenir, avec ce but superbe du Nantais José Touré. Amorti de la poitrine dos au but, contrôle, aile de pigeon et reprise de volée du gauche. La balle n'a même pas touché le sol... Au moins, nous retrouverons l'Europe la saison prochaine. Sans Peyroche, qui choisit de s'en aller. Trop de pressions, peut-être. Trop de critiques, sûrement. Entraîneur à Paris n'a jamais été un job de tout repos. Au moment de dresser le bilan, il n'a pourtant pas de quoi rougir : troisième du Championnat, vainqueur de la Coupe de France et quart de finaliste européen. Mais je crois que ses relations avec Borelli s'étaient détériorées. Et avec le public du Parc, ça n'a pas toujours été le grand amour. Kist termine meilleur buteur de l'équipe avec douze buts. J'ai marqué onze fois. Ce qui n'est pas si mal après deux mois de blessure.

*

* *

Pas terrible, cette saison 1983-1984. Ce n'est pas celle qui me laissera les meilleurs souvenirs. D'accord, il y a eu cette quatrième place en Championnat. Pour le reste... En janvier, élimination dès le premier tour de la Coupe de France par Mulhouse, un club de deuxième division. En mars, deux matchs nuls contre la Juventus de Platini, et au revoir la Coupe d'Europe. Deux changements d'entraîneur. Un manque de solidarité entre nous. Des tensions et des tiraillements. Et toujours ces résultats en dents de scie. À croire qu'ils sont devenus la marque de fabrique du PSG ! À la longue, c'est usant. Et puis, j'ai eu quelques petits problèmes personnels. Rien de grave, mais assez pour me faire douter. Une vieille habitude... J'ai eu un accident de voiture en rentrant à Étaules. Le truc idiot : en doublant un tracteur à l'arrêt dans une côte, j'ai percuté une voiture. Coup du lapin. C'est comme ça que je me suis retrouvé dans une ambulance en train de rouler vers un hôpital parisien. Ensuite, rien n'allait plus. Je me suis mis à avoir des vertiges. Des sensations d'étouffement. Par moments, je croyais même que j'allais mourir. L'angoisse... Les médecins n'ont rien trouvé. Régulièrement, je retournais à l'hôpital. Mais je n'ai jamais su ce que c'était. Aujourd'hui encore, cela reste un mystère. Une fois de plus, le président Borelli a été à mes côtés. Il m'a toujours soutenu. Mais je n'avais vraiment pas besoin de tous ces ennuis. La saison a été assez pénible comme ça. Je n'ai pas été très bon, je le sais. Je ne cherche pas d'excuse, mais il y a eu tellement de problèmes au club... C'est typique du PSG : on ne réussit jamais à construire dans la durée. Les résultats peuvent être excellents une saison, puis catastrophiques l'année suivante. Il y a trop de pression sur le club. On attend trop de nous. Trop, et trop vite. Il faut du temps pour bâtir une équipe. Mais à Paris, tout le monde veut tout, tout de suite. Le président, les politiques, le public, les médias... Le moindre faux pas, la moindre contre-performance prennent une ampleur disproportionnée. Il faut toujours faire mieux que l'année précédente. Comment joueurs et entraîneurs peuvent-ils faire du bon travail ? Je n'ai jamais été serein ces derniers mois. Mon jeu s'en est ressenti, forcément. Je ne me suis pas éclaté sur le terrain. Il me reste une année de contrat, mais je me suis demandé, à un moment, si j'allais continuer à Paris. Je me suis aussi demandé si le club avait envie que je reste... Je n'arrive pas à m'exprimer pleinement si on ne me fait pas confiance. En début de saison, Peyroche a été remplacé par Lucien Leduc. Un grand entraîneur, champion de France et vainqueur de la Coupe avec Monaco au début des années 1960. En 1978, il a même réussi l'exploit d'emmener Monaco jusqu'au titre alors que le club retrouvait tout juste la première division. Un grand monsieur aussi. Un homme très généreux. Un amoureux du jeu offensif et du beau geste. Quand il est arrivé, il a bien averti qu'il n'avait pas l'intention de tout chambouler. Je crois qu'il n'était pas très motivé par ce rôle d'entraîneur du PSG. Je pense aussi qu'il n'était pas vraiment à sa place dans ce club. D'ailleurs, il n'a rien pu faire pour freiner les mauvais résultats de l'équipe. Les blessures en série ne l'ont pas aidé. Et certains l'ont empêché de travailler dans de bonnes conditions. Des dirigeants, mais aussi des joueurs. Tout le monde n'a pas joué le jeu. Il en a eu marre assez vite. À son tour, il est parti en fin de saison. Et c'est... Georges Peyroche qui lui a succédé. Avant d'être remplacé, à son tour, par l'ancien international Christian Coste. Peyroche est revenu nous remettre sur les rails. Je suis frustré, vraiment. Tout ce que je retiendrai de la saison, c'est la confrontation avec la Juve. Se faire éliminer sans avoir perdu, c'est énervant. Mais en concédant le match nul au Parc à l'aller, on savait tous que le retour serait difficile. Pourtant, à deux buts partout, rien n'était joué. Et nous leur avons tenu la dragée haute, aux Italiens. À Turin, nous avons dominé. Mais quand il s'agit de conserver un résultat, ils sont très forts. Et ce nouveau match nul sur un score vierge signait notre élimination. Nous ne sommes pas passés loin de l'exploit. Je vais tâcher d'oublier bien vite cette année pour me consacrer au Championnat d'Europe des nations. Il commence dans quelques semaines. Et cette fois, il se déroule en France. Devant notre public. Il y aura même des matchs à Saint-Étienne. Nous allons tous nous retrouver à Font-Romeu pour notre préparation. Comme il y a deux ans, avant le Mundial. J'espère que nous allons revivre une aussi belle aventure qu'en Espagne. Et pourquoi pas, faire encore mieux. Aller jusqu'à la finale, chez nous, au Parc. Et gagner, bien sûr. Pour nous tous, c'est un rêve. Ça sert aussi à ça, le foot. À aller jusqu'au bout de ses rêves.

*
* *

La France est favorite. Pour tous les spécialistes, nous avons de bonnes chances de gagner cet Euro 84. Et pas seulement parce que l'épreuve se déroule en France. Depuis la Coupe du monde de 1982, on nous considère comme l'une des meilleures équipes européennes. Grâce à son expérience italienne, Michel Platini est plus fort que jamais. Au sommet de son talent et de sa maîtrise du jeu. Plus réaliste aussi. Ses deux ans de Championnat italien lui ont permis de changer de dimension. Ce Championnat d'Europe, c'est la dernière compétition de Michel Hidalgo. Après neuf ans comme sélectionneur, il a décidé de se retirer. On se dit tous que ce serait bien de terminer par une victoire. La première victoire de l'équipe de France dans une compétition officielle. Moi, j'y crois. Je suis en forme, je suis motivé, je suis bien dans ma tête. J'ai envie d'oublier cette saison très moyenne. J'ai envie de faire de grandes choses. En même temps, je sais bien qu'on doute de moi. Pas Michel Hidalgo, qui m'a retenu dans sa liste des sélectionnés. Mais certains, dans la presse ou dans le milieu du foot, ont émis des doutes sur l'utilité de mon rôle dans cette équipe de France. Hidalgo me l'a confirmé pendant le stage. Il m'a dit aussi qu'il était satisfait de mon état de forme. Et qu'il croyait en moi, même s'il ne m'a pas toujours fait jouer en bleu ces derniers mois. C'est vrai que je n'ai pas beaucoup porté le maillot tricolore cette année. La faute à mes blessures. La faute aussi à la concurrence en attaque. Nous sommes plusieurs à nous disputer les deux postes d'attaquant. Il y a Six, il y a Lacombe, il y a des jeunes qui arrivent comme Bellone ou Bravo... Ça fait du monde ! J'ai joué trois matchs depuis le début de l'année. Contre l'Angleterre, je suis entré en jeu à quelques minutes de la fin. Face à l'Autriche, j'ai marqué le seul but de la rencontre après avoir remplacé Lacombe. Et contre la RFA, j'ai été remplacé en cours de jeu par Anziani. La dernière fois que j'ai joué un match en entier, c'était pour France-Espagne, en octobre dernier. Là aussi, j'avais marqué le seul but français. Je sais que ma participation n'a rien d'évident. Mais ça ne me perturbe pas plus que ça. Hidalgo m'a bien dit qu'il comptait sur moi. Il a ajouté que je devrais gagner ma place et que je partais sur la même ligne que les autres, ce qui me semble parfaitement logique. Alors, à l'entraînement, je me défonce. Et quand j'ai confiance, en général je marque. La preuve : dans le premier match de préparation, contre Andorre, j'ai marqué. À deux reprises. Et pourtant, je n'étais entré qu'en deuxième période. C'est bon signe. Je serai prêt pour l'Euro.

*
* *

Je suis déçu. Très, très déçu. Vraiment, je ne comprends pas. Déjà, Michel Hidalgo ne m'avait pas retenu pour le dernier match de préparation contre l'Écosse, à Marseille. Il ne m'avait pas dit pourquoi. Après tout, il n'a pas à justifier ses choix. C'est lui le patron. C'est lui qui décide des orientations tactiques. C'est lui qui choisit les joueurs. Mais je m'attendais à entrer sur le terrain. Tous les attaquants possibles ont joué. Six, Lacombe, Bellone, Bravo... Sauf moi ! Là, j'ai commencé à me poser des questions. Je me suis mis à douter. Et quand je me mets à gamberger, c'est mal parti. Pour notre première rencontre de l'Euro, le 12 juin contre le Danemark, au Parc, je suis encore resté sur le banc. Lacombe et Bellone ont animé l'attaque. C'était un match dur, tendu, difficile. Un match frustrant. Pour les spectateurs, mais aussi pour moi. Rester scotché sur le banc alors que l'on brûle d'envie de jouer, c'est franchement pénible. Je ne pensais qu'à une chose, entrer en jeu pour essayer de percuter cette défense danoise. Malheureusement, Hidalgo en a décidé autrement. Après la rencontre, il m'a pourtant dit qu'il avait besoin de moi. Et j'ai joué ensuite contre la Belgique. Vingt minutes avant la fin, j'ai remplacé Lacombe. Je suis bien entré dans le match. Je me suis tout de suite senti à l'aise. Les Belges, eux, un peu moins. Pauvres Belges... Ils ont pris cinq buts, dont trois signés d'un Platini en état de grâce. Du coup, j'ai participé à la victoire contre la Yougoslavie, à Saint-Étienne. Mais là, rien n'allait plus. Mais alors, plus du tout ! J'avais l'impression désagréable d'être enfermé. Je me suis retrouvé coincé dans un poste d'avant-centre en pivot. Mon rôle était simple : dos au but, je devais remiser les ballons pour mes partenaires du milieu de terrain. Pas trop mon truc, cette manière de jouer. Mon tempérament, c'est plutôt de jouer les feux follets dans les rangs de la défense adverse. Contre la Belgique, j'avais pu évoluer en toute liberté. J'avais pu déborder, dribbler, centrer ou tirer au but. Bref, je m'étais comporté en véritable attaquant. Là, c'était mission impossible. À la mi-temps, Hidalgo m'a fait sortir. Tusseau m'a remplacé. À ce moment-là, je ne savais pas encore que je ne reviendrais plus sur le terrain jusqu'à la fin de la compétition.

*
* *

J'ai l'impression d'avoir raté mon Euro. Je n'ai participé ni à la demi-finale contre le Portugal, ni à la finale victorieuse face à l'Espagne. L'équipe de France est championne d'Europe, mais je n'arrive pas à me sentir pleinement heureux. J'éprouve une drôle de sensation. Un mélange de frustration et de malaise. Un sentiment de gâchis aussi. J'étais persuadé de pouvoir tenir mon rôle dans cette sélection. Je continue à me dire que j'aurais pu faire mieux, beaucoup mieux. Je n'ai pas été utilisé comme j'aurais pu l'être. Hidalgo ne m'a pas vraiment fait confiance. En tout cas, j'ai respecté ses consignes. J'ai joué le rôle qu'il m'a demandé de jouer, même si ce n'était pas tout à fait le mien. J'ai fait passer l'intérêt collectif avant mes états d'âme personnels. Je ne me suis jamais replié sur moi, même si certains moments ont été difficiles. J'ai continué à tout donner à l'entraînement. On ne sait jamais, Hidalgo aurait pu me relancer. Jusqu'au bout, j'ai continué à me dire que j'allais peut-être entrer en jeu. Mais après France-Yougoslavie, je n'ai plus ôté mon survêtement. Bien sûr, je suis champion d'Europe, comme les autres. Sur les photos prises juste après la finale, je pose avec tous mes coéquipiers. La différence, c'est qu'ils sont en maillot. Moi, j'ai gardé ma veste d'entraînement. On voit bien que je suis content et, en même temps, déçu. Cette fête, je l'ai vécue comme par procuration. D'ailleurs, quand on m'a remis la petite médaille du vainqueur, je me suis dit que je n'étais pas complètement champion... C'est ridicule, je sais bien. Mais c'est comme ça. Je suis content pour tous les autres, pour Michel Hidalgo, pour le public et pour le foot français. Pour moi, un peu moins. Mais je ne vais pas non plus passer mon temps à ressasser mes regrets. Il va falloir passer à autre chose. Prendre un peu de vacances, d'abord. Penser à la saison prochaine, ensuite. Il me reste une année de contrat avec le PSG. Après, il sera peut-être temps de tenter l'aventure de l'étranger. En Angleterre, pourquoi pas ? Ou aux États-Unis. C'est vrai que j'en rêve depuis longtemps. On verra le moment venu. Je dois aussi réfléchir à mon avenir en bleu. Dans deux ans, c'est la Coupe du monde au Mexique. J'aurai trente et un ans. Il ne me reste pas beaucoup d'années au plus haut niveau. Je ne sais pas si j'aurai encore l'envie et la condition physique nécessaires pour disputer un troisième Mundial. Je ne sais pas non plus si le futur sélectionneur voudra toujours de mes services. C'est encore loin, le Mexique. D'ici là, j'aimerais bien gagner de nouveaux titres avec Paris.

CHAPITRE 14

Sur un air de samba

Six ans, déjà. À la fin de la saison, cela fera six ans que j'ai posé mes valises à Paris. Au PSG, je finirais presque par passer pour un ancêtre ! Mais je ne regrette pas d'être resté. La preuve, j'ai signé pour deux nouvelles saisons. En janvier dernier, j'ai passé le cap de la trentaine. Déjà... Pour un footballeur, ce n'est plus tout à fait le bel âge, c'est vrai. Mais je n'ai pas dit mon dernier mot pour autant. Je pense avoir encore quelques années devant moi avant de penser à ma reconversion. Je me sens bien à Paris. Je me sens bien au PSG. La saison 1984-1985 n'a peut-être pas été la plus excitante de ma carrière, mais nous avons quand même été finalistes de la Coupe de France contre Monaco. Nous avons perdu aux tirs au but. J'ai terminé meilleur buteur du club avec quinze réalisations. La qualité du jeu n'a pas toujours été là, malheureusement. Nous avons joué un peu à l'emporte-pièce. Sans rigueur défensive. Sans élan collectif. Sans étincelles. Le PSG était souvent ennuyeux à regarder. Mais cette année, c'est autre chose. Nous avons changé d'entraîneur. Gérard Houllier a pris les commandes. L'année dernière, il était entraîneur de Lens. Et il n'y a pas encore si longtemps, il était... prof d'anglais dans un lycée. Il prône un jeu tourné vers l'attaque. Le recrutement a été réussi. Huit nouveaux joueurs nous ont rejoints. Ils se sont tout de suite intégrés. Ou plutôt, nous avons tout fait pour qu'ils s'intègrent et trouvent leur place dans le club. Entre les anciens et les nouvelles recrues, le courant passe bien. L'équipe possède une véritable ossature. Ce groupe, c'est du solide, malgré le départ de piliers comme Baratelli ou Bathenay. Joël Bats, le gardien d'Auxerre et de l'équipe de France, remplace Baratelli. C'est marrant, il a un peu la même dégaine que moi, avec ses cheveux longs et bouclés. Des goûts assez proches aussi. Et une même façon de voir la vie. Luis Fernandez a hérité du brassard de capitaine. Il s'est affirmé, Luis. Il est plus posé, plus sûr de lui, plus responsable. Moins chien fou qu'à ses débuts. Entre nous, l'ambiance est vraiment excellente. Il y a un bon esprit, ce qui n'était pas le cas avant. C'est essentiel à la réussite d'une équipe. À Saint-Étienne, nous formions un vrai bloc, malgré les différences d'âge ou d'affinités. Alors que, à Paris, ces dernières années, nous n'avons pas toujours été très solidaires. Mais tout ça, c'est du passé.

*

* *

Du côté du public, ça bouge aussi. Ça fait déjà deux ou trois ans qu'il existe un petit noyau de supporters fidèles. Dans la tribune Boulogne, derrière les buts, il y a même un *Kop* qui s'est monté, sur le modèle des stades anglais. Je discute souvent avec eux. Leur point de vue m'intéresse. Mais depuis quelque temps, ça change un peu. Et pas forcément en bien. On voit arriver des gens d'extrême droite. Un stade, c'est souvent le miroir de la situation politique d'un pays. Comme le foot est le sport le plus populaire, il a tendance à refléter les mouvements de l'opinion. Et comme Le Pen fait, hélas ! de plus en plus parler de lui, certains se sentent pousser des ailes. C'est pour ça qu'on retrouve des petits « fachos » au Parc. Le foot, ils s'en foutent. Tout ce qui les intéresse, c'est de profiter des matchs du PSG pour recruter de nouveaux adeptes. Ils viennent aussi pour se bagarrer avec les supporters adverses. Je n'aime pas ça. Ça ne correspond ni à mes idées politiques, ni à ma conception du sport. Heureusement, pour le moment, cela reste un phénomène limité. Mais c'est tout le football qui est en train de changer. Là encore, on sent l'influence de la société. Comme l'argent prend de plus en plus d'importance, il y en a de plus en plus dans le foot. C'est assez logique. En soi, ce n'est d'ailleurs pas forcément critiquable. Après tout, ce sport est un spectacle. Ce n'est pas la peine de se voiler la face et de jouer les hypocrites. Nous sommes des pros, il y a des intérêts en jeu, il existe une concurrence entre les clubs... Je ne vois là rien de choquant. Certains hommes d'affaires investissent et espèrent en retirer un bénéfice, financier ou autre. C'est normal. Simplement, il ne faudrait pas que l'argent ait une influence négative sur le jeu lui-même. Le danger, c'est l'obsession de la rentabilité. La hantise du résultat à tout prix, au détriment du plaisir de jouer et de la qualité du football pratiqué. Pour construire un club, il faut du temps. Il ne suffit pas d'injecter de l'argent à hautes doses en espérant que les résultats vont suivre le lendemain. Sans parler du risque de déséquilibre entre les clubs. Déjà, on voit bien qu'une hiérarchie est en train de s'installer entre les riches et les autres. Il serait regrettable que l'argent vienne fausser les résultats sportifs. Malheureusement, nous, les joueurs, ne pouvons pas grand-chose contre cette évolution des mentalités. Tout ce qui est en notre pouvoir, c'est de continuer à défendre une certaine conception du football sur le terrain, balle au pied. C'est peu, diront certains. Pour moi, c'est déjà beaucoup.

*

* *

Champions ! Nous sommes champions de France ! Depuis le temps que Paris attendait ça... C'est la première fois qu'un club parisien remporte le Championnat depuis 1936. C'était l'époque du Front populaire et des premiers congés payés. C'était aussi l'époque du grand Racing Club de Paris. Cette année-là, le Racing avait réussi le doublé Coupe-Championnat. Depuis, plus rien. Autrement dit, c'est un événement. Le président Borelli a gagné le trophée qui lui manquait. Houllier a vraiment fait du bon boulot. Le mélange entre les joueurs a bien pris. La saison a été presque parfaite. En Coupe de France, nous avons été éliminés en demi-finale par les Girondins de Bordeaux. Mais en Championnat, nous avons battu un record : vingt-six matchs d'affilée sans avoir perdu. Et au total, vingt-trois victoires, dix nuls et seulement cinq défaites. Chez nous, au Parc, personne ne nous a fait chuter. Pas mal... Surtout quand on se souvient de notre jeu confus de l'an dernier. Cette année, nous avons changé de programme. Nous avons joué collectif. À toute vitesse et dans la simplicité, avec des enchaînements à une touche de balle. Le rêve... Dès la reprise du Championnat, nous avons démarré sur les chapeaux de roues. Et après, personne n'a pu nous rejoindre. Même si les Nantais, à l'avant-dernière journée, n'avaient plus que deux points de retard sur nous. Malheureusement, nous n'avons pas joué la Coupe d'Europe cette année. Je suis sûr que nous aurions fait un malheur. La saison prochaine, peut-être. La méthode Houllier a marché. Une touche de rigueur, une touche de liberté créatrice. C'est comme ça qu'il a reconstruit un PSG tout neuf et tout beau. Une saison lui a suffi. Ce que j'aime chez lui, c'est son intelligence et son ouverture d'esprit. Il n'est pas figé dans ses certitudes. Il ne se bloque jamais sur ses positions. Il demande notre avis, tient compte de nos remarques ou de nos suggestions. Il discute beaucoup de tactique avec les joueurs cadres de l'équipe. Il sait où il va, mais ne cherche jamais à imposer ses vues. Et puis, il m'a toujours fait confiance. Je sais qu'à son arrivée il tenait absolument à ce que je reste. Je me suis toujours reconnu dans ses discours et dans ses choix de jeu. J'ai pu jouer à ma manière. J'ai l'impression d'avoir retrouvé les sensations de mes premières années parisiennes. Nous terminons avec trois points d'avance sur les Nantais. Je suis le meilleur buteur du club. J'ai mis la balle au fond des filets à dix-neuf reprises. Quatre fois de plus que l'an dernier. C'est Luis, le capitaine, qui marque le dernier but de la saison. Tout un symbole. Luis, encore, qui est élu meilleur joueur du Championnat par l'hebdomadaire *France Football*. Mais il ne marquera plus pour le PSG : l'année prochaine, il quittera le club. Il portera les couleurs de l'autre club parisien, le Matra Racing. Il n'a pas résisté aux propositions de Jean-Luc Lagardère, le président du Racing. On raconte qu'il va toucher une petite fortune chaque mois. On parle de sept cent mille francs... Pour un professionnel français, on n'a jamais vu ça ! C'est le signe que le foot est vraiment en train d'évoluer, avec des présidents comme Claude Bez à Bordeaux, Lagardère à Paris ou Bernard Tapie, devenu président de l'OM au début de l'année. Décidément, on entre dans l'ère du foot-business. Tous ces types vont bâtir des clubs à coups de millions de francs. Je ne sais pas si c'est bon pour le football, mais c'est comme ça. On verra ce que ça donnera. En attendant, ce cru 1986 du PSG est historique. Bats dans les buts. Bibard, Pilorget, Jeannol et Bacconnier en défense. Fernandez, Susic, Poullain, Lemoult et Couriol au milieu. Vermeulen, Sène et moi à l'attaque. Et dire que, en début de saison, personne ne nous attendait... C'est mon premier titre de champion depuis la saison 1975-1976 avec les Verts. C'était il y a dix ans, déjà. De quoi me donner un sacré moral. En plus, dans quelques jours, je m'envole pour le Mexique avec l'équipe de France. Direction la Coupe du monde. Ma troisième. Ma dernière, sans aucun doute. Quatre ans après le Mundial espagnol, on aimerait tous faire oublier cette maudite soirée de Séville. Moi, j'aimerais bien faire oublier mon Euro d'il y a deux ans. Et terminer en beauté ma carrière internationale.

*

* *

Ils sont là tout le temps. Impossible de faire un pas sans les croiser. De frapper dans un ballon sans les apercevoir du coin de l'œil. « Ils », ce sont les militaires et les policiers mexicains. Lunettes noires et grosse moustache. Matraque au poignet et sourire en berne. Ils surveillent la piscine. Ils scrutent les courts de tennis de l'hôtel. Ils nous accompagnent quand nous partons nous entraîner. Une voiture derrière, une voiture devant. Et le chant des sirènes hurlantes qui se fait entendre tout au long du trajet. On peut dire que nous sommes bien encadrés. C'est aussi ça, le Mexique. La délégation française s'est installée à Tlaxcala, à une centaine de kilomètres de Mexico. Nous sommes logés à l'hôtel Mision. C'est Henri Émile, l'intendant des Tricolores, qui l'a déniché l'année dernière. À l'époque, les murs sortaient à peine de terre. À notre arrivée, les bâtiments sont tout neufs. En si peu de temps, c'est un petit exploit. Pour les Mexicains, ce Mundial est un vrai défi. L'an dernier, au mois de septembre, Mexico a été ravagée par un terrible tremblement de terre. L'organisation de la Coupe du monde a été retardée. Mais cette catastrophe leur a donné l'envie de faire le maximum pour que l'événement soit une réussite. L'hôtel a été construit dans le plus pur style colonial mexicain. Il est situé en rase campagne. Comme ça, nous ne risquons pas d'être dérangés par le bruit. Depuis les chambres, la vue donne sur des cascades. Je partage la mienne avec Joël Bats, mon coéquipier du PSG. Nous sommes arrivés quinze jours avant le début de l'épreuve. À force, nous risquons de trouver le temps long. Heureusement, il y a les distractions habituelles : piscine, courts de tennis, gymnase, salle de cinéma... Autant éviter de s'ennuyer. Mais la perspective d'être longtemps coupé du monde ne m'enchante guère. J'ai emporté un peu de musique, comme toujours. J'ai du Higelin dans mon walkman. Quelques livres, aussi. Bernard Pivot nous a préparé une petite sélection de romans, comme en Espagne. J'ai choisi *Tendre est la nuit*, de Fitzgerald, et un bouquin de Milan Kundera. Pour nous distraire, quelques sorties sont organisées. De toute façon, nous ne resterons qu'une dizaine de jours à Tlaxcala, le temps de nous préparer physiquement et de nous habituer aux conditions climatiques. À l'altitude, surtout. Ensuite, nous partirons pour León. Nous jouerons notre premier match là-bas, le 1er juin, contre le Canada. À l'hôtel Mision, la veille du départ, Platini et Bats assurent l'ambiance. Ils entament une danse des chaises effrénée autour des tables en rigolant. Luis est carrément en slip. Le voilà qui improvise une espèce de ballet en plein milieu de la salle du restaurant... Imperturbables, les guitaristes continuent à gratter leurs guitares. C'est le Mexique. C'est le Mundial. C'est la fête !

*

* *

En posant le pied sur le sol mexicain, je n'ai pas pu m'empêcher de frissonner. J'ai repensé à la Coupe du monde de 1970. Elle se jouait au Mexique, déjà. À Étaules, je regardais les matchs à la télé avec mon père. Je me souviens encore des demi-finales, avec cet incroyable Italie-Allemagne gagné par les Italiens après prolongation. Pour moi, c'était la plus belle des Coupes du monde. Aujourd'hui, quatre ans après Séville, tout le monde nous considère comme l'une des grosses équipes du tournoi. Avec notre victoire à l'Euro et notre demi-finale en Espagne, nos adversaires nous prennent au sérieux. De là à dire que nous sommes favoris, ce serait exagéré. Il y a tout de même l'Italie et l'Allemagne, les finalistes de 1982. Et les Brésiliens, bien sûr. Ici, au Mexique, ils sont presque chez eux. Michel Hidalgo est parti. C'est Henri Michel, l'ancien Nantais, qui a pris sa place. Mais le noyau dur de l'équipe est resté le même. Certains d'entre nous étaient déjà là huit ans plus tôt en Argentine, comme Platini, Bossis ou Battiston. Pour nous, c'est sans doute la dernière Coupe du monde. Les petits nouveaux ont fait le voyage avec nous. Ils s'appellent Papin, Stopyra, Vercruysse ou Ferreri. En Argentine, en 1978, je me souviens que j'étais dans leur situation. Je débarquais aux côtés des piliers de l'époque comme Guillou ou... Henri Michel. Aujourd'hui, c'est l'inverse. C'est moi qui fais partie des meubles. J'ai rejoint le camp des trentenaires. Il y a deux ans, Henri Michel a conduit l'équipe de France olympique jusqu'à la médaille d'or aux Jeux de Los Angeles. L'année 1984 a vraiment été un cru exceptionnel pour le foot français. Dans la foulée, il nous a qualifiés pour notre troisième Coupe du monde consécutive. Les joueurs l'apprécient. Il n'a rien chamboulé dans l'équipe. Sur le terrain, c'est toujours Platini le patron et le meneur de jeu. Dans notre groupe, nous sommes têtes de série. Pour nous, les choses sont claires : nous sommes là pour gagner la Coupe du monde. Même si nous savons très bien que nous pouvons nous faire sortir dès le premier tour. Ambitieux, mais prudents. Sûrs de notre force, mais conscients de notre fragilité. Au foot, rien n'est jamais acquis. Le danger peut venir de la sélection soviétique ou de la Hongrie. Les seuls à ne pas s'annoncer trop menaçants, sur le papier, ce sont les Canadiens. Sur le papier.

*

* *

Le Mexique est un pays formidable. Tout le monde est d'accord là-dessus. À deux détails près. La chaleur, d'abord. L'altitude, ensuite. Quand on joue au foot, le mélange des deux est redoutable. En Espagne, nous avions tous souffert de la température. France-Angleterre à Bilbao, c'était chaud. Mais les matchs ne se déroulaient pas à de pareilles altitudes. Et ça change tout. On s'en est aperçu contre les Canadiens. À première vue, ce n'était pas l'équipe du siècle qui nous attendait. N'empêche, nous avons sué sang et eau pour en venir à bout. Au propre comme au figuré. Il nous a tout de même fallu attendre d'arriver à onze minutes du coup de sifflet final pour marquer l'unique but de la partie, par

Papin. Huit minutes plus tôt, j'étais sorti pour laisser ma place à Stopyra. Mais pendant le premier quart d'heure, les Canadiens nous ont tout simplement baladés. C'était panique à bord sur le paquebot *France*. Physiquement, il n'y avait plus personne. Et quand vous n'êtes pas en pleine possession de vos moyens, il devient compliqué de pratiquer un football digne de ce nom. C'était notre premier match, et notre préparation physique à Font-Romeu avait justement été organisée pour nous permettre de monter en puissance au fil du tournoi. Ajoutez à ça l'altitude, et tout était dit. Difficile de développer un football fondé sur le mouvement quand on a l'impression de manquer d'air. Quand, au moindre effort, on se sent asphyxié. Enfin, l'essentiel était de gagner. Je n'ai pas joué le match suivant, contre l'URSS. J'ai fait mon retour contre la Hongrie. À une demi-heure de la fin, j'ai remplacé Papin. J'ai marqué le troisième but sur une passe superbe de Platini, et c'est moi qui ai donné le ballon à Tigana, l'auteur du deuxième but, après un une-deux parfait. Mission accomplie : un score nul nous suffisait pour nous qualifier. Je suis content de ma prestation. Même si j'ai reçu un avertissement. Le deuxième – et dernier – de ma carrière... L'après-match a été plutôt folklo. La Fédération avait invité les femmes des joueurs à venir au Mexique pendant quelques jours. Le soir, un dîner était prévu. Comme tous les autres, j'étais pressé de retrouver ma compagne. J'avais envie de passer un peu de temps avec Bérengère, que je n'avais pas vue depuis un mois. Mais avant de rejoindre tout le monde à l'hôtel, je devais sacrifier à une petite obligation : le contrôle antidopage. Ce qui aurait dû n'être qu'une simple formalité s'est transformé en une véritable corvée. Pour moi, ce contrôle a duré une éternité. Impossible de pisser ! J'avais beau insister, essayer encore et encore, je n'y arrivais pas. Et les heures qui passaient, qui passaient... C'était peut-être la chaleur, je ne sais pas. En tout cas, ça m'a pris un temps fou. Et quand j'ai rejoint la délégation française au restaurant, le repas était presque terminé. Évidemment, je me suis fait pas mal chambrer... Après, il y a eu France-Italie pour les huitièmes de finale. Un grand souvenir. Un match énorme, grandiose, contre l'équipe championne du monde en titre. Il faisait chaud ce jour-là, à Mexico. Avant le match et pendant la mi-temps, il fallait puiser un peu d'air dans les bonbonnes d'oxygène pour tenir le coup. Platini a fait la différence. Il les connaît bien, ces Italiens. Voilà maintenant quatre ans qu'il joue avec eux tous les dimanches. Eux aussi le connaissent bien. Ils pensaient peut-être que cela suffirait à le maîtriser et à bloquer notre jeu. Ils avaient confiance en eux. Pas une seconde ils n'auraient imaginé perdre contre les petits Français. C'est vrai qu'ils sont forts, ces Italiens. Ils sont sûrs de leur talent et de leur expérience. Peut-être trop, d'ailleurs. Peut-être sont-ils trop sûrs de leur football. Car cette fois, c'est l'équipe de France qui s'est qualifiée. J'ai été à l'origine des deux buts par deux passes décisives. Sur le premier, signé Platini. Puis sur le deuxième, marqué par Yannick Stopyra. Au point de penalty, alors que j'avais deux adversaires accrochés à mes crampons, j'ai glissé le ballon à Yannick, démarqué. Ce jour-là, je crois bien que personne n'aurait pu nous battre. Notre milieu de terrain était irrésistible. En face, les Italiens ne se ressemblaient pas. Très vite, ils ont décroché. Ils étaient comme asphyxiés. Mais cela n'avait rien à voir avec la température ambiante. C'était notre faute, tout simplement. J'ai vite compris que la victoire était à notre portée. Qu'elle était là, devant nos yeux, à s'offrir à nous comme une évidence au bout de nos crampons. Nous avons gagné le droit de jouer les quarts de finale. Ce sera contre le grand Brésil, à Guadalajara. L'adversaire idéal pour un match de rêve.

*
* *

Du jaune et du vert. Du vert et du jaune. Partout, dans toutes les tribunes. En haut, en bas, sur les côtés. Le jaune et le vert, ce sont les couleurs brésiliennes. Alors, forcément, on se croirait au

Brésil. Pour un peu, on s'imaginerait presque au Maracana, avec le ciel de Rio au-dessus de nos têtes et un air de samba entre les oreilles. En réalité, nous sommes au stade Jalisco, à Guadalajara, au Mexique. Mais l'illusion est parfaite. Les Brésiliens sont ici chez eux. Ils ont disputé tous leurs matchs à Guadalajara. D'ici quelques minutes, nous allons entrer sur le terrain pour les quarts de finale. Je suis content de le jouer, ce match. Content et impatient. À force d'attendre, je finis par trouver le temps long. Je ne suis pas le seul. Maxime Bossis, le grand Max, en a marre, lui aussi, de passer ses journées enfermé. Marre de faire la navette entre l'hôtel et le terrain d'entraînement. Le temps ne passe pas vite. Ça fait bientôt un mois et demi que nous sommes arrivés au Mexique. Une fois qu'on a lu, écouté de la musique et joué aux cartes – et encore, les cartes, ce n'est pas vraiment ma tasse de thé –, on finit par tourner en rond. Nous n'avons pas tellement l'occasion de sortir pour jouer les touristes. Je me suis un peu baladé à Guanajuato, l'ancienne capitale du pays. Mais depuis que le Mundial a commencé, c'est terminé. Je n'ai pas eu le temps de visiter grand-chose. J'aurais bien aimé, pourtant. Mais pour l'instant, le Mexique reste pour moi un décor de carte postale. Côté cuisine, nous avons tout de même découvert quelques plats locaux. La veille de France-Canada, on nous a fait déguster des chenilles mexicaines. Enfin, on ne l'a su que le lendemain. Quand on nous a servis, elles étaient grillées. Et préparées de telle manière que personne ne s'est imaginé manger des chenilles... À part ça, il y a les entraînements, la tourista et encore les entraînements. Mais rien ne vaut les matchs pour faire monter l'adrénaline, pour exciter les corps et les esprits. Et puis, pendant une Coupe du monde, on est coupé du monde. On sait que le public nous soutient, bien sûr. On voit les supporters dans les tribunes. On entend leurs cris et leurs chants. Mais on n'a pas de contact avec l'extérieur. D'une certaine manière, tant mieux. C'est la meilleure façon de se préparer tranquillement. En Argentine et en Espagne, nous avions justement souffert d'une trop grande promiscuité avec le public et la presse. Mais à force, l'isolement est pénible à supporter. Même s'il y a les contacts avec les journalistes pour nous apporter des infos de l'extérieur. C'est comme ça que nous avons appris la mort de Coluche. Dans l'équipe, la nouvelle a provoqué un choc. J'ai été très marqué par sa disparition. Je l'avais rencontré quelques mois plus tôt, à l'occasion d'un match de bienfaisance au bénéfice de ses Restos du cœur. J'aimais beaucoup Coluche, son humour corrosif et sa personnalité généreuse. Heureusement, tout va bien dans le club France. Le moral est au beau fixe. L'ambiance est impeccable. Entre les titulaires et les remplaçants, les relations sont excellentes. Pas de mauvaise vibration. Je ne sais pas comment c'est venu, mais ceux qui ne jouent pas se sont baptisés les « coiffeurs ». Quand j'étais môme, on appelait les remplaçants les « coupeurs de citrons »... Tout à l'heure, Henri Michel nous a délivré ses dernières consignes. Ses ultimes conseils. Les Brésiliens ? Au fond, ils sont peut-être plus fragiles que l'on ne croit. Surtout, nous n'avons pas à nous sentir complexés. Nous n'avons aucune raison d'avoir peur. Tout ce que nous avons à faire, c'est rester solidaires. Jouer notre jeu habituel. Et croire en la victoire. Certains d'entre nous sont allés prier dans la petite chapelle installée dans le stade, à côté des vestiaires. Pas moi. Je n'en ai jamais éprouvé le besoin. Aujourd'hui, c'est l'anniversaire de Platini. Une victoire contre le Brésil serait pour lui le plus beau des cadeaux. Pour nous aussi...

*

* *

Dès la sortie des vestiaires, il s'est passé quelque chose. Quelque chose de magique, qui ne ressemblait à rien de ce que j'avais connu jusque-là. Ce n'était pas, ce ne pouvait pas être un match comme les autres. En grimpant les marches de l'escalier étroit qui nous conduisait au terrain, j'entendais le claquement lancinant des tambourins. Le petit bruit métallique des clochettes me trottait dans la tête. Tcha-ca-tcha, tchaca-tchaca... Tcha-ca-tcha, tchaca-tchaca... Le stade n'était plus qu'une samba géante. Il se mettait à tanguer sur un rythme à nous donner le vertige. Cette pulsion fascinante ne nous lâcherait plus durant cent vingt minutes. Tout autour de la pelouse, les gens chantaient. Ils dansaient. Ils étaient heureux. Comme si la victoire était là, déjà. Les Brésiliens n'imaginaient même pas que la défaite était possible. Il y avait bien quelques supporters français dans les tribunes. On distinguait çà et là des drapeaux tricolores, petites taches dérisoires de bleu, de blanc et de rouge perdues au milieu d'un stade noyé dans le jaune et le vert. Et puis, le match a commencé. Très vite, il nous a tous aspirés dans une espèce de folie collective. Un match éblouissant. Il n'aurait peut-être pas fallu, ce jour-là, désigner un gagnant et un perdant. Il y a eu, pourtant, un vainqueur et un vaincu. Les dieux du foot l'ont voulu ainsi. Mais le vaincu ne méritait pas son sort. Et le vainqueur s'est souvent dit qu'il revenait de loin. Il y a eu des tirs sur le poteau et des frappes sur la barre. Un penalty tiré par Zico et arrêté par Bats. Des gestes impossibles et des coups de patte incroyables. Des occasions manquées, qui semblaient pourtant immanquables. Et, toujours, ces tambours qui nous entraînaient vers l'avant. Ce rythme imprimé dans nos têtes qui nous poussait à accorder notre jeu à la musique descendue des tribunes. Le final se devait d'être à la hauteur. Il l'a été. Un partout à la fin du match. Un partout à l'issue de la prolongation. Alors, il a fallu en venir aux tirs au but. Après un match comme celui-ci, c'était inhumain. Mais c'était la règle. À ce moment-là, je n'étais plus sur le terrain. Pendant la prolongation, je m'étais blessé. Contracture à la cuisse. C'est Bellone qui m'avait remplacé. J'ai regardé depuis le banc de touche. Les tirs au but... Comme à Séville, quatre ans plus tôt. Comme à Séville, mais pas tout à fait. Cette fois, nous avons gagné. Pourtant, nous avons douté quand Platini a expédié le ballon au-dessus de la barre, tout là-haut dans le ciel bleu de Guadalajara.

Mais la peur n'a pas eu le temps de s'installer. Luis Fernandez lui a tordu le cou. En marquant, il nous a tous emmenés au paradis. Luis et Platini pouvaient bien tomber dans les bras l'un de l'autre devant les photographes. Le sauveur et le héros malheureux... Un joli duo figé sur la pellicule pour l'éternité. Dans les vestiaires, la fête a continué. La samba, maintenant, c'était à notre tour de la jouer. Tigana, hilare, a commencé à chanter sur l'air de *Brasil*, le grand classique de la chanson brésilienne. Il donnait le ton et battait la mesure en frappant sur la table. Platini s'est mis à danser, torse nu et coiffé d'une casquette. Et nous, assis sur les bancs, on tapait tous dans nos mains... À Paris, ce 21 juin 1986, c'était justement le jour de la fête de la Musique. Comme en 1982, les portes de la demi-finale de la Coupe du monde s'ouvraient devant nous. Et notre adversaire serait... l'Allemagne. Encore elle. Toujours elle. En sortant des vestiaires, la foule nous attendait. Elle tendait vers nous des carnets d'autographes. Elle brandissait des appareils photo. Elle agitait des drapeaux français. Ce jour-là, le petit peuple de Guadalajara se sentait le cœur bleu, blanc, rouge.

CHAPITRE 15

Fin de partie

Je vais partir. C'est décidé, je quitte le PSG. Mon contrat se termine à la fin de la saison, en juin 1987. Avec Francis Borelli, nous avons discuté de mon avenir. Si ça ne tenait qu'à moi, je resterais volontiers à Paris. Mais j'ai l'impression que le président n'a pas vraiment la volonté de me garder. Je reconnais que cette année a été plutôt décevante. Nous avons terminé septième du Championnat. Nous n'avons pas dépassé le stade des seizièmes de finale de la Coupe de France. En Coupe d'Europe, même chose. Nous n'avons pas retrouvé cette espèce de *vista* qui était la nôtre l'an passé. Pourtant, le club n'avait pas lésiné sur le recrutement. À la fin de la saison dernière, le président a fait fort. Il a recruté les deux meilleurs buteurs du Championnat, le Messin Jules Bocandé et le Nantais Vahid Halilhodzic. Il ne me reprochait rien, mais il les voulait tous les deux, voilà tout. C'est le président qui décide... Et c'est comme ça que le PSG s'est retrouvé à aligner les trois meilleurs buteurs de la saison 1985-1986. À nous trois, cette année-là, nous avions marqué soixante buts. Il pensait peut-être qu'on allait en mettre autant au fond en jouant ensemble ! Je n'ai pas vécu ça comme une remise en cause personnelle. Borelli considérait que je n'étais pas un véritable avant-centre. De ce point de vue, il n'avait pas tort. Alors, il m'en a mis deux, et des vrais, dans les pattes. Bon... L'ennui, c'est que ça n'a pas du tout marché. C'est peut-être bizarre, mais ce trio n'a jamais fonctionné. Halilhodzic a terminé meilleur buteur du club, mais il n'a marqué que huit buts. C'est maigre. L'année précédente, il en avait quand même planté dix-huit. Je n'ai pas fait mieux, loin de là. Je ne suis pas très content de moi, même si j'ai été régulièrement aligné en attaque. J'ai fait une saison moyenne, sans plus. Des formations anglaises m'ont proposé de me recruter, mais ça ne m'a pas emballé. Ces clubs ne me faisaient pas rêver, tout simplement. J'ai préféré ne pas donner suite. La saison d'avant la Coupe du monde, en 1985, j'étais déjà en fin de contrat avec Paris. J'étais à deux doigts de signer à Bordeaux. À ce moment-là, les Girondins dominaient le foot français. J'avais rencontré les dirigeants bordelais au grand complet dans un hôtel. J'avais discuté avec Didier Couecou, leur directeur sportif, et leur entraîneur Aimé Jacquet. Aimé, je l'avais côtoyé à Saint-Étienne. Sa présence aux commandes de Bordeaux était une garantie de sérieux. Sur le plan sportif, c'était un challenge intéressant. Et j'en aurais profité pour me rapprocher de ma région d'origine. Finalement, le PSG s'est aligné sur leurs propositions. Alors, j'ai choisi de rester parisien. Je n'ai pas eu tort, puisque nous avons remporté le titre. Mais cette fois, ce n'est pas la même chose. Manifestement, on ne tient pas plus que ça à me garder. Dans ces conditions, je préfère prendre les devants et m'en aller. À trente-deux ans, il me reste encore deux ou trois saisons au plus haut niveau. Je veux en profiter pleinement. Je n'ai aucune envie de raccrocher tout de suite les crampons. J'ai fini par me décider : je vais partir pour Toulouse. C'est Jacques Santini, l'entraîneur des Toulousains, qui est venu me chercher. Je le connais bien, Jacques. J'ai longtemps joué avec lui à Saint-Étienne. C'est un mec bien. Il n'est pas du genre à vous faire miroiter monts et merveilles ou à vous embobiner. Il m'a parlé des projets de son club. Il m'a expliqué que Toulouse – le « Téfécé », comme on l'appelle sur les bords de la Garonne – était ambitieux, que l'équipe était solide et qu'il y avait beaucoup à faire. D'ailleurs, le Téfécé est qualifié pour la Coupe de l'UEFA. La perspective de retrouver la Coupe d'Europe, c'est une vraie motivation. En octobre dernier, les Toulousains ont réussi l'exploit : toujours en UEFA, ils ont éliminé le Naples du grand Diego Maradona. C'est Maradona en personne qui a raté le dernier tir au but, celui qu'il ne fallait absolument pas louper. Et voilà comment un club se forge une légende... À Toulouse, je vais retrouver des copains de l'équipe de France, comme le gardien Bergeroo ou l'avant-centre Yannick Stopyra. Et puis, la ville est jolie. La région est agréable à vivre. J'adore la vie parisienne, je vais laisser tous mes copains derrière moi, mais ça vaut le coup de tenter l'expérience. Je regrette juste de partir sur une année en demi-teinte. J'aurais préféré finir sur un titre. Ou au moins une belle saison. Là, j'éprouve un sentiment d'inachevé. J'ai comme un goût amer dans la bouche. Ça me rappelle ma dernière année à Saint-Étienne. L'équipe était superbe, avec des joueurs comme Rep et Platini, mais nos résultats étaient décevants. Avec le PSG, c'est un peu la même chose. Et je n'aurai même pas salué le public du Parc avant mon départ. Ça aussi, je le regrette. J'adorais jouer au Parc. Les supporters parisiens m'ont toujours soutenu. Ils n'ont jamais cessé de m'encourager, même quand je connaissais une petite baisse de régime. Mais bon, c'est toujours comme ça dans le foot. Quand c'est fini, c'est fini. Il n'y a pas de place pour les sentiments, ni pour la nostalgie. Il faut savoir se retirer discrètement et passer à autre chose. Alors maintenant, je ne pense plus qu'à réussir à Toulouse.

*

* *

Dans un an, c'est l'élection présidentielle. En 1981, j'étais retourné à Étaules pour voter Mitterrand. J'étais à Paris le soir du 10 mai. Je n'étais pas allé à la Bastille fêter la victoire. J'avais préféré rester à la maison, tranquille, avec des copains. Cette fois, je me suis engagé. Je fais partie du comité de soutien à François Mitterrand. J'assiste à quelques-uns de ses meetings. Il m'invitera une fois ou deux à l'Élysée, en compagnie d'artistes et d'intellectuels. Dans le milieu du foot, cet engagement ne plaît pas à tout le monde. Des footballeurs qui s'aventurent sur le terrain politique, il n'y en a pas beaucoup, et je le regrette. Certains me reprochent d'afficher publiquement mes opinions. Il y aura même une main anonyme qui écrira à la peinture « Rocheteau socialo » sur le mur de ma maison... Pourtant, je n'ai jamais adhéré au Parti socialiste, ni à aucun autre. Mais je ne vois pas ce qu'il y a de choquant à ce qu'un footballeur affirme ses choix de société. C'est tout de même étrange : on l'accepte de la part d'un chanteur ou d'un écrivain, pas d'un sportif. Comme s'il nous était interdit d'avoir un avis. Ou comme s'il était indécent de le proclamer en public. Ça ne m'empêche pas de faire savoir pour qui je vote. Pas plus que cet engagement public ne m'empêchera d'être nettement moins enthousiaste, quelques années plus tard, au moment du bilan du deuxième septennat de Mitterrand.

*
* *

Paris, c'est fini. L'équipe de France aussi. Là encore, il faut savoir s'arrêter un jour. Après le Mexique, j'ai choisi de quitter la sélection. Quand j'ai laissé ma place à Bruno Bellone, pendant la prolongation de France-Brésil, je ne savais pas que je portais le maillot bleu pour la dernière fois. Après la victoire contre les Brésiliens, j'espérais jouer la demi-finale contre l'Allemagne. Je m'étais entraîné la veille du match, sur la pelouse de Guadalajara. Finalement, j'avais dû renoncer. La douleur était trop forte. La décision était difficile, mais je n'avais pas le choix. J'espérais vaguement être rétabli pour l'éventuelle finale. Mais il n'y a pas eu de finale. Pas pour nous, en tout cas. L'équipe de France a été battue par les

Allemands. Comme à Séville... Mais cette fois, personne n'a songé à crier au scandale. Les coéquipiers de Schumacher – toujours là, lui ! – étaient vraiment plus forts que nous. Pas meilleurs qu'en 1982, mais en plus grande forme physique. Platini et Giresse étaient au bout du rouleau. Cette finale, les Allemands l'ont perdue contre l'Argentine de Maradona. L'équipe de France a dû se contenter de jouer le match de classement contre la Belgique. Là non plus je n'ai pas joué. Les titulaires sont restés sur le banc. Ils ont laissé leur place aux « coiffeurs ». Il faut dire que ceux-ci le méritaient bien. Pendant toute la durée du Mundial, les remplaçants avaient fait preuve d'une mentalité exemplaire. C'était bien normal de leur rendre hommage et de les laisser disputer l'ultime rencontre. Après, quand je suis rentré en France, je me suis interrogé. Je me suis demandé si je continuais ou pas avec les Tricolores. J'aurais pu rester encore un peu, bien sûr. Personne ne m'a demandé de partir. J'aurais pu disputer quelques matchs amicaux, ou même des rencontres de qualification pour l'Euro ou la Coupe du monde. Mais à quoi bon ? De toute façon, à trente et quelques années, j'avais peu de chances de participer à l'Euro 1988. Et à la Coupe du monde 1990, encore moins. Tout ça me paraît très lointain. Autant laisser ma place pour permettre au sélectionneur d'essayer de nouveaux joueurs. D'autres ont fait le même choix que moi. Maxime Bossis a raccroché après le Mexique, lui aussi. Platini vient de jouer son dernier match en bleu, en avril dernier. Derrière nous, les « anciens » de 1978 et 1982, il y avait une nouvelle génération qui poussait, avec les Papin, Vercruysse et les autres. On l'a bien vu au Mexique. Ce match pour la troisième place a été une sorte de passage de relais symbolique. C'est à eux, maintenant, de reprendre le flambeau. À eux de qualifier la France pour la Coupe du monde en Italie, dans trois ans. Et puis, après le Mexique, j'avoue que j'en ai eu un peu marre. Deux mois loin de chez soi, c'est long. Je ne suis pas sûr d'avoir vraiment envie de repartir en stage ou en déplacement. Et quand je fais le bilan, je suis plutôt satisfait : trois participations à la Coupe du monde, une Coupe d'Europe des nations, quarante-neuf sélections et quinze buts. Je trouve que c'est un joli parcours. L'essentiel, c'est de partir avec de beaux souvenirs. Même si j'ai quelques regrets. La demi-finale de Séville en est un, bien sûr. Parce que nous avons échoué aux portes de la finale. Mais aussi à cause de ma blessure qui m'a empêché de jouer à fond et de m'exprimer pleinement. Un peu comme à Glasgow, finalement. J'ai aussi en tête toutes ces soirées de bonheur pur qu'étaient nos qualifications en Coupe du monde, avec les fêtes dans les vestiaires après les matchs. Le plus fort, c'était vraiment le France-Bulgarie de novembre 1977. C'était la première fois que la France se qualifiait depuis 1966. Je me souviens, on avait fêté l'événement toute la nuit... Le France-Pays-Bas de 1981 a été un grand moment lui aussi. Au bout, il y avait le ticket pour le Mundial 1982. Et puis, il y a eu les voyages. En Argentine, en Espagne, au Mexique... Moi qui n'avais jamais beaucoup bougé avant d'être footballeur, j'ai découvert des pays et des cultures qui m'ont vraiment marqué. J'ai rencontré des gens que je n'aurais jamais rencontrés autrement. Si je devais retenir quelques images fortes de tous ces instants, je garderais le match contre l'Argentine, en 1978, et la victoire face au Brésil à Guadalajara. Pour les matchs, même si nous avons perdu contre les Argentins, mais surtout pour l'ambiance. Pour cette passion typiquement sud-américaine. Pour cette ferveur populaire que je n'ai jamais connue sur d'autres terrains de foot. Jamais je n'ai ressenti à un tel point l'attachement d'un peuple à son équipe. Il y avait de l'amour, dans ce public. De l'amour, mais pas de haine. Pas de violence. Et une grande tristesse chez les Brésiliens, à Guadalajara...

*
* *

Adieu, Toulouse ! Adieu, le foot, aussi. Comme joueur, en tout cas. Cette fois-ci, je raccroche. Pour de bon. J'ai passé deux années au Téfécé. Les deux dernières. Je garderai un excellent souvenir de ma vie toulousaine. J'ai adoré cette ville. Mais je n'ai jamais coupé les ponts avec Paris. En fait, j'y suis retourné tous les week-ends. J'ai eu un peu de mal à décrocher de la capitale... Avec Bérengère, nous avons eu une fille. Nous l'avons appelée Lou. Mais nous avons aussi décidé de nous séparer. Alors, comme les matchs avaient lieu le samedi soir, je sautais dans l'avion le lendemain matin pour aller voir ma fille. Le lundi, c'était une journée de repos. Je rentrais à Toulouse le lundi soir, la veille de l'entraînement. Du point de vue sportif, le bilan est un peu plus contrasté. L'ambiance dans l'équipe était vraiment excellente. Je m'entendais très bien avec mes nouveaux coéquipiers. Je suis devenu copain avec des joueurs comme Jean-Philippe Durand ou Gérald Passi. Il y avait d'excellents éléments, comme Marcico ou Yannick Stopyra, avec qui je jouais en attaque. Il y avait aussi Tarantini, l'international argentin. Il venait de Boca Juniors, le club où s'était révélé Maradona. Avec Stopyra, les rôles étaient bien répartis. Lui jouait la partition classique de l'avant-centre de pointe. Moi, j'étais plus mobile, un peu comme à Paris. Le rôle que m'avait confié Santini me convenait parfaitement. J'étais libre de mes mouvements, et c'est exactement ce que j'aimais. Malheureusement, nous n'avons pas obtenu de résultats à la hauteur de nos espérances, malgré la qualité de l'effectif. J'étais un peu frustré. En Coupe d'Europe, nous n'avons pas dépassé les huitièmes de finale. Cette saison, j'ai joué régulièrement, mais j'avais de plus en plus de mal à tenir le coup. J'ai ressenti une espèce d'usure psychologique. Pour tout dire, j'en avais assez. Assez des contraintes quotidiennes du foot. Assez de la douleur, aussi. Avec les années, elle finissait par devenir lancinante. Elle saisissait la moindre occasion pour se rappeler à mon bon souvenir. Après dix-sept ans de carrière au plus haut niveau, j'avais l'impression qu'elle faisait presque partie de moi-même. À la longue, c'est usant. J'étais las de venir à l'entraînement tous les jours. Les matchs, encore, ça allait. Je réussissais à me motiver. J'aimais toujours cette montée de la pression avant le coup d'envoi, cette excitation à l'approche du but adverse, cette envie de courir après un ballon. Mais le reste... Mon premier match professionnel remonte à septembre 1972. Saint-Étienne recevait Nancy. Ça ne date pas d'hier. J'avais dix-sept ans. Aujourd'hui, j'en ai trente-quatre. Il est temps de passer à autre chose. Si nos résultats avaient été meilleurs, peut-être aurais-je réagi différemment. Et encore, je n'en suis même pas sûr. Il y a eu un moment, au début de la saison, où je me suis dit que j'allais tout arrêter. C'était comme une évidence. Je me suis dit que le foot, pour moi, c'était terminé. J'étais arrivé au bout du truc. J'en avais marre, voilà tout. J'ai joué mon dernier match officiel contre le Matra Racing, en Championnat. Il s'est terminé sur un score nul. Dans les rangs du Racing, il y avait Maxime Bossis. C'est drôle, parce que lui aussi disputait la dernière rencontre de sa carrière ce jour-là. Forcément, ce n'était pas un match tout à fait comme les autres. Il y a eu une petite fête, avant le coup d'envoi. Et une grande après le match. On avait fait venir mes vieux copains pour fêter l'événement. Mais je n'ai pas ressenti d'émotion particulière pendant la partie. Aucune tristesse quand l'arbitre a sifflé la fin. Je ne me suis pas dit : « Attention, c'est le dernier, il faut que j'en profite à fond. » J'ai joué, c'est tout. J'ai tenu ma place. J'ai été pris par le rythme et par l'enjeu. Et voilà... Je n'ai aucun regret. Sauf, peut-être, celui de n'avoir jamais joué à l'étranger. J'ai sans doute trop attendu. J'aurais pu le faire quand j'étais à Saint-Étienne, mais l'occasion ne s'est pas présentée. Après, je gardais toujours dans un coin de ma tête le rêve américain. Mais là encore, il aurait fallu se décider plus tôt. Et je n'avais pas envie de régresser en m'exilant aux États-Unis alors que j'étais dans la meilleure période de ma carrière. Mon idée, c'était de terminer mon parcours en Amérique. Mais à un moment, le football des États-Unis s'est écroulé. Le niveau a baissé et l'engouement populaire avec. C'était trop tard. Tant pis. Au Téfécé, à la fin, j'étais presque soulagé. J'étais vraiment content d'arrêter. De toute façon, ma décision avait été mûrement réfléchie. Je n'agissais pas sur un coup de tête. Après la fin de la saison, j'ai quitté Toulouse assez vite. Je suis parti chez moi, en Charente. Je m'étais fait construire une maison à La Palmyre, à quelques kilomètres d'Étaules. J'ai besoin de souffler. De ne rien faire. À l'abri de la pression des entraînements, des matchs et de tout le reste. Je me sens bien. Un peu fatigué, mais bien. Je n'ai pas encore une idée très précise de l'avenir. On verra. Pour l'instant, je vais m'accorder quelques mois. Après, je commencerai ma nouvelle vie.

*

* *

J'ai eu raison d'arrêter. Maintenant, ça va mieux. Comme si je m'étais débarrassé d'un poids qui m'empêchait d'être vraiment heureux. J'ai passé l'été en Charente. Je n'étais pas tout seul, à La Palmyre. J'étais avec Marie, ma nouvelle compagne. Marie, je l'ai rencontrée début 1987. C'était à Paris, un soir, dans un restaurant du quartier des Halles. Bernard Morlino, un ami commun, nous avait présentés. Bernard est journaliste, écrivain et passionné de foot. Marie écrit, elle aussi. Elle a publié trois romans et signé des paroles de chansons. Le foot, au départ, ce n'était pas forcément son univers. Et puis, elle s'y est mise. D'une manière assez drôle, d'ailleurs. Alors qu'elle travaillait à un roman historique, elle a tout laissé en plan. Le sujet l'ennuyait. Elle a jeté à la poubelle les quatre-vingts pages qu'elle avait déjà noircies. Elle s'est alors demandé ce qu'elle allait bien pouvoir faire. C'est en regardant un match que l'idée lui est venue, un peu par hasard. Et si elle racontait l'histoire d'une fille qui se transforme en ballon et décrit ses nouvelles sensations ? Pour ça, il fallait qu'elle connaisse mieux le monde du football. L'idéal, c'était d'en parler avec un footballeur. Je tombais à pic : j'allais pouvoir l'initier à ce milieu dont elle ignorait tout. Et là, il s'est passé quelque chose. Entre nous, ça a été un vrai coup de foudre ! Nous nous sommes très vite installés ensemble. Après les vacances, nous sommes partis vivre à Paris. J'ai vraiment changé de vie. Mais ce n'est pas facile de quitter le foot et de recommencer quelque chose. Quand on est footballeur professionnel, on se consacre entièrement au sport. On ne pense pas tellement à ce que l'on va devenir ensuite. Comme beaucoup d'autres joueurs, je n'ai pas préparé ma reconversion. L'avenir, je n'y ai jamais songé sérieusement. Sur le plan financier, j'avais de quoi tenir quelque temps. Mais je n'avais pas de projet très précis, ni d'envie particulière. Quand on évolue au quotidien dans le milieu du foot, on finit par intégrer l'idée qu'on y restera toute sa vie. Mais pour faire quoi, au juste ? Ce qui est certain, c'est que je n'ai jamais voulu devenir entraîneur. En rêvant un peu, je me disais que j'aurais bien aimé travailler dans la musique. Mais là encore, pour quoi faire ? C'est bien joli, la musique. Écouter des disques, aller aux concerts, d'accord. Mais je n'ai ni formation ni compétence dans le domaine musical. Pendant toute cette période qui a suivi mon départ de Toulouse, ma vie personnelle me rendait heureux, mais je me demandais dans quelle direction professionnelle j'allais m'orienter. Je commençais à déprimer un peu. Ce n'est jamais simple d'arrêter du jour au lendemain le sport de haut niveau. Je me souviens en avoir discuté avec l'écrivain Antoine Blondin, grand passionné de sport en général et de cyclisme en particulier. « C'est la ménopause du joueur », m'avait-il dit en parlant de ce jour fatidique où le footballeur met un terme à sa carrière. Durant des années, on vit avec l'échéance du prochain match en tête. L'excitation et la pression font partie de notre quotidien. Toute notre énergie est consacrée à la compétition. À la soif de gagner. On n'a pas le temps de se poser trop de questions. Notre existence est parfaitement réglée : entraînement, match, entraînement... Sans compter que les footballeurs sont pris en charge pour les petits détails et les aléas du quotidien. On ne se soucie pas trop des aspects matériels. C'est important, parce que ça permet de se concentrer sur la performance. Le risque, quand on s'arrête, c'est de se sentir un peu perdu. On ne sait plus trop quoi faire, ni comment se débrouiller. J'en ai connu, d'anciens pros qui ont galéré. Recommencer de zéro à plus de trente ans, ce n'est pas évident. L'Union nationale des footballeurs professionnels est là pour accompagner les joueurs pendant leur carrière, mais pas après. Il faudrait faire quelque chose pour aider les sportifs de haut niveau – et pas seulement les footballeurs – à prendre un nouveau cap à l'heure de la retraite. Pendant les années d'activité, il est difficile de préparer une reconversion. Entre les matchs, les entraînements quotidiens et les éventuelles sélections, il ne reste plus tellement de place pour le reste. Certains deviennent journalistes ou consultants à la télé ou à la radio, mais le nombre de places est limité. Heureusement, j'ai toujours eu des centres d'intérêt en dehors du foot. J'ai toujours veillé à ne pas être trop dépendant et à conserver mon autonomie. Surtout à Paris, où je sortais beaucoup et où je ne vivais pas dans le cocon d'un club pro. Mais quand même... Après quelques semaines d'inactivité, je finissais par trouver le temps long. Je commençais à me poser des questions. Heureusement, au bout de six mois de « retraite », j'ai eu le sentiment d'avoir, enfin ! trouvé ma voie. Je serai agent de joueurs. Pas l'agent qui ne pense qu'à faire une bonne opération financière grâce à un transfert juteux, quitte à desservir les intérêts du joueur à long terme. Non, j'ai envie d'autre chose. Je me suis dit qu'il y a sûrement des idées à mettre en œuvre pour aider les footballeurs pros à mieux prendre en charge leur carrière et à mieux préparer leur avenir.

CHAPITRE 16

Profession : agent de joueurs

J'ai rencontré les représentants français d'une boîte néerlandaise, Econocom-Ecofinances. Depuis quelque temps, ils songeaient à s'investir dans le football. Ils avaient déjà amorcé une première tentative dans le domaine des transferts en s'occupant de la signature à Barcelone de Ronald Koeman, le joueur néerlandais. Comme ils avaient envie de monter une structure en France, nous nous sommes mis d'accord rapidement. Tout s'est décidé au début de l'année 1990. Je me suis retrouvé salarié de leur filiale française, baptisée Ecosport. Nous sommes trois, installés dans un immeuble du seizième arrondissement de Paris, rue Pergolèse. C'est sûr, ça me change la vie ! J'ai gardé mes cheveux longs, mais j'ai dû me mettre au costume et à la cravate. Tous les matins, je me rends au bureau à neuf heures avec ma serviette de cuir. Moquette, plantes vertes, machine à café : tout ça, je ne connaissais pas encore. Mais j'aime bien. J'avais envie d'autre chose, je suis servi. Mon boulot, ce n'est pas seulement de conclure des transferts. Ça fait partie de mes attributions, bien sûr, comme tout agent. Mais mon rôle va au-delà. En fait, il y a agent et agent. L'idée d'Ecosport, c'est d'apporter un service complet à un joueur. Le transfert n'est pas la priorité. Je cherche avant tout à le conseiller sur tous les aspects de son métier. À l'aider à effectuer le meilleur choix sportif, déjà. À l'épauler en matière d'assurances ou de gestion de patrimoine.

À préparer sa reconversion aussi. C'est une prestation beaucoup plus large. C'est un métier de conseil, en somme. Et jusqu'à présent, ça n'existait pas dans le football. Il y a bien Mac Cormack, mais il s'occupe surtout de tennis. Notre démarche est assez nouvelle. C'est une approche globale de la profession de footballeur. Si quelqu'un m'avait donné un coup de main tout au long de ma carrière, cela m'aurait été bien utile. Pendant longtemps, je n'avais personne pour me conseiller. J'ai attendu de venir au PSG pour me faire aider. D'abord par Genestar lors de mon transfert, puis ensuite par un avocat. Les autres joueurs, c'était pareil. Avant, je me débrouillais tout seul, comme les copains. Et ce n'était pas toujours évident. Mais le foot est devenu plus compliqué. Le « business » est partout. L'argent a vraiment envahi le football. Un footballeur peut se faire facilement avoir : il n'a ni la compétence ni le temps de s'occuper de tous les aspects extrasportifs. On voit apparaître dans le paysage des gens qui se proclament agents. Il n'y en a pas énormément pour l'instant, mais ça commence à se développer. Et il y a de tout, du bon comme du mauvais. Des types qui défendent sincèrement les intérêts des joueurs. D'autres, un peu douteux, qui donnent l'impression de chercher le gros coup financier. Ils se moquent pas mal de savoir si le footballeur est gagnant dans l'opération. Tout ce qui les intéresse, c'est de réaliser un gros transfert pour toucher une grosse commission. Il faut vraiment remettre un peu d'ordre dans ce métier tout neuf. C'est pour ça que nous existons. Mais ce n'est pas toujours facile de décrocher des contrats. Les joueurs se méfient peut-être. Je voyage beaucoup à travers la France. Je rencontre pas mal d'entre eux pour leur expliquer le but de notre démarche. Les membres de l'équipe de France sont déjà sous contrat. Pour les autres, c'est encore l'exception. Mais notre but, ce n'est pas de travailler seulement avec les ténors. L'intérêt, c'est de suivre un footballeur dès le début de sa carrière pour lui permettre de faire les bons choix le plus tôt possible. Puis de l'accompagner tout au long de son parcours. Alors, je prends contact avec eux. Je fais le commercial, finalement. Et pour moi, c'est nouveau. Il faut que je force un peu ma nature... Mais j'ai le sentiment de faire un boulot utile. Et ça me permet de rester dans le milieu du foot, de continuer à voir des matchs, de m'imprégner de cette ambiance que j'aime tant. J'ai commencé en approchant les joueurs que je connais le mieux, mes anciens coéquipiers de Toulouse et du PSG. Attention, je n'ai aucun lien officiel avec les dirigeants des clubs. Tout se passe à l'amiable. C'est vrai que certains ont été étonnés. Ils ne s'attendaient pas à me voir dans ce boulot. L'agent a encore une mauvaise réputation. Il ne correspond pas forcément à l'image que j'avais quand j'étais pro. Alors, j'explique, j'argumente, je défends notre conception du métier. Je suis une sorte de VRP de la profession, finalement ! Je leur dis que je ne suis pas là pour réaliser des coups, au contraire. Certains reçoivent bien ce discours. D'autres, un peu moins. Ce n'est pas gagné.

*
* *

Je n'en peux plus, de ce métier d'agent ! C'est vraiment un milieu de requins. En trois ans, j'ai eu le temps de m'en rendre compte. Trop de galères, trop de coups fourrés, trop de déceptions. Je me suis peut-être trompé, au fond. J'ai peut-être eu tort de croire qu'il était possible de moraliser cette profession et d'aider les joueurs à gérer leur carrière. Qu'ils se débrouillent tout seuls, après tout ! À la réflexion, tout ça me paraît bien utopique. Platini avait sûrement raison quand il s'étonnait de me voir faire ce boulot. C'est « l'affaire » Ginola qui m'a poussé à bout. J'en avais déjà marre, mais là, ça a précipité ma décision. Entre-temps, j'étais passé de salarié à associé chez Ecosport. La maison mère, Ecofinances, avait décidé de nous revendre l'activité. Et voilà comment je suis devenu patron d'entreprise... Mais ça n'a pas suffi à me faire changer d'avis. Le métier d'agent, ce n'est pas pour moi, point final. Mieux valait arrêter. Ce jour-là, j'ai ressenti la même chose que le jour où j'ai pris ma retraite des terrains : du soulagement. Et je n'étais pas le seul. Tous les gens qui me connaissaient bien, les joueurs et les autres, m'ont dit que j'avais raison. Eux non plus ne me voyaient pas dans ce métier. Et dire que je croyais pouvoir changer le cours des choses... En même temps, j'ai tenté le coup. Je n'ai pas de regret. Mais tout a bougé dans le foot. À un moment, on a vu débarquer en masse de drôles de loustics. Ils ne pensent qu'à une chose : le fric, le fric et encore le fric. Le reste, ce n'est pas leur problème. La carrière d'un joueur, ils s'en foutent pas mal. Face à des types pareils, notre démarche était un peu décalée. Certains devaient doucement rigoler en nous regardant travailler. On a eu vent d'histoires terribles. Des pressions, des menaces de mort, des agents véreux et ce genre de choses. Dans ces conditions, merci bien. Ce n'est pas du tout comme ça que j'envisageais le métier. Ça valait le coup d'essayer, malgré tout. Même si je me suis pris quelques coups au passage. Je me souviens encore d'un éditorial cinglant de *France Football.* Le journaliste parlait de « marchand de bestiaux ». Il ne citait pas mon nom, mais l'allusion était claire. J'aurais préféré qu'il ait le courage de parler de moi. En plus, ça m'a semblé totalement délirant. J'étais justement tout le contraire ! Finalement, c'était sans doute le signe qu'il y avait maldonne. La preuve que je n'aurais pas dû me lancer dans cette galère. Et puis, il y a eu l'histoire avec David Ginola. Ecosport avait déjà organisé son transfert de Brest à Paris, en 1991. L'OM de Tapie le voulait aussi, mais c'est le PSG qui a emporté la décision. J'avais rencontré Bernard Tapie à cette occasion. Le contact avait été plutôt bon. Je crois que Tapie m'appréciait, même si nous n'avions rien en commun tous les deux. Après, quand David jouait à Paris, nous avons mis sur pied une organisation de gestion de son patrimoine. Je m'occupais de lui depuis deux ans quand il a été sollicité par les Écossais du Celtic de Glasgow. Le PSG et le Celtic sont vite tombés d'accord. Tout a été organisé pour son départ en Écosse. Son agent, c'était moi. Mais à un moment, les Anglais de Newcastle s'en sont mêlés. Quelqu'un de chez eux est intervenu et s'est mis en travers du transfert. Et David a finalement signé là-bas... De toute façon, il voulait partir. Son rêve, c'était de jouer en Grande-Bretagne à tout prix. Mais Ecosport s'est retrouvé évincé des discussions alors que nous étions ses représentants officiels. On peut dire que Newcastle l'a récupéré dans notre dos. Le procédé n'était pas élégant. Nous aurions pu attaquer David, et nous aurions sans doute eu gain de cause. Je ne suis pas allé jusque-là parce que ce n'est pas mon état d'esprit. Je n'en ai pas voulu à Ginola, mais ça m'a fait pas mal réfléchir sur ce métier. En fait, c'est à ce moment-là que j'ai décidé de tout arrêter. Je me suis rendu compte que ce milieu n'avait aucune règle. Et puis, j'ai souvent été déçu par les joueurs. Certains étaient sensibles à notre discours, d'autres s'en moquaient complètement. Tout ce qui les intéressait, c'était de faire un bon transfert. Qu'ils pensent à leurs intérêts, on peut le comprendre. Mais qu'ils n'aient aucune vision à long terme, j'ai toujours trouvé ça aberrant. Ils venaient nous voir juste parce qu'ils voulaient changer de club. Ils nous disaient : « Pour le reste, je peux prendre un avocat. » D'autres ont refusé de continuer à travailler avec nous en nous reprochant de ne pas leur avoir trouvé de club. Et les négociations de transfert étaient souvent pénibles. Je n'aimais pas du tout ça. Autant j'appréciais de prendre en charge les différents aspects d'une carrière, autant les discussions d'argent me déplaisaient. Il fallait que je négocie nos honoraires avec un club, alors qu'il aurait été plus logique de le faire avec le joueur. Il arrivait même que le club nous mette un agent à lui dans les jambes en nous disant : « Voilà monsieur untel, il travaille pour nous. » Tout ça rendait les choses terriblement compliquées. En plus, c'était vraiment la loi de l'offre et de la demande. Il fallait représenter des joueurs déjà connus, sinon les dirigeants ne nous prenaient pas au sérieux. Ecosport s'occupait de gens comme Bats, Jean-Philippe Durand, Ginola ou les frères Passi. Pour ceux-là, ça allait. Pourtant, tout l'intérêt de notre travail consistait, à mes yeux, à défendre de jeunes footballeurs pas encore installés. Mais les mentalités ne s'y prêtaient pas. Les temps avaient changé. J'ai abordé ce métier en me plaçant du côté de l'intérêt des joueurs, alors que les aspects financiers étaient jugés plus importants par beaucoup. L'argent était en train de prendre une grande place dans le foot. Il y avait des commissions occultes et des petits arrangements entre amis. Tout ce que j'ai toujours refusé. Il m'est peut-être arrivé d'être un peu trop naïf. J'ai fait confiance à des gens qui ne le méritaient pas. J'ai probablement été trop ambitieux, aussi. J'ai cru que je pouvais aller contre certaines pratiques. J'ai pensé pouvoir lutter contre certains excès. Mais assez rapidement, j'ai cessé d'être dupe. Tout n'a pas été négatif pour autant. J'ai croisé des mecs bien, heureusement ! Et je suis resté très lié avec certains joueurs. J'ai quand même contribué à en défendre quelques-uns et à atteindre notre objectif initial. Maintenant, j'accepte l'idée que les choses ont changé. Les joueurs sont devenus plus carriéristes. Je ne voyais pas les choses ainsi quand j'étais en activité. Mais c'est comme ça, et je ne peux rien y faire. Je me dis aussi que c'est une manière d'être plus professionnel et de mieux se défendre. En tout cas, cette expérience a vraiment fait évoluer ma perception du milieu du football.

*

* *

Un seul club de foot à Paris, c'est aberrant. Ce n'est pas digne de la capitale. De Madrid à Manchester, toutes les grandes villes d'Europe possèdent deux formations professionnelles. Quand ce n'est pas cinq ou six, comme à Londres. En général, il y a celle des riches et celle des pauvres. Celle qui représente la bourgeoisie locale, celle dans laquelle se reconnaissent les catégories populaires.

Ce qui donne souvent naissance à des affrontements très symboliques sur le terrain. L'enjeu sportif se double d'un enjeu social. Tout ça rend les matchs encore plus passionnants. À Paris, rien de tout ça. Pourtant, il y a longtemps eu des clubs de premier plan. Sans remonter jusqu'à l'avant-guerre, le foot parisien a joué les premiers rôles jusqu'à la fin des années 1950. Le Racing, le Red Star ou le Paris Football-Club sont restés des noms mythiques dans le souvenir des vieux supporters. Aujourd'hui, c'est du passé. Jean-Luc Lagardère avait bien essayé de relancer le Racing, mais il avait fini par jeter l'éponge. Toutes ces grandes équipes d'hier végètent dans des divisions inférieures. C'est un peu triste. Je suis sûr qu'il y a de la place pour deux grands clubs à Paris. Alors, quand on est venu me chercher pour réfléchir au lancement d'une deuxième équipe parisienne, en 1995, je n'ai pas hésité. L'idée de départ était simple : puisqu'un grand stade va être construit pour accueillir la Coupe du monde de 1998, pourquoi ne pas en profiter pour y installer une formation appelée à rejoindre l'élite ? Le PSG continuerait à occuper le Parc des Princes et l'autre équipe parisienne prendrait ses quartiers au Stade de France. Le projet était très séduisant. Certains ont même proposé de les faire jouer au Parc en alternance, mais l'idée a vite été abandonnée. L'expérience avait déjà été tentée dans les années 1980. Le PSG et le Paris Football-Club évoluaient au Parc à tour de rôle. Finalement, ça n'a convaincu personne, et tout le monde s'est dit qu'il était préférable de prévoir un stade pour chaque équipe. Il a fallu faire le tour des clubs susceptibles d'être retenus. Le choix s'est d'abord porté sur Saint-Denis et Saint-Leu, avec l'idée de les réunir. Saint-Denis joue en National, ce qui correspond à l'ancienne troisième division. Saint-Leu, c'est un bon club de jeunes du Val-d'Oise, au nord de Paris. On m'a bombardé conseiller sur ce projet. Je dépendais à la fois de la mairie de Saint-Denis, du ministère des Sports et du club. Mais au bout de deux ans, j'ai jeté l'éponge. Le projet me passionnait, mais les choses n'avançaient pas. Le club végétait toujours en

National. Surtout, il n'y avait aucun plan à long terme. Certaines grandes entreprises s'étaient impliquées dans le dossier, mais elles voulaient en retirer un bénéfice tout de suite, ce qui n'a aucun sens. On ne peut pas monter une grande équipe en un clin d'œil. D'abord, il faut poser des bases solides. Après, on peut aller de l'avant et bâtir quelque chose de durable. Là, ce n'était pas le cas. La solution idéale, c'était plutôt de choisir une formation qui avait déjà un passé et un public. C'est pour cette raison que le Red Star a finalement été préféré. Dans la mythologie du foot parisien, c'est un nom légendaire. Je ne m'occupais pas du tout de l'aspect sportif. J'étais chargé de travailler au développement du club et de promouvoir son image. Pour fêter son centenaire, nous avions organisé un match contre Saint-Étienne au Stade de France, juste après la Coupe du monde 1998. Ce jour-là, il y avait cinquante mille personnes dans les tribunes. Mais là non plus, ça n'a pas marché. Les dirigeants n'ont pas voulu s'ouvrir à des partenaires. Pourtant, les bonnes volontés décidées à relancer le club ne manquaient pas. Certains avaient même proposé un véritable projet à long terme. Mais tout était très politique et beaucoup trop compliqué. *Exit* le Red Star. Après, il a commencé à rétrograder de division en division. Une deuxième équipe à Paris, ce n'est pas encore pour demain...

*

* *

Quand je suis arrivé à Saint-Denis, je me suis aussi investi dans des championnats de jeunes de banlieue. C'est le maire de la ville, Patrick Braouezec, qui est à l'origine de cette idée. Tous les mercredis, des tournois interquartiers opposaient des gamins de onze à quatorze ans. Et à la fin de la saison, ils se retrouvaient tous pour la finale dans un lieu symbolique comme le Parc des Princes ou Clairefontaine, là où s'entraîne l'équipe de France. J'ai adoré m'occuper de tous ces enfants. En fait, c'est à ce moment-là que j'ai commencé à trouver ma voie. Depuis l'arrêt de ma carrière pro, il m'a fallu un peu de temps. Pendant les années où j'étais agent, j'avais l'impression de jouer un rôle. Je ne me sentais pas pleinement moi-même. Je me voyais comme un acteur à contre-emploi, obligé de faire des choses qui ne me ressemblaient pas. Et j'en souffrais. En organisant des tournois, en vivant tous ces moments avec ces jeunes, j'avais la conviction de leur apporter quelque chose qui allait au-delà du football. J'étais à la fois leur entraîneur, leur éducateur et leur grand frère. Et cela me convenait parfaitement. J'ai aussi travaillé pour la fondation du Paris Saint-Germain. Je suis toujours resté très proche des dirigeants parisiens. Quand le président du club, Laurent Perpère, m'a demandé de les aider à revaloriser l'image du club dans les banlieues, j'ai accepté tout de suite. Je me sentais plutôt en accord avec la vocation sociale de la fondation. Le PSG manque encore d'une assise populaire solide dans de nombreuses villes de banlieue. C'est dommage, parce que c'est le seul grand club de la région. Il est logique qu'il cherche à repérer les meilleurs éléments d'Île-de-France. Seulement, pour ça, il faut qu'il soit reconnu et accepté. Et souvent, les jeunes ont du mal à se faire une place à Paris parce que le PSG fait venir beaucoup de joueurs de l'extérieur. Au moment de signer un contrat de stagiaire, certains préfèrent alors s'exiler en province, même s'ils doivent se retrouver loin de leur famille. Ils savent qu'ils auront ainsi plus de chances d'intégrer une équipe professionnelle. Alors qu'en restant à Paris, ils risquent d'être barrés par des joueurs confirmés et de ne jamais avoir l'occasion de montrer leur talent. En plus, certains clubs n'hésitent pas à leur proposer de l'argent pour les inciter à venir chez eux. Le PSG, lui, s'y est toujours refusé. Bref, il y avait tout un travail à mener pour resserrer les liens avec les jeunes de la région. L'idée m'a séduit. Mon rôle consistait à accompagner les responsables de la formation dans les clubs partenaires et dans les clubs filiales du

PSG tous les mercredis. J'organisais des entraînements et des petites causeries avec les ados. Le but était tout à la fois de dénicher des talents et de mieux faire connaître le Paris Saint-Germain. Le football m'a beaucoup apporté, et j'avais envie de lui rendre ce qu'il m'avait donné. Ce n'est pas en m'installant comme agent que j'allais m'acquitter de ma dette. Alors qu'à travers une mission d'éducateur, je pouvais transmettre ce que ce sport m'avait appris. Et, peut-être, faire naître des vocations. Ce qui est tout de même autrement plus important que de réaliser le transfert de l'année...

CHAPITRE 17

Silence, on tourne !

« Allô, Dominique Rocheteau ? Voilà, Maurice Pialat aimerait vous rencontrer pour vous proposer un rôle dans son prochain film. » Je ne sais pas trop quoi répondre... « Écoutez, je vais réfléchir et je vous rappelle. » L'ennui, c'est que je n'aime pas tellement être filmé. C'est le genre de truc qui m'intimide. Je me dis que le cinéma, ce n'est pas fait pour moi. J'ai bien tourné une publicité pour la télé quand j'étais au PSG, mais ce n'est pas tout à fait la même chose. C'était une pub pour les slips Mariner réalisée par Jean-Marie Poiré. Je me déshabillais progressivement, comme dans un strip-tease, avant de terminer en slip. Et à ce moment-là, je disais : « Il n'y a pas que le foot dans la vie ! » C'était plutôt marrant, comme un clin d'œil. L'écrivain Jean-Edern Hallier avait joué dans un autre clip pour la même marque. Lui, à la fin, on le voyait en caleçon. Mais de là à travailler avec Pialat... En même temps, ce serait dommage de ne pas aller au rendez-vous. Je crois savoir d'où vient ce coup de fil. C'est sûrement Gérard Depardieu qui lui a parlé de moi. Je l'ai rencontré dans une soirée. Il était justement sur le point de tourner dans le prochain Pialat. Je me souviens, on avait discuté de tout et de rien, de foot et de vin et de je ne sais plus quoi. Le courant était bien passé entre nous. J'ai vu plusieurs films de Maurice Pialat, comme *À nos amours*, *Police* ou *Van Gogh*. Je sais qu'il demande parfois à des gens qui ne sont pas comédiens professionnels de jouer dans ses films. Je sais aussi qu'il apprécie le foot. Au téléphone, on m'avait dit : « Vous allez faire un petit essai. » Allons-y pour un petit essai, alors. Je ne me fais pas trop d'illusions sur mes chances de succès. Quand j'arrive, c'est Pialat qui me reçoit. Il me tend un texte. Je le lis. Je l'apprends vaguement. J'essaie de retenir quelques répliques, mais l'essai commence déjà. Je fais de mon mieux. Je ne suis pas sûr d'être dans le ton, mais c'est trop tard. Quelques minutes après, c'est terminé. C'est bon, c'est mauvais ? Aucune idée. Pialat ne dit rien. Deux jours plus tard, nouveau coup de téléphone. Au bout du fil, l'assistant de Pialat : « Dominique, vous avez le rôle. »

*
* *

J'ai bien lu le scénario. Mais je sais que, avec Maurice Pialat, tout peut évoluer en cours de tournage. Le film s'appellera *Le Garçu.* J'appréhende un peu, quand même. Je me demande comment tout ça va se passer. J'ai hésité avant d'accepter. J'ai peur de ne pas me montrer à la hauteur des attentes de Pialat. Mais je me suis dit qu'il savait sûrement ce qu'il faisait en m'engageant. La première scène du film est tournée aux Sables-d'Olonne. J'y vais en train avec lui et sa femme, Sylvie. Pendant le trajet, ils me rassurent. À les entendre, tout ira bien. La scène se déroule pendant un mariage. Je suis avec Depardieu. Dans le scénario, je rencontre sa femme, jouée par Géraldine Pailhas. Ils sont séparés sans être vraiment séparés. Je joue le rôle de Jeannot, un ami de la famille. Jeannot va bientôt devenir l'amant de cette femme. Depardieu et moi, nous sommes assis à une table. On regarde les gens en train de danser. On bavarde. Le problème, c'est que je n'ai aucun texte. Et on ne peut pas dire que les instructions de Pialat sont vraiment précises. « Tu te mets là avec Gérard, vous parlez, vous discutez, et voilà. » Il a peut-être fait exprès de ne pas me donner de texte.

Depardieu n'en a pas non plus. Ça n'a pas l'air de le gêner beaucoup. C'est lui qui mène la conversation. Ça y est, je suis en train de faire du cinéma... Après, nous sommes retournés à Paris. On arrivait le matin, sans vraiment savoir ce qu'on allait faire dans la journée. J'avais juste une vague idée de la scène. À ce moment du tournage, j'ai beaucoup attendu. C'est fou ce qu'on attend, au cinéma. Quand *Le Garçu* est sorti, en 1995, je n'ai pas aimé me voir à l'écran. Ça me gênait, je ne sais pas pourquoi. Petit à petit, j'ai fini par m'habituer. J'ai plutôt eu de bonnes critiques. Mais je n'ai pas l'impression d'avoir vraiment joué, comme le fait un acteur. La plupart du temps, j'étais tout simplement moi-même. Sauf pour la scène des tartines, celle où j'engueule Depardieu. Gérard me mettait à l'aise, mais c'était difficile. Là, je ne pouvais pas me contenter d'être Dominique Rocheteau. Il fallait vraiment que je joue. Je devais être dur, méchant. Pourtant, tout s'est mieux passé que je ne le craignais. Moi qui suis assez réservé et timide, j'ai réussi à oublier la caméra. Et Pialat m'a toujours encouragé. Après la sortie du film, il avait déclaré dans une émission : « L'une des meilleures scènes que j'ai tournées, c'est celle des tartines avec Dominique Rocheteau. » C'était plutôt gentil de sa part. Et je ne l'imagine pas disant ça juste pour me faire plaisir. Une autre fois, il m'avait lancé : « Dominique, tu seras le prochain Lino Ventura du cinéma. » Je m'étais contenté de lui répondre : « Bon... » S'il n'était pas mort, je crois qu'il m'aurait encore fait tourner. C'est ce qu'il m'avait dit, en tout cas. Mais je ne sais pas si je recommencerai à faire l'acteur. L'idée d'une carrière dans le cinéma ne m'avait jamais effleuré. Il faut vraiment être égocentrique pour être heureux dans ce métier.

*
* *

Pendant ces années de reconversion, j'ai profité de mon temps libre pour voyager. Je suis retourné en Afrique. J'en avais gardé un bon souvenir, et j'avais envie de mieux connaître le continent africain. Avec Marie, nous sommes partis au Rwanda. Elle était enceinte pour la première fois. Elle attendait Tom, l'aîné de nos trois garçons. Un soir, au beau milieu d'une réserve de lions, nous avons crevé un pneu. Rien pour réparer. Personne en vue pour nous aider. La nuit commençait à tomber. C'est l'heure où les fauves sont les plus dangereux... J'avoue que nous nous sommes fait une grosse frayeur. Nous avons quand même continué à rouler avec le pneu crevé. Et nous avons réussi à rejoindre le poste de garde le plus proche, deux ou trois kilomètres plus loin. Les choses auraient pu mal tourner... Juste après mon départ de Toulouse, j'ai découvert l'Inde. Nous avons fait escale à Goa et à Bombay avant de remonter dans le Rajasthan. C'est sans doute le pays qui m'a le plus séduit. Nous nous sommes aussi baladés en Amérique du Sud à plusieurs reprises, au Mexique et en Argentine. Nous avons rendu visite à Tarantini et à l'ami Piazza. À cette époque, il vivait à Buenos Aires, une ville que j'adore. J'ai changé de vie, j'ai voyagé, mais je n'ai pas coupé avec le foot pour autant. J'ai fait un peu de télé, comme consultant. J'ai travaillé pour « Stade 2 », le dimanche soir. Patrick Chêne m'avait engagé. J'intervenais dans l'émission, le temps de donner un avis sur un match ou sur la dernière journée de Championnat. C'était un peu frustrant, parce que le foot passait en fin d'émission. Et puis, au départ, ce n'était pas évident pour moi. Ce n'est pas dans mon caractère de parler dans le micro ou devant la caméra. Peu à peu, je me suis habitué. J'ai fini par aimer ça, même si le commentaire d'un match en direct reste ce qu'il y a de plus excitant. Surtout, j'ai continué à jouer pour le plaisir, le plus souvent possible. Un an après mon départ de Toulouse, j'ai fêté mon jubilé. C'était en août 1990, dans ma région, à Royan. Un jubilé, c'est toujours un moment émouvant. C'est une grande fête du football, avec tous les copains et les anciens partenaires qui se réunissent pour l'occasion. J'aurais pu l'organiser à Paris, au Parc des Princes. Mais j'avais envie de quelque chose de simple. D'un après-midi agréable entre amis, pas d'un événement médiatique démesuré. Et puis, j'ai toujours pensé qu'un jubilé doit se dérouler là où un joueur a grandi, pour retourner sur les pas de son enfance. Un moment, j'ai songé à faire venir tout le monde à Étaules, dans le petit stade du village. Mais là, ça aurait été un peu juste. On n'aurait pas pu caser grand monde dans les tribunes ! Finalement, il a eu lieu au stade municipal de Royan. Il faisait beau, ce jour-là. Douze mille personnes s'étaient déplacées. Le public a été gâté : il a pu voir trois matchs. Le premier opposait mes potes de lycée à mes copains. Chiroubles et Moulinot étaient de la partie, bien sûr. Il y avait Luc et Jean-Marie Chusseau, mes amis d'enfance. Et aussi Maxime Le Forestier, Thierry Guyader et Yayhia. Mon frère Tony jouait avec nous. Ensuite, les Verts des années 1970 ont affronté le Variétés Club de France. Toute la grande formation des années 1975-1976 était là. Robert Herbin avait même accepté de jouer les entraîneurs une dernière fois. Roger Rocher s'était déplacé, lui aussi. Ça m'a fait plaisir. À Saint-Étienne, je n'avais pas toujours été d'accord avec lui. Nous n'étions pas vraiment sur la même longueur d'onde. Mais il ne faut pas oublier que c'est lui, avec Herbin et Garonnaire, qui a fait de Saint-Étienne un club de tout premier plan. Après, au début des années 1980, les choses ont mal tourné. Il s'est brouillé avec Robby. Et il y a eu cette affaire de caisse noire, en 1982. Roger Rocher a passé quelques mois en prison. J'ai eu l'impression qu'il servait de bouc émissaire, dans cette histoire. À cette époque, les clubs étaient structurés en associations. Ils n'avaient pas le droit de faire des bénéfices. Leur cadre juridique n'était pas du tout adapté aux contraintes du professionnalisme. Mais Roger Rocher n'a jamais cherché à s'enrichir. Tout ce qu'il a fait, c'était pour Saint-Étienne. En tout cas, ce jour-là, les Verts ont perdu par cinq buts à trois. Le troisième match opposait les Girondins de Bordeaux à une sélection de mes anciens coéquipiers de l'équipe de France, du PSG ou de Toulouse. Ce match, c'était du sérieux ! Personne ne faisait semblant... Côté Girondins, il y avait Christophe

Dugarry et Bixente Lizarazu. Moi, j'étais avant-centre dans le camp adverse. Score final : deux buts partout. Ce jubilé, c'était l'occasion de mettre un terme définitif à ma carrière. Une manière de dire à tout le monde : cette fois, c'est bel et bien fini. Je tire un trait et je passe à autre chose. Mais je n'ai jamais renoncé à jouer au football, surtout pas. J'ai gardé l'habitude de disputer des matchs avec les copains du Variétés. J'en fais partie depuis 1981. Le Variétés Club de France, c'est une bande d'amis qui se retrouvent le dimanche pour taper dans le ballon. En France, mais aussi un peu partout dans le monde. Entre les levers de rideau de matchs officiels, les jubilés et les rencontres de bienfaisance, il y a largement de quoi s'occuper. L'idée est née un jour de 1971. Parmi les fondateurs, on retrouve des gens aux origines professionnelles diverses – d'où le nom de « Variétés ». Le journaliste de radio Jacques Vendroux, bien sûr, manager général de 1971 à 2004. Mais aussi un avocat, un réalisateur de Radio France, un journaliste de télé – Michel Dhrey – ou encore un chanteur, Georges Chelon. Petit à petit, les anciens footballeurs pros ont été de plus en plus nombreux. Les grands anciens de ma génération en font partie, les Platini, Giresse, Tigana, Battiston, Bathenay, Dahleb ou Fernandez. Il n'y a pas que des footballeurs, d'ailleurs. On croise des tennismen et des rugbymen, de Yannick Noah à Serge Blanco ou Patrick Proisy. Des journalistes aussi, comme Eugène Saccomano, Michel Denisot ou Alain Leiblang, une ancienne signature de *Onze*. Thierry Roland en a été le président pendant près de vingt-cinq ans, de 1980 à 2004. À chaque fois qu'il commentait un match à la télé, il ne manquait pas de glisser un mot à propos du Variétés. Cette équipe, ce n'est pas seulement un groupe de passionnés de foot adeptes de la fête. Régulièrement, nous donnons un coup de pouce à une association caritative ou à des gens en difficulté. Et puis, il y a les tournées à l'étranger. Mon meilleur souvenir, c'est notre voyage en Palestine et en Israël, en octobre 1993. C'était à peine un mois après le premier accord d'Oslo entre Israéliens et Palestiniens.

Nous avons vécu des moments très émouvants. Nous avons d'abord joué à Jéricho, en Cisjordanie, contre une sélection de joueurs palestiniens. C'était la première fois qu'une rencontre était organisée là-bas. C'était aussi la première fois que nous n'avions pas envie de gagner. Nous avons perdu, un à zéro. Le Variétés avait fourni l'équipement – des maillots vert et rouge – aux joueurs palestiniens. Il y avait Platini, Tigana, Giresse, Serge Blanco, Yannick Noah... Ce match, c'était un véritable événement. Au bord de la route, entre Tel-Aviv et Jéricho, les gens agitaient des drapeaux français. À Paris, TF1 avait même ouvert le journal télévisé avec ce match. Incroyable ! Le lendemain, à Tel-Aviv, nous avons rencontré une sélection d'anciens internationaux israéliens. Là, nous avons gagné six buts à deux. Et le jour suivant, le président Chirac nous a reçus à l'Élysée. Il n'en revenait pas. « Mais comment avez-vous fait ? » nous a-t-il interrogés, incrédule. En fait, nous n'avons rien demandé à personne. Nous n'avons surtout pas sollicité d'autorisation officielle auprès du ministère des Affaires étrangères. Si nous l'avions fait, nous aurions sûrement reçu une réponse négative... C'est Jacques Vendroux qui a eu cette idée. Elle lui est venue le jour où il a vu à la télé la poignée de main entre Rabin et Arafat. Il a alors demandé à son patron de Radio France, Ivan Levaï, de faire jouer son réseau de relations. De son côté, Alain Leiblang, l'ancien de *Onze*, connaissait un peu l'entourage de Yasser Arafat. Et voilà comment le Variétés s'est retrouvé au cœur de l'actualité...

*

* *

Le foot ne se vit pas seulement sur les terrains. Il s'écrit aussi dans les livres. Avec mon copain Denis Chaumier, devenu rédacteur en chef à *France Football*, je me suis lancé dans l'édition. L'idée, c'était de créer une sorte d'annuaire du football. Un gros guide, conçu sur le modèle des *Cahiers de L'Équipe* publiés pendant plusieurs années, où l'amateur trouverait des infos statistiques et des textes historiques. Il n'y avait plus d'équivalent en librairie, et j'avais toujours trouvé que ce genre d'ouvrage manquait. Le premier tome est paru en 1995. Le *Guide du football* s'est installé dans les librairies. Il a trouvé son public, même si ses ventes ont diminué au fil des années. La dernière édition est sortie en 2002. Pour moi, cette aventure a été une véritable aubaine. Le *Guide* est arrivé au moment où je traversais une passe difficile. Je venais juste de renoncer à ce métier d'agent. Je ne savais pas trop comment rebondir. Grâce à ce bouquin et au travail de Denis Chaumier, j'ai pu retrouver une image favorable dans le milieu du football. J'étais beaucoup plus à ma place qu'en jouant les intermédiaires. J'ai eu l'impression de renouer avec la reconnaissance et la légitimité que j'avais perdues en me lançant dans Ecosport. Et puis, j'ai toujours aimé la lecture et l'univers des livres. Quand j'ai rencontré Marie, elle m'a fait découvrir des écrivains que je ne connaissais pas. Elle m'a aussi permis de rencontrer la veuve de Céline, la danseuse Lucette Almanzor. Un jour, Marie se promenait à Meudon, en banlieue parisienne. Elle a eu l'idée de sonner à la porte de la maison qu'avait habitée l'écrivain et où vivait sa veuve. C'est le jardinier qui a ouvert. Il a été très clair : sa patronne n'avait envie de voir personne. Mais quand Marie lui a dit qu'elle était la compagne d'un footballeur, Dominique Rocheteau, il a changé d'avis. C'est la magie du foot, ça... Finalement, il l'a laissée entrer. Elles ont discuté, puis nous sommes retournés la voir tous les deux. En entrant dans le jardin, j'ai marché sans le faire exprès sur la tombe du chat Bébert. J'ai découvert son petit cercle d'amis : l'écrivain Marc-Édouard Nabe, l'acteur Jean-François Stévenin, l'avocat et biographe de Céline, François Gibault. Je ne sais pas pourquoi, mais j'ai tout de suite sympathisé avec elle. Peut-être parce que j'ai toujours été fasciné par la danse. Nous avons discuté de choses et d'autres. De danse, de sport, de littérature. Elle nous a servi du thé vert, sa boisson favorite. Elle m'a même offert un exemplaire de l'œuvre de Céline dans la Pléiade. Nous nous sommes revus à plusieurs reprises. Une fois, je l'ai emmenée voir une finale de Coupe de France au Parc des Princes. Je l'ai installée dans une loge. Et là, nous avons regardé le match comme s'il s'agissait d'un ballet. J'aime bien ce genre de rencontre inattendue. Sans le football, jamais je n'aurais eu l'occasion de faire connaissance avec quelqu'un comme Lucette, qui vit à des années-lumière de mon univers.

CHAPITRE 18

Au nom de l'éthique

« Le foot, c'est du jeu, pas de la triche. » Ou encore : « Le foot, c'est une fête, pas la guerre. » C'est ce qui est écrit dans une petite brochure réalisée par la Fédération à l'attention des jeunes footballeurs. Sur la couverture, tout en bas, une mention : Conseil national de l'éthique. En 2001, les gens de la Fédé sont venus me chercher. Ils m'ont proposé de présider cette nouvelle institution. J'ai dit oui tout de suite. L'objectif était simple : créer une institution qui aurait pour tâche de moraliser le football. Enfin, moraliser, c'est un bien grand mot. Disons, pour simplifier, de promouvoir un certain nombre de règles de bonne conduite et de veiller à leur respect par tous les acteurs du foot français. Les joueurs, d'abord, amateurs comme professionnels. Mais aussi les entraîneurs et les dirigeants de clubs. Certains vont penser : « Eh bien, il y a du boulot... » Ils n'auront pas tort. Mais c'est justement ce qui rend la tâche intéressante. J'ai accepté sans hésiter, parce que je constate que certains comportements sont devenus inacceptables ces dernières années. Et il est nécessaire de réagir. Attention, je ne suis pas du genre à dire : « C'était mieux avant », ou « De mon temps, on respectait l'arbitre et l'adversaire... » Je n'aime pas ces discours passéistes. Je ne suis pas nostalgique de je ne sais quel âge d'or. Je ne pense pas que le football d'hier était plus intéressant ou moins critiquable que celui d'aujourd'hui, loin de là. Au contraire, je trouve que les raisons de se réjouir de son évolution sont nombreuses. Le jeu va plus vite, la culture tactique des joueurs est bien meilleure qu'avant, le foot est plus reconnu par la société qu'à une certaine époque... À côté de ça, on a vu apparaître en quelques années des choses vraiment déplaisantes. Je sais bien que c'est normal : le football est un peu comme un miroir de la société. Quand la société va mal, il ne peut pas aller très bien. Les excès liés à l'argent, la tricherie, le dopage, les intermédiaires douteux ou la violence, le foot ne les a pas inventés. Ils existent dans la vie. Alors, forcément, on les retrouve parfois dans notre sport. Et pas seulement chez les professionnels, mais aussi chez les amateurs. Et, ce qui est encore plus grave à mon avis, chez les jeunes. Chez les juniors, entre seize et dix-huit ans, il y a beaucoup plus de problèmes qu'avant. C'est l'âge où les premiers gros enjeux sportifs et financiers apparaissent. Bref, il y a vraiment du travail. Le Conseil a été créé en mars 2002. Il est composé de neuf membres. Trois sont élus par la Fédération, trois par la Ligue professionnelle de football et trois par les instances du foot amateur. Nous sommes en place pour quatre ans. J'ai accepté de présider le Conseil. Une fois par mois, nous nous réunissons avenue d'Iéna, à Paris, au siège de la Fédé. Ça, c'est la théorie. En pratique, comme je suis le seul membre à vivre en région parisienne, je passe au bureau dès qu'il y a un détail à régler, une réunion à préparer ou un dossier à étudier. Je sais bien que j'ai été choisi parce que j'incarne une certaine image : le refus de la violence, le fair-play, le respect de l'adversaire et de l'arbitre. C'est vrai que j'ai toujours détesté la violence, sur un terrain comme dans la vie. Les coups que j'ai reçus en jouant, j'ai toujours refusé d'y répondre. C'est comme ça que je me suis fait respecter. Nous sommes saisis par les instances officielles comme la Fédération, la Ligue professionnelle de football ou les ligues régionales. Au départ, tout le monde a applaudi des deux mains. Certains ont dû se dire que nous ne dérangerions pas grand monde. Ils pensaient que nous ne serions qu'une énième institution qui ne servirait pas à grand-chose. Mais nous n'avons jamais envisagé le Conseil comme la bonne conscience du foot français ! Dès le début, nous avons été déterminés à faire bouger les choses. Ça n'a pas été simple. Quand nous avons montré que nous n'étions pas là pour faire joli dans le décor, certains ont commencé à ne plus nous regarder de la même manière. Le jour où nous avons été saisis de cas concrets, des entraîneurs m'ont appelé pour défendre leurs joueurs. Ils ont essayé de me mettre de leur côté avec des discours du genre : « Bon, Dominique, tu sais ce que c'est, tu as été joueur toi aussi. » Sous-entendu : allez, sois sympa, tâche d'être solidaire et de nous arranger le coup... Ça m'a toujours agacé ! Nous ne sommes pas là pour faire de la figuration. Si nous voulons que les choses changent, c'est à nous de nous faire respecter. En même temps, nous ne sommes pas habilités à prendre des sanctions. Ce n'est pas notre rôle. Notre vocation n'est pas de punir, mais d'attirer l'attention sur des comportements qui nuisent à l'image du football. Il existe déjà des commissions disciplinaires à la Fédération et à la Ligue chargées d'appliquer des sanctions. Le Conseil est une force de proposition. Il se contente – mais c'est déjà beaucoup – de signaler les manquements à l'éthique et de proposer les mesures pour y remédier. Au moment de notre création, je me disais qu'il serait préférable de pouvoir sanctionner nous-mêmes. Avec un peu de recul, j'en suis venu à penser que nous sommes plus efficaces en proposant des pistes de réflexion. Notre rôle, c'est de combattre les dérives de toutes sortes. La violence, la tricherie et l'antijeu, sur le terrain comme en dehors. Mais ce n'est pas si simple. Par exemple, quand un joueur bouscule un peu trop fort un adversaire et le blesse, c'est une question d'éthique ou un incident de jeu ? Attention, nous ne sommes pas à la place des arbitres. L'autre difficulté, c'est celle de la preuve. Quand nous avons reçu des images d'un match, tout va bien. Mais pour les rencontres entre amateurs, nous n'en avons quasiment jamais. Et elles représentent entre soixante et soixante-dix pour cent des cas. Il faut alors s'appuyer sur les rapports de l'arbitre et du délégué de la Fédération. Dans ces conditions, il est souvent difficile de se faire un avis précis. Mais quand nous estimons que le cas est suffisamment grave, nous renvoyons l'affaire devant la commission. Et l'un de nous participe à ses délibérations, ce qui nous permet de suivre le dossier jusqu'au bout.

*
* *

Depuis sa création, le Conseil a eu sa dose d'« affaires ». D'une certaine manière, c'est une bonne chose. Elles nous permettent de nous faire connaître et d'asseoir notre respectabilité. En même temps, dès que les médias s'emparent d'un dossier, nous risquons de ne pas pouvoir travailler tranquillement. L'une des plus fameuses, c'est l'affaire Fiorèse, au début de l'année 2003. À l'époque, il jouait au Paris Saint-Germain. Il était accusé de simulation lors d'un match contre Bordeaux, au Parc des Princes. Il s'était laissé tomber dans la surface de réparation adverse pour obtenir un penalty, alors qu'aucune faute n'avait été commise contre lui. Et juste après, en discutant avec un Bordelais, il s'était écroulé comme s'il avait été bousculé. Et ça avait marché. Le dossier est remonté jusqu'à nous. Évidemment, comme le PSG est l'un des clubs les plus médiatisés du Championnat, tout le monde a parlé de cette histoire. Fabrice Fiorèse a été sanctionné. Il a écopé de plusieurs matchs de suspension, ce qui a fait grincer pas mal de dents. On nous a reproché de nous intéresser à lui alors qu'il n'était pas le seul à s'amuser à ce petit jeu. On nous a accusés de ne pas faire preuve d'équité. Cet argument ne m'a jamais semblé valable. C'est la même chose pour les manquements au code de la route, par exemple : des conducteurs commettent des infractions et ne se font jamais prendre. Mais ce n'est pas une raison pour ne jamais sanctionner. Il y a toujours des gens qui passent entre les gouttes.

Si c'est un prétexte pour baisser les bras, autant arrêter tout de suite. Dans cette histoire, nous avons voulu faire un exemple. Nous avons rendu notre avis en indiquant la décision qui nous semblait opportune. Ensuite, le joueur a été sanctionné par la commission de discipline de la Ligue, dont dépendent les clubs pros. C'est vrai, Fiorèse a un peu servi de bouc émissaire. Mais il reste qu'il avait triché – même s'il n'était pas le seul. Et depuis, d'ailleurs, il s'est calmé. Mieux : on relève beaucoup moins de gestes de simulation pendant les matchs. Je suis persuadé que notre intervention n'y est pas étrangère... Comme quoi, et n'en déplaise à certains, nous ne sommes pas complètement inutiles. Je crois que l'image du foot en sort renforcée. Nous avons été critiqués, mais c'est justement dans ce genre de situation que le Conseil doit être soutenu. Il y a eu d'autres épisodes marquants, comme une prise de bec pendant un match entre deux entraîneurs. Ce soir-là, les noms d'oiseaux avaient volé bas. Luis Fernandez, à l'époque au PSG, s'était accroché avec Jacques Santini, l'entraîneur lyonnais du moment. Mais nous pouvons aussi intervenir dans d'autres situations. Par exemple, nous avons convoqué Jean-Michel Aulas, le président de l'Olympique lyonnais, à la suite de propos excessifs dirigés contre un arbitre. Il avait reçu un avertissement de notre part. Un blâme, en quelque sorte. J'avais apprécié son attitude : il était venu tout de suite pour s'expliquer. Par la suite, il a changé de comportement et s'est calmé dans ses déclarations officielles. Ce n'est pas le cas de tous les présidents. Certains ne répondent même pas à nos convocations et ne se déplacent que quand ils doivent être entendus par la commission disciplinaire. Les pros ne sont pas les seuls concernés. Chez les amateurs, il n'y a pas les mêmes enjeux financiers, mais certains n'hésitent pas à tricher et à contourner les règlements. Je me souviens que nous avons entendu le président d'un club amateur, soupçonné d'avoir arrangé un match pour éviter à son équipe réserve d'être rétrogradée. Là, la tricherie était flagrante. Le problème, c'est que nous n'avions aucune preuve. Le président s'était expliqué sans nous convaincre vraiment, mais nous ne pouvions rien faire. Dans ce genre de situation, on touche aux limites de notre capacité d'action.

*
* *

Notre travail ne consiste pas seulement à pointer du doigt ce qui ne va pas. Nous sommes là, aussi, pour faire de la prévention. Je dirais même que l'essentiel de notre rôle est plus préventif que « répressif » – je mets ce mot entre guillemets, puisque nous ne disposons pas d'un pouvoir de sanction. C'est un aspect de notre mission qui m'a toujours paru essentiel, notamment en direction des jeunes. Malheureusement, le grand public ne s'en rend pas compte. Et cela intéresse beaucoup moins les médias, on s'en doute. L'affaire Fiorèse fait vendre plus de papier que les efforts quotidiens destinés à sensibiliser à l'éthique... Mais c'est comme ça, et ça ne m'empêche pas de prendre très à cœur cette partie de notre travail. Je suis très présent sur le terrain. Je me déplace le plus souvent possible pour participer à des tournois de jeunes ou à des colloques. Nous cherchons sans cesse de nouvelles pistes pour sensibiliser les gens à ce thème. Pour moi, la prévention constitue la partie la plus motivante de notre travail. Nous sommes associés avec deux spécialistes de l'éthique en entreprise. En septembre 2003, nous avons lancé avec elles une « Journée de sensibilisation à l'éthique ». Nous en avons mis sur pied une deuxième en 2004. L'idée, c'est d'en organiser une tous les ans pour mieux faire connaître notre démarche et communiquer sur nos résultats. C'était passionnant. Nous avons planché sur des ateliers de réflexion, des débats et des études de cas. Nous avons aussi réfléchi à des modules de formation qui pourraient être intégrés aux programmes des éducateurs. Notre but, c'est aussi de travailler avec tous les gens chargés d'éduquer les jeunes. À tous les niveaux, des poussins aux plus âgés. Là, nous avançons main dans la main avec la Direction technique nationale, qui dépend de la Fédération et s'occupe de l'encadrement du foot français. Ces programmes sont en cours d'installation dans les centres de formation des clubs pros et dans les écoles de football. Il y a eu aussi la rédaction de la Charte de l'éthique, à laquelle ont participé certains membres du Conseil. La Charte repose sur quelques grands principes : le respect des règles, de l'arbitre et de l'adversaire, le refus de la violence et de la tricherie, la maîtrise de soi, la loyauté, le sens du fair-play et la volonté de montrer l'exemple. J'ai toujours considéré le Conseil comme une sorte de laboratoire d'idées. Par exemple, j'aimerais instaurer des « Relais de l'éthique » dans chacune des ligues régionales. Deux d'entre elles ont déjà commencé à réfléchir sur ces questions. On pourrait aussi se demander comment prendre en compte le comportement sur le terrain et l'intégrer au classement final d'une formation. Une équipe pourrait gagner ou perdre des points en fonction du fair-play de ses joueurs. Didier Roustan, le journaliste de télé, a mené une réflexion en ce sens. Son idée, c'est de mettre sur pied un championnat parallèle. Il a déjà commencé à y travailler avec la ligue de la région Provence-Alpes-Côte d'Azur. Il faut voir ce que ça peut donner, mais la piste est intéressante. Dans le même ordre d'idées, nous avons créé le Trophée du fair-play, en 2002. Tous les mois, un joueur, un entraîneur ou un dirigeant est récompensé pour son comportement pendant les matchs. Des délégués nous font remonter leur avis, et nous choisissons ensuite le lauréat. Pour l'instant, le Trophée concerne la Ligue 1 et la Ligue 2. À terme, nous avons l'intention de l'étendre au foot amateur. Nous aimerions bien, aussi, nous intéresser de près au rôle de certains agents. Notamment à ceux qui dérogent aux règlements en versant de l'argent à de jeunes talents ou à leurs parents. On le sait, la pratique est assez répandue. Nous avons aussi suggéré la création dans chaque club d'un département d'éthique. Ce serait une nouveauté. Ça n'existe encore nulle part, ni en France ni à l'étranger. Les dirigeants de Saint-Étienne m'avaient contacté : ils avaient envie de mettre en place une commission au sein de l'ASSE. J'ai l'impression que l'idée fait son chemin petit à petit. Même s'il reste encore pas mal de réticences et de barrières psychologiques à faire tomber. Attention, nous ne cherchons pas à tout chambouler dans le foot ! Mais il y a beaucoup à faire dans de nombreux domaines, et c'est ce qui rend ce travail passionnant. Pour le moment, je ne suis pas mécontent de notre bilan, notamment pour tout le travail de prévention effectué. Et à l'avenir, s'il faut se montrer plus strict, nous serons plus stricts. Jusqu'à présent, nous n'avons pas été très durs. À vrai dire, je n'ai pas spécialement envie que le Conseil soit craint par les acteurs du foot. Mais si cela est nécessaire, alors nous n'hésiterons pas. S'il faut se transformer en une sorte de gendarme pour le bien du football français, nous le ferons. En tout cas, nous avons fait des émules : Pierre Albaladejo, l'ancien rugbyman, m'avait appelé pour en savoir un peu plus sur le Conseil. Et en 2004, les dirigeants du rugby français ont créé une institution similaire. Sur le plan international, nous servons aussi d'exemple. La FIFA, la Fédération internationale de football, qui organisait déjà des Journées du fair-play, a lancé en 2004 sa Commission d'éthique. Il ne s'agit pas d'intervenir sur des cas concrets – ça, c'est plutôt du ressort de chaque fédération nationale –, mais de promouvoir une sorte de code de bonne conduite sur les terrains. Ils m'ont proposé de participer à leurs réunions, à Zurich, afin que je les fasse bénéficier de mon expérience acquise au sein de notre Conseil. Je suis censé rester au Conseil jusqu'en 2006. Après, je ne sais pas encore si je poursuivrai l'expérience. C'est une question de temps et de disponibilité. J'aimerais aussi que les instances dirigeantes du football français nous soutiennent un peu plus. Si l'on veut que le Conseil soit reconnu et respecté, il est indispensable que les dirigeants nous apportent leur appui. C'est la condition de notre crédibilité. Sinon, nous risquons de ne pas être pris vraiment au sérieux. Certains continueront à voir en nous la « bonne conscience » du football français. Ce serait dommage : compte tenu de toutes les évolutions en cours dans le football, je crois que le Conseil a déjà apporté la preuve de son utilité.

CHAPITRE 19

Le foot, état des lieux

Le football a changé. Quand je compare le foot actuel et celui que je pratiquais il y a vingt ou trente ans, je me dis que ce n'est plus tout à fait le même. Il est devenu beaucoup plus professionnel. Ce qui est une bonne chose. En même temps, les joueurs ne peuvent plus se permettre des écarts. J'ai eu la chance de pouvoir en faire pendant quelques années. À Toulouse, par exemple, je revenais à Paris tous les week-ends pour voir ma fille. Dans le foot actuel, ça ne serait plus possible. Après un match, je ne rentrais pas forcément tout de suite au club. Maintenant, les joueurs prennent un avion privé et se mettent à préparer le match suivant. Je trouve aussi que le sens de la fête s'est un peu perdu. Ils ont le droit de faire la fête à la fin de la saison, mais pas avant. Quand je jouais au PSG, Houllier était très rigoureux, très exigeant. Mais, en dehors du terrain, nous avions une grande liberté. J'ai aussi l'impression que les footballeurs ont tous leur plan de carrière en tête. Les intérêts personnels et égoïstes prennent trop souvent le pas sur l'aspect collectif. À Saint-Étienne, c'était le collectif d'abord, l'individu ensuite. C'est ce qui faisait notre force. J'ai toujours été d'un tempérament plutôt individualiste, mais j'adhérais à cent pour cent à cette conception. Aujourd'hui, je trouve qu'il y a beaucoup trop de mercenaires dans le football. Il y en avait déjà quand je jouais, mais ils étaient nettement moins nombreux. J'aime bien le discours d'un Thierry Henry, par exemple. Il est fidèle à son club. On sent qu'il a vraiment l'amour du maillot. Il a reçu des propositions des plus grandes équipes européennes, mais il a choisi de rester à Arsenal. Ce serait une bonne chose s'il pouvait servir de modèle aux jeunes qui débutent. De toute façon, quand on s'impose dans un club, on a plutôt tendance à rester. Bouger trop souvent, ce n'est pas bon signe. Et cela peut empêcher de réussir une carrière. Je pense notamment aux joueurs qui démarrent leur parcours professionnel. Certains ont tendance à brûler les étapes, à partir trop tôt à l'étranger alors qu'ils ne sont pas encore prêts. À mon avis, il faut d'abord faire ses classes dans un club français avant de songer à s'en aller. C'est ce qu'ont fait des joueurs comme Laurent Blanc – qui est passé par Saint-Étienne –, Marcel Desailly, Didier Deschamps ou Zidane. Zizou, il a d'abord été formé à Cannes. Ensuite, il a éclaté dans un bon club français, à Bordeaux. C'est seulement quelques années après qu'il est parti en Italie, à la Juve. Il n'a pas cédé trop tôt aux sollicitations. Et il est toujours resté fidèle à lui-même. C'est sans doute pour cette raison que je me sens proche de lui. Ça ne sert à rien de brûler les étapes si c'est pour ne pas jouer. Se morfondre sur le banc de touche, ça n'aide pas à réussir une carrière ! Le problème, c'est que certains agents ont tendance à inciter les jeunes à partir trop tôt, juste pour faire un coup financier. Comme les clubs ont le plus souvent besoin d'argent, ils ne s'opposent pas à leur départ. Et certains jeunes sont trop motivés par l'aspect financier. On ne sait pas quel est leur véritable objectif : gagner le plus d'argent possible ou réussir leur carrière sportive ? Je crois pourtant qu'un joueur est redevable de ses années d'apprentissage. La formation coûte cher. Il est normal qu'il consacre ses premières années de professionnalisme au club qui l'a formé et qui l'a guidé dans ses premiers pas. Si j'étais parti au Real en 1975, à vingt ans, je n'aurais pas eu le parcours que j'ai connu à Saint-Étienne. Et les Verts des années 1970 ne pourraient peut-être pas exister à l'époque actuelle. Herbin a construit son équipe au fur et à mesure, pendant plusieurs années, en gardant le même noyau de joueurs. Actuellement, au bout d'une seule saison, la plupart d'entre eux seraient sûrement approchés par d'autres clubs avant même de s'être pleinement révélés.

*
* *

Le foot a changé, mais ça ne veut pas dire qu'il faut s'en plaindre, au contraire. D'une certaine manière, le football est devenu plus intéressant. Il est plus rythmé. Les systèmes tactiques sont plus élaborés. Les joueurs sont beaucoup mieux préparés, notamment sur le plan physique. J'espère d'ailleurs qu'ils le sont naturellement. Je sais que certains soupçonnent les footballeurs de se doper. Mais quand j'étais joueur, je n'ai jamais constaté de cas de dopage autour de moi. J'ai parfois eu de sérieux doutes, comme lors de ce fameux match entre Saint-Étienne et Mönchengladbach, en 1980. C'était surréaliste. Les Allemands couraient deux fois plus vite que nous. De vraies piles électriques ! Je n'avais jamais vu ça sur un terrain... À Saint-Étienne, les médecins du club nous prescrivaient de temps en temps des piqûres de vitamines pour nous donner un coup de fouet avant une rencontre importante. Aujourd'hui, que certains décident de prendre des substances interdites tout seuls dans leur coin, c'est possible. Mais je ne crois pas à un système de dopage généralisé et organisé. Même s'il peut toujours exister des médecins et des dirigeants malhonnêtes, comme l'a montré le procès de la Juventus de Turin, l'année dernière. En tout cas, notre sport est plus vivant qu'à l'époque où je jouais. Et on voit beaucoup moins de gestes méchants. Je crois que la retransmission systématique des matchs à la télé a joué un rôle positif. Les joueurs ne peuvent plus se permettre de faire n'importe quoi. Le jeu est moins dur qu'à l'époque où j'étais pro. Mais la tricherie et les petits actes d'antijeu sont plus répandus. Là encore, les arbitres devraient se montrer plus sévères. En même temps, je trouve le football bien moins spectaculaire qu'avant. Pour une raison très simple : il ne reste plus beaucoup d'espaces libres sur un terrain. Quand j'étais joueur, les entraîneurs nous laissaient une plus grande liberté. Nous avions moins de consignes à respecter. Attention, je ne veux pas dire que nous faisions ce que nous avions envie de faire. Il fallait se conformer aux schémas tactiques. Mais le jeu était plus ouvert. Et ça, ça change tout. En particulier pour un attaquant. Si j'étais professionnel aujourd'hui, je ne suis pas sûr que je pourrais pratiquer le même football qu'à Saint-Étienne ou au PSG. Je serais plus enfermé. Je n'aurais plus la même liberté. Avant, les défenseurs adoptaient un marquage individuel strict. Mais quand un attaquant réussissait à passer, il s'ouvrait plus facilement le chemin du but. Avec la défense en zone, dès qu'un joueur a la balle, il a tout de suite deux ou trois adversaires sur le dos. Cette évolution concerne tout le monde. Les pros comme les amateurs. Les Européens comme les Sud-Américains ou les Africains. Les Africains, par exemple, se sont mis à jouer à l'européenne. Je me souviens des premières Coupes d'Afrique des nations à la télé. C'était un vrai plaisir de voir les matchs ! Ils affichaient une spontanéité et une créativité que nous, Européens, avions perdues depuis longtemps. Ils jouaient le football de la rue, celui des matchs entre copains, pieds nus avec un ballon de fortune. En les regardant, j'avais l'impression de me revoir quand j'étais môme, à l'époque où je courais dans les rues d'Étaules. Je me souviens aussi du Cameroun pendant la Coupe du monde en Italie, en 1990. Ils jouaient sans calcul, avec un toucher de balle et une technique incroyables. Maintenant, c'est terminé. Beaucoup d'entraîneurs européens se sont installés en Afrique. Le jeu s'en est ressenti. Ils ont gagné en rigueur et en discipline, mais leur football est aussi devenu plus défensif. En même temps, je sais bien que le football africain doit accepter d'évoluer s'il veut obtenir des résultats en Coupe du monde. Pour les Sud-Américains, c'est la même chose. Même si le Brésil est encore capable de révéler des joueurs géniaux, les systèmes tactiques sont beaucoup plus verrouillés. Je ne sais pas trop ce qu'il faudrait faire pour remédier à cette situation. L'essentiel, à mon sens, c'est de protéger le jeu d'attaque. Une idée pourrait consister à agrandir les dimensions du terrain jusqu'à cent vingt mètres de longueur. Ça permettrait peut-être d'influer sur le jeu et de le rendre un peu plus offensif. C'est une piste à creuser. Mais pour ça, il faudrait modifier les règles. Donc, convaincre l'International Board, l'organisme officiel qui veille sur les règles du jeu. Et c'est tout sauf évident. Pourtant, il y aurait des choses à faire en la matière. Déjà, je trouve que certaines des modifications décidées ces dernières années vont dans le sens d'un football plus porté vers l'attaque, et donc plus spectaculaire. Par exemple, l'interdiction pour un gardien de prendre le ballon de la main quand l'un de ses joueurs le lui a passé en retrait avec le pied. C'est une très bonne chose. Il n'y avait rien de plus agaçant que de voir une équipe mener au score et gagner du temps en remettant sans arrêt la balle au gardien. Surtout quand l'adversaire devait absolument marquer pour se qualifier. C'était une manière insupportable de geler le jeu. L'antifootball par excellence. Mais il ne faut pas s'arrêter là. D'autres règles mériteraient d'être modifiées ou instaurées. Par exemple, je suis persuadé que l'exclusion temporaire serait une excellente mesure. Elle existe déjà dans d'autres sports collectifs. J'espère qu'on va y venir un jour. Si un joueur commet une faute qui ne justifie pas une expulsion définitive mais mérite plus qu'un simple avertissement, il quitte le terrain pour une durée limitée. Ce qui permet d'influer sur le cours du jeu. Je sais que la suggestion a déjà été faite au Board, mais rien n'a encore été décidé. Le risque d'une exclusion temporaire inciterait certains à se calmer. La crainte de pénaliser son équipe en l'obligeant à jouer à dix pendant quelques minutes aurait un rôle préventif très efficace, j'en suis persuadé. On verrait sans doute moins de gestes d'antijeu, moins d'actes de violence sur les stades. Peut-être moins de remises en cause des décisions de l'arbitre, aussi. Parce que ça, c'est vraiment la plaie du foot contemporain.

*
* *

Jusqu'aux années 1980, la contestation restait rare. Maintenant, dès qu'une faute est sifflée contre un joueur, tous ses coéquipiers se mettent à entourer l'arbitre et à protester. C'est pénible. En plus, ça ne sert à rien : un arbitre ne revient jamais sur sa décision. Sauf s'il consulte son juge de touche – ce que les arbitres ne font pas assez, je trouve – et décide de se ranger à son avis. Dans d'autres sports, jamais on n'assiste à de telles comédies. Au rugby, par exemple, l'arbitre n'est pas contesté. Et encore, chez les professionnels, ils sont protégés des excès des joueurs. Mais dans les divisions inférieures, chez les amateurs, ils risquent gros certains jours. Régulièrement, on entend parler d'agressions ou de matchs qui ont dégénéré à la suite d'un arbitrage contesté. Et sur les petits stades, ce n'est pas toujours évident de les mettre à l'abri des insultes et des violences des joueurs, des dirigeants ou d'une partie du public. Pourtant, il faut faire en sorte que tout le monde les respecte. À commencer par les gamins qui débutent dans le foot. Sinon, on finira par manquer d'arbitres. Je sais que c'est déjà le cas aux échelons de base des amateurs. Le respect de l'arbitre, c'est une question d'éducation. De toute ma carrière, jamais je n'ai protesté. Même quand j'avais l'impression qu'une décision était injuste ou inéquitable. Jamais je n'ai vu mon père râler ou discuter. Si le môme qui regarde un match à la télé voit trois ou quatre joueurs contester sa décision et le menacer en criant à dix centimètres de son visage, il aura tendance à faire la même chose le dimanche suivant. Les gamins adorent copier leurs idoles. Déjà, ils courent avec le maillot relevé sur la tête quand ils viennent de marquer un but. S'ils se mettent à imiter les pros dans tous les domaines et à râler dès qu'une décision leur est défavorable, c'est dangereux. On a vite fait de passer de la contestation à l'insulte, puis de l'insulte à la violence physique. D'où la nécessité de revaloriser l'image de l'arbitre. Mais le travail d'éducation ne suffit pas. Il faut aussi lui donner les moyens de se faire respecter. Ces moyens, ils existent. Et tant pis s'il faut jouer les gendarmes de service. Supposons qu'un joueur discute la décision de siffler un coup franc. Eh bien, le coup franc sera avancé de quelques mètres, comme au rugby. Encore plus près de son but. Il continue à protester ? Tant pis pour lui. La sanction tombe : expulsion temporaire. Et s'il insiste, il est suspendu pour plusieurs rencontres. Il est peut-être trop tard pour changer les mentalités, mais on peut toujours modifier les règles dans ce sens. Ça aussi, c'est une question d'éthique. Le règlement devrait être un peu plus sévère. Pourquoi ne pas l'aligner sur celui de l'UEFA ? Il est beaucoup plus strict. On voit tout de suite le résultat lors des matchs de Coupe d'Europe. Comme les sanctions sont plus lourdes, il y a moins de violence sur le terrain dans les compétitions européennes qu'en Championnat de France. Les joueurs font plus attention. Ils savent que le moindre écart peut leur coûter très cher. Il faut insister sur l'éducation, bien sûr, mais aussi renforcer la répression des actes d'antijeu. Au Conseil, nous ne disposons pas du pouvoir de décider des règlements. Mais nous pouvons émettre des propositions. C'est au Conseil national de l'arbitrage de les faire évoluer. J'en ai déjà discuté avec eux, ils sont d'accord. Aujourd'hui, l'arbitre est systématiquement déjugé. À force, son image n'est pas très bonne. Je crois qu'il est temps de lui apporter un véritable soutien. Les pistes de réflexion existent, il faudrait juste les creuser un peu plus. Certains ont proposé de faire intervenir un arbitre supplémentaire. Et pourquoi pas ? L'idée d'en installer un dans chaque camp ne me paraît pas idiote. Chacun serait souverain dans sa moitié de terrain. De même, la vidéo devrait jouer un rôle plus important. Pas pendant un match, car il serait dangereux de désavouer la décision de l'arbitre. Sa crédibilité pourrait être remise en question. En revanche, je suis favorable à son utilisation une fois la rencontre terminée. À l'abri de la pression du stade et des enjeux immédiats. Lors de l'affaire Fiorèse, les enregistrements nous ont permis de nous faire une idée précise des faits. Nous avons pu prendre notre décision en connaissance de cause. Je suis persuadé que la vidéo utilisée à bon escient pourrait rendre de grands services.

*

* *

Il n'y a pas que le jeu à avoir évolué. Le public aussi a changé. Et pas toujours en bien, lui non plus. Il est devenu plus agressif, plus intolérant, moins respectueux de l'adversaire ou de l'arbitre. Là encore, c'est le reflet des évolutions de notre société. Elle est beaucoup plus violente qu'il y a quelques années. On supporte de moins en moins l'autre, qu'il soit d'une couleur de peau différente ou qu'il joue au foot dans un club adverse. Les crispations identitaires se sont accentuées. Et puis, le foot sert d'exutoire aux difficultés sociales ou économiques. Quand ça va mal dans la vie de tous les jours, au boulot comme à la maison, il ne reste à certains plus grand-chose d'autre que le stade pour se défouler et oublier les problèmes. Le chauvinisme s'est beaucoup développé. Bon, il ne faut pas se voiler la face : il a toujours existé. L'esprit de clocher et le nationalisme ne datent pas d'hier. Mais le phénomène a pris des proportions inquiétantes. Quand je jouais à Saint-Étienne, nos supporters étaient redoutés par les équipes qui venaient à Geoffroy-Guichard. Mais le public stéphanois ne passait pas son temps à les siffler pour leur mettre la pression. Il nous encourageait, mais il n'insultait pas l'adversaire. Au contraire, il le respectait. De même, France-Brésil à Guadalajara, c'était chaud, très chaud, mais jamais le public brésilien ne nous a sifflés. Je me souviens aussi des adieux de l'Italien Baggio, au stade San Siro de Milan. Il ne jouait pas chez lui, pourtant, et tout le monde sait que les supporters italiens ne sont pas toujours très tendres avec les adversaires. Eh bien, ce jour-là, le stade était debout pour l'applaudir quand il a quitté le terrain. Maintenant, dans certains stades, l'équipe d'en face est systématiquement sifflée, dès le début du match. J'ai parfois l'impression que les supporters actuels ne viennent pas assister à une partie de foot, mais qu'ils se déplacent seulement pour voir leur équipe gagner. Ils sont peut-être moins connaisseurs ou moins amateurs de football qu'avant. Mais les joueurs et les dirigeants ont une responsabilité vis-à-vis du public. Ils peuvent faire en sorte de l'éduquer à travers leurs déclarations ou leur attitude sur le terrain. C'est à eux de donner l'exemple. S'ils ne se comportent pas correctement, il ne faut pas s'étonner ensuite de voir le public manquer de respect à l'adversaire. Je crois beaucoup aux petits gestes entre footballeurs. Je trouve qu'ils ont une portée symbolique importante. Ça n'a l'air de rien, mais ce n'est pas anodin de se serrer la main avant une rencontre et d'échanger les maillots au coup de sifflet final. Pendant le match, c'est la même chose. Le fait d'être adversaires n'empêche pas de se respecter. Si, au contraire, on agit d'une manière violente ou irrespectueuse, si on triche sur le terrain, on adresse un signe aux supporters. On les encourage à ne pas respecter l'équipe adverse à leur tour. Aujourd'hui, les joueurs ont très peu de contacts directs avec le public. Quand je jouais à Saint-Étienne ou à Paris, on discutait toujours avec les gens après le match. Rien que pour rejoindre le car, il fallait passer parmi les spectateurs qui nous attendaient à la sortie des vestiaires. On bavardait avec eux, on parlait du match, ils nous donnaient leur opinion. Parfois, on avait droit à une petite réflexion ou à une critique. Mais jamais de réaction violente, jamais de geste déplacé. Ce dialogue entre joueurs et supporters, c'était une manière de désamorcer la violence et les éventuels mécontentements. Maintenant, le public et les footballeurs évoluent sur deux planètes différentes. Ils ne se parlent quasiment jamais, alors que le foot fait partie de la vie quotidienne de beaucoup de gens. Ils ont envie de voir de près les joueurs, de discuter avec eux, et c'est normal. Couper les footballeurs de leur public n'est vraiment pas une bonne idée. J'ai bien peur que cela contribue à favoriser les réactions excessives des supporters quand ils ne sont pas contents de leur équipe. Les footballeurs ne doivent pas être trop protégés. La communion avec le public, c'est essentiel. Le foot est un sport populaire. Il doit tout faire pour le rester.

*
* *

Il y a quand même eu des changements positifs ces dernières années. La réduction des écarts de niveau entre les clubs en est un. On le voit bien dans les matchs de Coupe de France, par exemple. Avant, la hiérarchie était respectée. De temps en temps, un « petit Poucet » réussissait à s'imposer et à éliminer une équipe d'une division supérieure. C'est aussi ce qui rendait l'épreuve populaire. Sur le papier, la Coupe donnait sa chance à tout le monde. Des amateurs pouvaient s'offrir une petite tranche de rêve en éliminant des pros. Parce qu'ils jouaient là le match de leur vie, parce qu'ils y croyaient dur comme fer. Tout le monde était content – sauf le club éliminé, évidemment. Ces victoires ont contribué à forger la légende de la Coupe de France. Mais enfin, ça restait l'exception. Alors qu'aujourd'hui, c'est devenu presque banal. Chaque saison, on voit des clubs amateurs éliminer des professionnels et aller de plus en plus loin dans l'épreuve. Et même jusqu'à la finale, comme Calais en 2000. C'est toujours aussi sympathique qu'avant, mais ça n'a plus vraiment la même signification. Les écarts de niveau se sont réduits. Même si le jeu est encore beaucoup plus technique en Ligue 1, le fossé entre les pros et les amateurs se comble d'année en année. Pour ce qui est des moyens sportifs et financiers, c'est l'inverse. La préparation physique ou la prise en charge médicale des joueurs n'ont rien à voir chez les professionnels et chez les amateurs. Là, les différences sont de plus en plus importantes. Mais pour ce qui est du football pratiqué, on assiste à une sorte de nivellement des valeurs. Ça ne signifie pas que le niveau baisse, comme s'en sont inquiétés certains commentateurs. C'est même plutôt le contraire : les clubs dits « amateurs » le sont de moins en moins. Tout simplement parce qu'ils recrutent de plus en plus d'anciens espoirs formés par les clubs de l'élite. Des joueurs de très bon niveau, mais qui n'ont pas réussi à se faire une place au soleil. Un jeune promis à une belle carrière peut se retrouver brusquement sur la touche. Il suffit de pas grand-chose : une blessure au mauvais moment, une rééducation qui n'en finit pas, la confiance qui s'en va, et voilà. Après, la roue a tourné. D'autres ont pris sa place. J'aurais pu, moi aussi, connaître ça à Saint-Étienne. Il ne s'en est pas fallu de beaucoup. À un moment, j'ai bien cru que je ne réussirais jamais à revenir dans l'équipe première. Je ne sais pas trop ce que j'aurais fait si cela m'était arrivé. J'aurais peut-être fini par renoncer à devenir professionnel. Aujourd'hui, beaucoup de ceux qui échouent aux portes d'une carrière au plus haut niveau se tournent vers les clubs amateurs. Ils savent qu'ils vont trouver une infrastructure correcte, une rémunération satisfaisante et la possibilité de se consacrer au foot tout en préparant leur reconversion. Tout le football français en profite. Le système de formation mis en place depuis la fin des années 1960 par le sélectionneur de l'époque, Georges Boulogne, a beaucoup contribué à améliorer les structures des clubs français. Le rôle de la Direction technique nationale a été déterminant. Aujourd'hui, la plupart d'entre eux disposent de leur propre centre de formation. Je me souviens que, à Saint-Étienne, nous étions vraiment très en avance. Il existait peu de centres aussi efficaces que le nôtre. Seuls Nantes et Sochaux faisaient aussi bien. Aujourd'hui, c'est devenu courant. D'une certaine manière, tant mieux. Certains clubs s'occupent même de préformation et prennent en charge des jeunes dès onze ou douze ans. En même temps, il ne faut pas se leurrer : tous ces apprentis footballeurs n'auront pas la chance de jouer au plus haut niveau. Ils seront même une minorité dans ce cas. Les dirigeants de clubs le savent très bien, d'ailleurs. Mais ils n'ont pas envie de laisser échapper l'oiseau rare. Alors, ils font venir les gamins à tour de bras. Quitte à renvoyer la plupart d'entre eux à la maison après quelques années. C'est assez cynique, je trouve. Parce que la majorité d'entre eux ne connaîtront pas la gloire, loin de là. Certains joueront en Ligue 2 ou dans un club de National, le troisième échelon des clubs pros. Mais pas tous. D'autres devront se contenter d'évoluer chez les amateurs en exerçant un métier à côté. D'autres encore seront contraints de renoncer au foot et à leurs rêves de gosse. Et ça, je trouve que c'est dur. Ils auront tout sacrifié en vain pendant ces années-là. Je ne suis pas sûr que le système leur soit très profitable. On voit de plus en plus de jeunes quitter leur famille et leurs copains pour se lancer dans l'aventure. Évidemment, pour eux, c'est tentant. Je comprends qu'ils aient du mal à résister. Ils se voient déjà professionnels demain. Et pourquoi pas en équipe de France après-demain. Il ne faut pas non plus oublier le rôle joué par certains parents. Eux aussi, ils rêvent. Certains se disent qu'il y a pas mal d'argent à gagner. Ça suffit à faire tourner quelques têtes. Pour ne rien arranger, les agents ont tendance à pousser à la roue. Ils font le forcing auprès des parents. Leur intérêt, c'est que l'affaire soit conclue, quitte à glisser une petite enveloppe aux familles. C'est illégal, mais ça se pratique régulièrement. Le petit club, lui, a du mal à résister. Il n'est pas en position de force. D'après les règlements officiels, le club qui fait signer un joueur doit verser une indemnité au club formateur pour le dédommager. Mais le plus souvent, elle est dérisoire. À cause de ce système, on se retrouve avec trop de jeunes dans les centres de formation, alors que tout le monde sait parfaitement que seule une minorité s'en sortira. Mais les mômes ne se rendent pas toujours compte qu'ils risquent de bousiller leur jeunesse. Ils vont passer toutes ces années enfermés, à ne penser qu'au foot. À l'écart de la vraie vie. S'ils réussissent à devenir pro, tant mieux. Sinon, c'est un joli gâchis. Tous ces jeunes qui ne perceront jamais, on n'en parle pas. Et pourtant, il y en a beaucoup. Leur retour dans leur club de départ est souvent difficile à vivre. Pour eux, c'est un constat d'échec terrible. Ce n'est pas facile à assumer aux yeux de leurs copains, de leurs dirigeants ou de leur famille. J'aimerais que les clubs pros soient un peu plus sélectifs. Il faudrait qu'ils arrêtent de leur faire miroiter une carrière de rêve. Je ne suis pas satisfait du fonctionnement actuel des centres de préformation. Laisser partir loin de chez lui un gamin de onze ou douze ans, c'est une erreur. Il est beaucoup trop jeune. Il faudrait instaurer un âge minimum. Le plus important, c'est de le laisser évoluer et grandir dans son milieu d'origine. Si un club pro repère un jeune talentueux, je ne vois aucun inconvénient à ce qu'il lui fasse signer un engagement. C'est ce que j'avais fait avant de partir à Saint-Étienne en signant un contrat de non-sollicitation. Comme ça, j'ai pu rester chez moi. J'ai eu la chance de vivre une adolescence normale, avec ma famille. J'ai grandi dans le milieu de mon enfance tout en jouant au foot. J'ai même pu continuer mes études. À aucun moment je n'ai eu l'impression de sacrifier ma jeunesse. Je n'ai tenté l'aventure professionnelle que plus tard, à seize ans. Et ça ne m'a pas empêché de faire carrière. Quand un adolescent se retrouve loin de chez lui dans un centre, il a tendance à tout miser sur le foot. On peut le comprendre, bien sûr. Mais c'est risqué. L'ennui, c'est qu'il n'a personne à ses côtés pour l'aider à en prendre conscience et à se préparer un avenir de rechange. Après, s'il échoue, c'est trop tard.

*

* *

Aujourd'hui, j'ai cinquante ans. Mais j'ai toujours la même envie de football ! Ma passion ne s'est jamais éteinte. Je veux continuer à me consacrer à ce sport pour lui rendre tout ce qu'il m'a apporté. J'irai au bout de mon mandat de président du Conseil de l'éthique. Je continuerai à commenter les matchs des Bleus pour Radio France jusqu'à la prochaine Coupe du monde, en 2006. Je souhaite aussi jouer un rôle vis-à-vis des jeunes. Je m'occupe déjà d'enfants et d'adolescents à Royan. Chaque été et pendant les vacances de Pâques, avec cinq entraîneurs, j'accueille en stage quelques dizaines de gamins de huit à seize ans. Ils viennent là pour s'amuser, pas pour se préparer à devenir professionnels. J'insiste beaucoup sur les joies du jeu. Je mets en avant quelques principes : le plaisir, le travail, le respect de l'adversaire, des règles sportives et de la vie en collectivité. L'été, j'organise un tournoi de *beach foot* sur la plage de Royan. Jacques Vendroux vient faire le commentateur. Mais j'ai envie d'aller plus loin. J'aimerais m'investir dans le football en Charente-Maritime et créer un centre pour former les meilleurs joueurs de la région. Ils pourraient ainsi apprendre le foot tout en restant dans leur famille, plutôt que de partir loin de chez eux, dans un club à l'autre bout de la France. La formation des jeunes me passionne. Le rôle des éducateurs est primordial. Il faut tout faire pour les aider à l'assumer dans les meilleures conditions. L'entraîneur d'une équipe de minimes a autant d'importance, sinon plus, que celui d'un club professionnel. De sa conception du sport et de son état d'esprit dépendent la mentalité et le comportement des footballeurs de demain. Quand je fais le bilan de mon parcours, je m'aperçois que j'ai couru toute ma vie après un ballon. Je n'ai pas le sentiment d'avoir changé. Il m'arrive encore de jouer aux côtés de mes anciens partenaires de club ou de l'équipe de France, avec le Variétés ou à l'occasion d'un jubilé. Quand j'entre sur le terrain, j'éprouve le même bonheur qu'à l'époque où j'étais professionnel. Je retrouve les sensations inoubliables de l'enfance. Et lorsque je regarde un Ronaldinho à la télévision, j'ai l'impression qu'il ressent les mêmes joies que moi. Son sourire en dit long. Son visage fait plaisir à voir. On dirait un gamin espiègle qui s'amuse avec un ballon... C'est ça, le foot : rien que du bonheur. C'est ce que je m'efforce de transmettre aux enfants qui s'inscrivent à mes stages. C'est aussi le message que je fais passer à mes propres garçons. L'aîné, Tom, a seize ans. Il a tapé dans le ballon pendant quelques années. Il jouait milieu offensif et se débrouillait très bien. Il avait même été retenu à plusieurs reprises en sélection départementale. Mais un jour, lors d'un concours de jeunes joueurs, il a mal supporté les remarques de certains parents venus accompagner leurs enfants. Certains faisaient des comparaisons entre lui et moi, et il trouvait ça pénible. Il a laissé tomber le foot pour se consacrer au tennis. Ses deux jeunes frères, Pablo et Roméo, ont pris la relève. Je les ai inscrits dans un petit club de la région parisienne. Pablo a huit ans et joue dans la catégorie poussins. C'est un vrai dingue de foot ! Roméo, lui, s'en fiche un peu. Il a six ans et veut tout faire comme son grand frère. Mais ce qu'il aime, c'est surtout courir avec ses copains... Tous les samedis, je les accompagne sur le bord du terrain comme j'accompagnais mon père sur les stades de mon enfance. Mais je ne les pousse surtout pas. S'ils ont envie de se lancer un jour dans une carrière, pourquoi pas. Mais la décision viendra d'eux, et d'eux seuls. Ce sera leur rêve, pas le mien. Pour l'instant, j'essaie de leur faire comprendre qu'ils sont là avant tout pour s'amuser. C'est aussi ce que je répète aux éducateurs et aux parents. La compétition est importante, bien sûr, mais elle doit venir après. Le plus tard possible. Le foot doit rester un plaisir avant d'être un métier ou un enjeu économique. Sinon, à force d'inculquer le culte du résultat et de la victoire à tout prix, on risque de tuer la spontanéité chez les enfants. Il ne faut jamais l'oublier : le football est un jeu. Pour moi, c'est le plus beau de tous.

REMERCIEMENTS

À Mireille Paolini, notre éditrice, qui a eu l'idée de ce livre et a veillé avec passion (mais intransigeance) sur sa conception.

À Denis Chaumier, pour sa relecture attentive du manuscrit.

Et à Jacques Vendroux, Jean-Luc Beaudière, Chiroubles, Jean-Marie et Louis Chusseau, Albert Couriol, Danièle Coussot, Gérard Forissier, Thierry Guyader, Moulinot, Philippe « Split, j'y vais ! » Ravon, Simone et Gérard Rocheteau, Sylvia et Tony, Marie Rocheteau, et François « monsieur DVD » Verdoux, pour leur accueil, leurs souvenirs et leur disponibilité.

Et merci à Oleg Blokhine d'avoir manqué l'immanquable à la soixante-troisième minute du match Saint-Étienne/Kiev !

L'éditeur tient à remercier pour leur aide précieuse et leur soutien :

Guillaume Exer, Julien Tomasi, Fred Cheron, Joffrey Ghininghelli et Christine Barraux ;

Annette Vonet et John Palfrey ;

Jean-Luc Vernhet, Martine Tomasso et Laure Audinot.

TABLE

AU CHERCHE MIDI

JAMEL BALHI
18 450 km en courant

ALAIN BILLOUIN ET HENRI CHARPENTIER
Périls sur les Jeux olympiques
Trop vite, trop haut, trop fort ?

PEGGY BOUCHET
Ma victoire sur l'Atlantique

FRANÇOISE ET CLAUDE HERVÉ
Le Tour du monde à vélo

OLIVIER DE KERSAUSON
Tous les océans du monde

PATRICE MARTIN
Dessine-moi une victoire

ALEXANDRE POPOV
Nager dans le vrai

ALAIN ROBERT
L'Homme-araignée

Composition et mise en pages par DV Arts Graphiques à Chartres
Imprimé en France par Normandie Roto Impression s.a.s., 61250 Lonrai
Dépôt légal : mai 2005
N° d'édition : 388 – N° d'impression : 051772
ISBN 2-74910-388-6